对外经济贸易大学中央高校基本科研业务费专项资金资助（23CB06）

Supported by “the Fundamental Research Funds for the Central Universities” in UIBE（23CB06）

数据要素市场化配置的知识产权制度供给研究

徐美玲　著

对外经济贸易大学出版社

中国·北京

图书在版编目（CIP）数据

数据要素市场化配置的知识产权制度供给研究 / 徐美玲著 . -- 北京 : 对外经济贸易大学出版社 , 2024.6
ISBN 978-7-5663-2598-3

Ⅰ . ①数… Ⅱ . ①徐… Ⅲ . ①知识产权制度－研究－中国 Ⅳ . ① D923.04

中国国家版本馆 CIP 数据核字（2024）第 097798 号

数据要素市场化配置的知识产权制度供给研究

徐美玲 **著**

责任编辑： 邸蓓蓓

助理编辑： 翟孟欣

出版发行：对外经济贸易大学出版社
社　　址：北京市朝阳区惠新东街 10 号
网　　址：www.uibep.com
资源网址：www.uibepresources.com
邮政编码：100029
邮购电话：010 － 64492338
发行部电话：010 － 64492342
E-mail：uibep@126.com

成品尺寸：170mm×240mm
印　　张：13.25
字　　数：210 千字
ISBN 978-7-5663-2598-3
印　　刷：北京九州迅驰传媒文化有限公司
版　　次：2024 年 6 月北京第 1 版
印　　次：2024 年 6 月第 1 次印刷
定　　价：65.00 元

序

毕业三年，当美玲把她的博士毕业论文升华到这本专著时，数字经济的飞速发展已经将数据要素与知识产权密切关联起来。当年她超前的学术观点已经成为数据要素市场构建的重要理论之一。

美玲当年的博士论文题目是《数据知识产权保护研究》。记得在确定这一选题时还有诸多的担忧，不知道这一立意能否成立，因为当时《民法典》正在制定之中，对于数据这一新型财产的规范还存在较大争议。在《民法总则》(一审稿)中，数据曾被列入知识产权权利范畴中，由于持批评意见居多，主要考虑数据概念、法律属性、保护范围并不清晰以及与个人信息保护之间的复杂关系，不宜以“权利范式”加以规定，作为一种对时代发展的回应性宣示，在《民法总则》(二审稿)中将数据单独列在民事权利下面，最终《民法典》总则篇第127条用了这样的表述:“法律对数据、网络虚拟财产的保护有规定的，依照其规定”。尽管《民法典》没有对数据保护给出具体指引，但在学术研究中对数据的保护已经有了“知识产权说”“债权说”“物权说”“新型权利说”等，而实践中对数据的保护可资借鉴的是知识产权保护模式，特别是著作权法中对包含众多小权利人的大型作品的确权模式和保护模式都可以用于数据的保护。数据保护中涉及人身权(比如个人信息)、财产权(处理个人信息全流程——收集、存储、使用、加工、传输、提供、公开、删除等)，著作权也是包含人身权和诸多使用方式的财产权。特别是，数据处理者往往是投资人，有更强烈的财产权益保护动议，著作权中的视听作品保护的也是投资人利益，而对这类作品的著作权归属直接赋予了投资人。从这些基础出发，研究数据与知识产权保护的问题就具有了可行性、必要性和指导性。而现在呈现给读者的这本专著的题目就更凸显了“知识产权说”对数据保护的制度供给意义。

本书基于现实中关切的核心问题，通过对知识产权制度的基础理论分析，对数据要素作为新类型生产力特性的研究，做出了许多创新性努力，提出了作者独到的学术观点。

首先，本书以知识产权法学为视角研究数据要素的特点。数据作为新型生产要素和国家基础战略资源的提出具有重要的理论意义。现有对数据要素的制度研究，以管理学和经济学领域居多，法学领域尤其是知识产权法领域较少。从这一背景切入，本书以数据的新型生产要素定位开启全文的研究序幕，从数据要素化过程中数据的培育机制和价值挖掘所面临的制度难题引出本书的研究重点。全文的研究和讨论也均放置于数据要素化这一大背景之下，着重数据财产价值的激活与保护，探析数据要素市场的法律建制，以促进数据要素充分发挥自身价值，推动生产力提高，发挥经济结构升级换代和新发展的引擎作用。全文探讨数据的知识产权制度适用，最终期望可以服务于国家数据战略规划的整体定位。

其次，本书具有独特的研究方法和逻辑推理。针对本书研究对象，与之直接相关的研究成果相较丰富，但争议性却很大，甚至观点针锋相对。整体而言，现有研究成果相对分散，多以学术论文或者文章的形式从不同的研究视角展开研究，缺乏系统性、体系化研究。本书从数据概念开始，详细梳理、归纳并辨析相关问题的争议焦点及各自依赖的理据，同时基于本书的研究目的，采取“化零为整”“一一应对”等研究方式，解剖议题讨论的内核，进而借助相关理论分析得出本书的研究结论。

最后，本书提出了数据保护的理论构建与制度设计。本书在现有研究的基础上，针对研究对象的理论构建和制度设计做出了相应思考，也提出了一些有别于现有研究或现有研究尚未涉及的观点。例如，数据“权利—法益”的二分层级结构与权益位阶安排、个人数据的可产权化和可知识产权性论证、“本质信息论”的提出、数据与知识产权保护对象的若干核心属性的梳理和归纳、《民法典》对数据法律定位新解读、数据知识产权具体制度适用之详细解剖与障碍突破建议、数据知识产权权属分配之“二元结构+限制规制”以及信息产权对知识产权制度重构之审视和新解等等。

美玲读博四年，亦师亦友。毕业后，更有许多合作研究。今看到本书成果，更感后生可嘉。

张　平

2024 年 4 月 26 日子时

（第 24 个世界知识产权日）

自 序

历史的车轮承载着数据驶入数字信息技术飞速发展的智能科技时代，在跨越历史节点的同时，数据亦实现了自身时代角色的华丽转变。随着新兴技术的不断革新，数据的多维价值和巨大潜能日渐得以挖掘。当下，数据已不再是技术维度层面单纯理解的作为智能科研的重要“原料”，在数据自身特性和社会发展的相互作用下，数据被赋予了更为丰富和多元的时代期许，同时也获得了新的时代身份，成功进阶为继土地、劳动、资本、技术之后的又一新型生产要素。数据要素化具有内在的理据支撑，也是对外在各层面现实需求的响应。在国际层面，各国对于数据主权之重视与日俱增，数据已然成为继知识产权之后的新型贸易壁垒；在国家层面，数据是基础性的战略资源，是社会经济发展的核心引擎；在社会层面，数据助力于智慧城市的建设，是社会结构升级换代和革新的内燃机；在企业层面，数据是经营决策和商业战略规划的重要依据，也是获得市场竞争优势的制胜法宝；在个人层面，数据已不单单是个人隐私维度的人格利益关切，其使用价值和交换价值亦使得财产性属性凸显。

党中央、国务院面向长远决策部署了一系列体现国家战略意图的行动规划，为数据要素市场化配置的制度供给指明了方向、明确了需求。2015 年《国务院关于印发促进大数据发展行动纲要的通知》将数据正式列为“国家基础性战略资源”，2020 年《中共中央 国务院关于构建更加完善的要素市场化配置体制机制的意见》首次在官方文件中正式将数据作为一种新型生产要素；2021年《国务院办公厅关于印发要素市场化配置综合改革试点总体方案的通知》要求探索数据要素市场化配置基础制度；2022年3月《中共中央 国务院关于加快建设全国统一大市场的意见》指出要加快培育数据要素市场；2022年12月《中共中央 国务院关于构建数据基础制度更好发挥数据要素作用的意见》(简称“数据二十条”)，明晰了构建数据基础制度、更好发挥数据要素作用的二十条政策措施；2023年8月《财务部关于印发〈企业数据资源相关会计处理暂行规定〉的通知》规范了企业数据资源相关会计处理；2023年10月国家数据局正式挂牌成立，2024年1月国家数据局等17部门近日联合印发《“数据要素×”三年行动计划(2024—2026年)》强调数据要素的放大、叠加、倍增作用；2024年3月国务院总理李强在第十四届全国人民代表大会第二次会议上发布的《政府工作报告》明确要求健全数据基础制度，加快发展新质生产力，促进“东数西算”工程、“人工智能+”战略以及“数据要素×”行动等战略规划的深入实施，开辟经济增长新空间，培育经济发展新动能。

数据要素化带来了前所未有的时代发展机遇，但同时亦伴随着新的挑战和潜在阻碍。数据拟作为关键性生产要素参与生产力的开发和经济建设，即需要在市场机制下自由地交换流通，但数据要素市场化配置的根本前提在于清晰的产权界定和明确的权属分配，这离不开法律制度的规则供给。面对数据原生的静态困境和多元维度的利益冲突等问题，法律制度层面基于不同专业领域从不同视角展开了积极的探讨和激烈的争议。相较而言，现有研究对于知识产权制度的适用重视程度较弱，问题探讨之时容易忽略该制度的功能发挥，而选择“绕道而行”或轻易“逃逸”到“另辟蹊径”的“异途”上去。然则，数据与知识产权保护对象之间是高度契合的，知识产权制度对于数据之适用亦能实现内在的逻辑自洽和体系融贯。现有研究对于知识产权制度适用之疑虑和担忧并非不可化解，知识产权制度“向新而去”和“顺势而为”的自我调适功能能够探寻出适配于时代发展的数据保护和调整规则。由此，知识产权制度是数据经济时代权益博弈的一个有益解决之道。

鉴于此，本书在数据生产要素化这一大背景下，基于“培育数据市场，激发数据要素潜能”这一核心目标，并围绕数据要素化过程中的潜在阻碍和挑战，以知识产权视角为切入口，重点探讨知识产权制度之于数据适用的应否、可否、能否以及如何适用等核心问题。本书主要从四个部分展开研究：第一，数据的生产要素战略定位、数据在本书中的内涵和外延之界定以及数据要素市场基础性制度构建的制度需求和当前挑战；第二，数据的权益属性和位阶安排，以及数据的可产权化分析与制度构建选择，从中引入知识产权制度的适用；第三，数据的可知识产权性辨析与诸如著作权和商业秘密等具体制度的适用分析；第四，数据要素市场化配置的知识产权治理路径构想，包括基础理论的发展，以及知识产权路径下数据的权益配置安排、利用与限制规则等等。

基于以上各部分内容的研究，本书的主要结论为：数据的法律属性应作“权利—法益”二元维度的差分处理，且适用相应的权益位阶安排。数据具有财产属性，也具备可产权化的理论基础和现实理据，因而应归属于财产权。数据要素市场化配置的战略定位对包括法律制度在内的制度提出了急迫的供给需求。在数据财产的制度构建中，现有制度应当优先于新创制度，且现有制度中的优先选项即为知识产权制度，因为无论从知识产权的调整对象、核心属性、还是法律定位和制度功能而言，二者均具有极高的适配性。数据具备可知识产权的可能性、可行性与可操作性，基于信息产权的正向驱动作用，本书建议基于信息产权来调整和发展知识产权。对于知识产权的权利安排，本书认为“关键作用”论、“价高者得”论、“捕获＋关联”论均可提供理论支撑。对于权能设置，应采用场景化、类型化的有限权能设置。而权利架构设计上，本书在现有研究的“一元结构”“二元结构”和“三元结构”的基础上，总结出“二元结构＋限制规则”的架构安排。与其他知识产权保护对象类似，在数据的法律治理中，创新与竞争共存、保护与传播并重，赋权与限权同在。无论是数据的积极利用，还是消极利用，均可适用、参照或者借鉴现有的知识产权运作机制，而为了实现多元主体的利益相容，也为了平衡权利主体和社会公众之间的利益需求，避免因知识产权外部化而出现“数据垄断”或者“数据蟑螂”（Data Trolls），则可以充分调用诸如合理使用等著作权的内部限制规则以及竞争法等外部规制手段，以满足人工智能技术和产业的发展需要以及社会公众对于数据使用的合理需求。

本书汇集了笔者近几年来学术研究的思考和探索，也是博士毕业论文的延伸与拓展。本书从构思到成稿的整个过程中，有幸得到了师长、同侪以及家人的鼎力支持与慷慨援助，感念在心。特别要向我的导师张平教授表达深深的敬意与感激，在本书的选题、研究和撰写过程中，导师张平教授在学术上为我导航掌舵，在专业上为我释疑解惑，诚挚感谢导师张平教授的悉心指导。此外，也要特别感谢对外经济贸易大学出版社编辑的辛勤工作。同时，感谢对外经济贸易大学法学与数据科学及大数据技术双学位专业的徐铭悦同学多次对本书进行了细致的审阅与校对，她所提出的完善建议对本书的最终定稿起到了非常有益的参考价值。数据要素市场化配置的基础性制度供给是一项系统性的工程，本书的探索也仅是其中之一，衷心期望本书能够为学术界及实务界的同仁带来一些新的启示和助益。当然，由于种种限制，本书可能仍有诸多不尽如人意之处。若您在阅读本书时遇到任何困惑或有任何宝贵的建议，敬请随时反馈，悉听纳之。

徐美玲

2024 年 4 月北京

目　录

第一章　导论

1.1　研究背景

1.1.1　历史背景

作为人、社会与自然之间的关键连接和对话载体，信息和数据承载了助益社会交往和互联互通的核心价值。每个独立存在于客观世界的生命体，自孕育之日起，甚至在此之前的所有关联信息几乎都已开始通过不同的方式被记录和运用，而这些信息也成了每个生命体与他人和外界沟通的基础。“主体来到世界，便以自己的个体存在为边界。此种个体存在的边界，并不是，或者无法说明主体的全部存在样态。人们只有通过交往，才能在更广远的视界上体验人的整体性生存和存在。”[①] 在人类发展的历史长河中，信息与人类相生相伴、相知相随，亦拥有如人类社会般古老而久远的演进历程。[②] 窥探数据之“前世”过往，方知“今生”所谓几何。

在原始社会，人类传递信息所采用的方式非常的简单和朴素，结绳记事、火光、各类声音等有限方法成为远古人类基本的沟通和交流途径。为了在残酷的自然界中得以生存和发展，尽管认知水平有限，但那时的人类已开始通过观察来记忆和判断捕猎对象的出没时间以及生活习性等，而这也是“数据”采集的最初形态。随着人类征服自然的能力不断提升，进入到农业社会的人们拥有了更多更丰富的信息传播媒介，甲骨、竹简、丝绸

① 谢晖:《法律的意义追问——诠释学视野中的法哲学》，商务印书馆 2003 年版，第 36–37 页。

② 参见 [英] 戴恩 · 罗兰德、伊丽莎白 · 麦克唐纳:《信息技术法》，宋连斌等译，武汉大学出版社 2004 年版，第 297 页。

以及隋唐时期发明和发展的雕版印刷术很大程度上降低了信息传递和获取的成本，使得人类从原始社会的口口相传进入信息的书面传播阶段，飞鸽传书等更为快捷的信息传输样态亦相继出现。而此时，也出现了较原始社会规模更大的信息收集活动，诸如中国早期自商朝时起的人口普查，就是农业社会“数据”汇聚的一个典型。也正是得益于信息流通媒介的进步和对“数据”汇聚的利用，农业社会在文化、经济、教育以及治理等各方面均取得了人类跨越式的进步。

进入到18世纪之后，英国率先兴起了第一次工业革命，这也是技术革新的燃点，完全手工劳作的时代由此迎来了“机器”的加入，标志着人类的脚步自此迈入了工业社会。作为工业社会最伟大的发明之一，电波技术的出现，以及后来从有线电波到无线电波的发展，使得人类从农业社会的以书面传递方式为主进入到电波传输时代。自20世纪以来，在计算机硬件设备的不断升级以及各类信息技术不断革新的背景下，信息获取和传输的时间成本大幅降低，“信息高速公路”等用语的出现，也意味着人类进入了信息社会阶段。信息社会带给工业革命的结构性转变完全不逊色于工业革命改变农业社会的影响。[①] 自21世纪起，计算机技术日新月异，信息网络技术持续发展，信息获取和处理终端加速普及，人与人之间的资讯流动亦更加便捷和快速，由此也带动了知识产品和数字产品的极大丰富和增量供给。随之，人们大多将这一历史阶段称为数字时代或者知识经济时代。自此，人类完成了从原始社会——农业社会——工业社会——信息社会——数字社会的绚丽转变，历史的沉淀和积累，也为人类的下一个发展阶段奠定了坚实的基础。

1.1.2 时代背景

自1950年计算机科学家图灵（A.M. Turing）提出著名的关于“智能”认定的“图灵实验”以来，在60余年的时间内，人工智能历经兴衰起伏。近几年，计算机硬件水平不断提高，在技术日渐革新的加持下，人工智能再次引爆世界的关注热情，迎来智能科技时代的第三个浪潮点。从各国关

① 参见高富平:《信息社会——数字内容产业的法律基础》，法律出版社2009年版，第2–3页。

于人工智能战略规划的顶层设计，到投资风向的倾斜，再到智能产品的落地、上市并走进人们的日常生活，人工智能获得了前所未有的重视。由此，人类也步入了智能科技的新时代。在人工智能技术的研发过程中，数据是不可忽视的重要基础原料。高质、海量的数据是人工智能模型开发和迭代的基础支撑，然而，在人工智能的前几次“低谷”时期，一个制约技术发展的关键要素就是数据的数量和质量的不足。而今，随着网络信息技术和产业的发展，数据的供给大幅提升，智能科技也得以加速发展。

数据支撑着人工智能的底层研发，而由数据“喂养”的人工智能反过来也成就了数据的战略核心地位。数据不仅仅是智能科学技术的“原料”担当，而在当前的国际贸易、国家管理、社会治理、企业经营以及个人利益等方面，也均扮演着不可或缺的重要角色。于国际层面而言，除数据主权问题之外，数据已然成为继知识产权之后的新型贸易壁垒；于国家管理层面而言，数据不仅是基础性战略资源，更是数字化和科学化管理过程中的重要决策依据；于社会治理而言，数据推动了智慧城市的建设，让人们的生活更为便捷和智能化，同时也实现了社会治理的精准化；于企业运营而言，数据是重要的财富，是在相关市场中取得创新并获得竞争力的制胜法宝；于个人而言，数据不仅关涉人身权益的保护，也涉及财产利益的实现。

2024 年 3 月 5 日国务院总理李强在第十四届全国人民代表大会第二次会议上发布的《政府工作报告》明确将“大力推进现代化产业体系建设，加快发展新质生产力”作为 2024 年的第一项政府工作任务。[①] 深化大数据、人工智能等研发应用，开展“人工智能 +”行动，打造具有国际竞争力的数字产业集群，这是培育和发展新质生产力，深入推进数字经济创新发展的重要环节。当前，全球对于数据资源的重视程度并不亚于人工智能，各国关于数据战略的规划亦相继出台，而我国更是将数据直接上升为继土地、

① 国务院总理李强 2024 年 3 月 5 日在第十四届全国人民代表大会第二次会议上发布《政府工作报告》，国务院公报 2024 年第 9 号，2024 年 3 月 12 日发布。

劳动、资本和技术之后的另一新型生产要素。[①]数据要素化，不仅具有重要的经济增进价值，也同时具备重要的国家战略部署意义。数据一举获得“国家基础性战略资源”地位，成为数字经济和智能科技时代的“第一生产要素”，是生产力和技术进步内外因共同作用的结果，也是各个历史阶段生产方式演进规律的体现。由此，在智能科技如火如荼的浪潮推动下，加之“算法”和“算力”的“陪同”下，人类同时也开启了数据要素时代的新篇章。

信息发展的历史轨迹中不乏数据的身影和足迹，但与以往不同的是，数据要素时代的数据不仅实现了量级的突变，也带动了内核的质变。从量变维度而言，数据的量级单位从KB、MB、GB、TB、PB、EB、ZB、YB、BB、NB、DB、CB、XB在不断发展变化，数据来源、结构和体量的暴增也在日益挑战人们对数据的管理方式和思路。[②]体量的指数级变化，也让人们形象地将当前的数据环境称作“大数据时代”。从“小数据”到“大数据”进阶，不仅仅是量级和结构的有形扩展，同时也意味着量变到质变维度的变化和思考。从以往的静态数据到动态数据的转变，一方面挑战着数据处理技术的实时性和精确性，另一方面也带动了经济增长方式和产业结构的变化，诸如精准营销等商业模式所代表的正是新型的数据要素生产方式和价值实现路径。伴随经济产业结构调整的同时还有个体价值的缩减以及公众的普遍认知，人们对隐私、信息和数据的认识进一步细分出敏感信息、个人信息与非个人信息等多元维度。在数据经济的高光时刻，个人数据的单一色彩显得十分暗淡。人们对隐私的松紧观念尽管有所放开，但隐私保护和数据利用之间的紧张关系依然存在。由此，数据的量变引发了多维度的质变，而在数据要素培育过程中，如何能够乘“数”而上，把数据这一新型生产要素的禀赋转化为推动新质生产力发展的新优势，法律制度的应对、创新和功能发挥则是尤为重要的一环。

---

① 参见2019年10月31日中国共产党第十九届中央委员会第四次全体会议通过《中共中央关于坚持和完善中国特色社会主义制度推进国家治理体系和治理能力现代化若干重大问题的决定》，2019年11月5日发布；以及《中共中央　国务院关于构建更加完善的要素市场化配置体制机制的意见》，2022年12月19日发布。

② 参见刘驰、胡柏青、谢一等编著：《大数据治理与安全：从理论到开源实践》，机械工业出版社2017年版，第2–3页。

1.2 问题提出

1.2.1 数据的原生问题

窥览数据的“前世”到“今生”，足以可感知数据在每个阶段均承载着特定时代的使命。而在当下的数据经济时代，数据已然获得了“新型生产要素”的时代新身份，在政治、经济、文化、生活等等各方面的价值和重要性尤为凸显。然而，“数据”这一新型生产要素，给人们的直观感知却仿佛是既“熟悉”又“陌生”，“熟悉”的是这个术语并非新创，古已有之，且日常生活中亦是人们熟悉和常使用的词汇；但“陌生”的是被人们津津乐道的数据似乎又带着一层神秘的面纱，等待人们去探索和挖掘。数据在要素化过程中的原生问题，既包括单元维度的静态问题争议，也包括数据活动中双向和多元维度的动态平衡问题。

（1）单元维度：以数据为特定静态面向，首先需要提出的问题便是数据定义的界定以及其内涵外延的理解。将数据放置在当前的数据经济时代，数据与隐私、信息、知识等近似概念又该如何区分和切割，以及与数据相关且被当下重点关注的个人信息，其内涵界定和法律保护等问题，都是亟须解决的。其次，关于数据的法律性质、权益属性与权属安排等问题，司法实践的需求十分迫切，但立法层面仍然存在空白，而理论界对此也仍存争议。

（2）多元维度：除了数据及其关联对象各自单向度的独立研究之外，数据在整个生命周期中的活动不可避免地离不开与隐私、个人信息等单向维度的动态交互。而多元维度所需关注的一个重点便是如何平衡好动态交互中的各方利益关系。个人对自我信息的控制和支配选择与市场主体对数据抓取和利用需求之间必然会存在一定的冲突，这种冲突某种程度上也体现为人格利益和财产利益的冲突，强调和重视其中一方，均可能导致另一方的利益损减。[①] 因此，动态维度的互动认知及系统性的协调，同样需要整体性的把握和精巧的制度应对。

① 参见张新宝：《〈民法总则〉个人信息保护条文研究》，载《中外法学》2019 年第 1 期，第 55 页。

1.2.2 原生问题的现有应对

针对数据自带的如上原生性问题，立法机构、学术界以及实务工作者等社会各界均积极参与讨论并努力从各自的视角提出应对问题的解决方案。其中尤其得以重点关注的便是数据相关的隐私和个人信息的保护问题，包括但不限于侵犯公民隐私的黑色产业链，人脸识别技术被滥用致海量人脸信息被收集、电子求职简历在黑市被大批泄露和贩卖、老人手机中潜藏的个人信息病毒和陷阱等等个人信息安全问题。新兴技术的革新升级和商业模式的不断创新，使得市场经营主体在业务经营过程中看到了数据能够创造的巨大利润空间。在极高经济利润的诱惑下，逐利的心态走向了"作恶"的极端，个人信息沦为个人人身和财产利益遭受侵害的重要"切入口"，造成了极大的损害后果。近年来，国际组织及各司法辖区相继出台了大量个人信息保护的相关规定。在我国，《数据安全法》和《个人信息保护法》也分别于2021年9月1日和2021年11月1日正式实施生效。在多方力量的共同的协作下，我国个人信息的保护水平的确得以提升，社会大众的保护意识也得以大幅提高，在相关部门的强监管以及隐私保护的宣传和教育下，个人信息相关利益主体逐渐开始重视这一问题，不仅个人开始有了保护自身信息的观念和意识，个人信息的收集者——政府机构、企业等主体也开始审视和评估自身的信息收集和处理行为是否合规。

与个人信息相较，数据单向维度及多元动态维度相关问题的复杂性和争议性更为凸显。在我国，数据要素市场处于高速发展阶段，诸如北京、贵阳、上海、广东等全国多地均已开始探索数据交易市场的运行，而司法实务中涉及数据的纠纷亦接连出现。实践需求迫切，但有效的法律制度供给却不足。尽管我国在2021年1月1日实施的《民法典》第127条[①]中宣示性地肯定了数据的法律地位。但关于数据的界定、权益属性等问题仍然留有空白。关于数据的法律性质，学界仍然存在权利说和利益说的分歧，而对于数据的权益配置方式和法律保护途径，也存在知识产权保护路径、《反不正当竞争法》中的商业秘密和"一般条款"保护路径以及独立类型的

① 参见《中华人民共和国民法典》第127条："法律对数据、网络虚拟财产的保护有规定的，依照其规定。"

新型财产权说等方案。此外，关于数据动态活动中涉及的人格利益与财产利益的平衡问题，现有努力多围绕隐私保护的人格维度着力，但财产性利益的价值发挥及其法律保护探讨却略显不足。由此，无论是单向维度，还是多边维度，数据所涉的相关问题，仍是值得重点探讨和亟须解决的难点。

1.2.3 本书核心关切问题

数据的战略性生产要素定位，也决定着数据价值的最大化实现必将是各个层级、各个维度以及各类部门法通力合作的一项大工程。当前，我国数据相关的立法正逐步从以往混乱的分散式立法向统一的规范化立法转变，除了已颁布的《网络安全法》《民法典》《生物安全法》《数据安全法》《个人信息保护法》之外，数据相关的其他立法也正在紧锣密鼓的制定中，但综合观察可见，现有立法努力的着力点基本落于或者偏向于“个人”“安全”的维度，这是现实的紧迫需求倒逼立法的体现。但是，在数据已然成为数字经济时代新型生产要素的这一既定趋势下，加快培育数据交易市场、充分释放数据要素的潜能和价值亦是一项重要的、不可回避的时代课题，而这项系统性大课题的开展则离不开法律制度的支撑。

然而，当前人们在探讨数据的相关问题时，热闹的场景总会让人们不自觉地迷思于数据这一既“熟悉”又“陌生”的概念之中，以至于忽略现有制度在数据保护方面的价值发挥，而不经意间的“舍近求远”或“绕道而行”，轻易“逃逸”到“另辟蹊径”的“异途”去。在现行有效的法律制度中，当属知识产权与数据的关联度最为紧密，拥有的共性点远远多于差异之处，其中共性点或相似之处例如：无形性、可复制性、非消耗性、人身财产合一性、累积性、灵活性等等。知识产权制度其实是数据经济时代权益博弈的一个有益解决之道。改革开放四十年来，中国知识产权制度从无到有，虽然自身仍有需完善之处，但总体形成了相对稳定和成熟的理论基础和系统架构，可以为数据的保护、权属以及流转等问题提供相应的理论支撑和规则借鉴。知识产权制度中不仅包含了相对完善的权利归属和流转规则、权利限制与平衡机制等可供个人信息和数据保护制度借鉴的制度基础。更重要的是，知识产权制度所倡导的促进信息分享与保护权利人并重的制度精神、对新兴权利的积极态度以及其与生俱来的兼容并包，这些才是数据保护制度最值得借鉴的宝贵财富。尽管如此，当前的研究，针对知识产权制度应否以及可否介入数据保护的问题，仍然争执不下，各有说辞。鉴于此，本书认为实有必要从知识产权的维度，厘清相关问题的分歧，进而理顺知识产权制度在数据保护方面的“应”与“不应”以及“能”与“不能”，理性地探寻适配于时代发展的数据保护和调整规则。

1.3 研究价值

1.3.1 现实需求价值

（1）国际形势所迫：当前，世界多极化、经济全球化、文化多样化、社会信息化深入发展，但同时国际形势的不稳定性、不确定性更加突出。知识产权在国际经济、文化乃至政治中，均扮演着重要的角色。胶着不下的中美贸易战，表面是贸易之争，实质却是以知识产权为核心的科技实力之争。继知识产权之后，隐私和数据保护很快成为新的国际贸易壁垒和竞争领域，近年来美国针对的封锁和禁令案，即是典型案例代表。全球各国基于本国的利益，围绕数据以及数据的跨境流动相继规划和构建了一系列的战略方案。鉴于此，我国相关主体急需熟悉相应国际规则，做好制度防御“盾”的同时，打造自身可供使用的锋利“矛”。在当前的国际竞争层面，“盾”与“矛”的打造是一门重要的必修课。

（2）国家发展所需：在新的时代背景下，我国锐意进取，勇抓时代发展机遇，率先在国家战略层面确立了数据的新型生产要素地位，并规划了这一新型生产要素参与收入分配机制、投入国家经济发展的蓝图，同时还于2023年10月25日专门组建了国家数据局来协调推进数据基础制度建设。在这一宏伟工程中，必然离不开法律制度的供给和保驾护航。数据的形成主要源于个人数据的汇聚，基于我国人口基数大、政府规模化管理等优势，我国数据累积水平和能力将成为有利的国际竞争优势，进而推动人工智能的领先发展，实现这一领域的弯道超车。此外，作为最大和最主要的数据收集和储存主体，我国政府机构亦面临着数据的收集是否合法有效、如何保管储存、是否公开共享以及如何利用数据等难题。数字信息时代，政府机构亦可借助数据分析来提高其管理和治理的效率，例如借助数据分析进行危险预警、精准扶贫等等。因此，对数据的知识产权保护研究，有助于我国核心重点战略的落地实施，亦有助于我国政府机构的高效管理，还有助于国家的稳定健康发展。

（3）企业经营所急：数据的收集、处理和利用，是数据经济时代企业（特别是互联网相关企业）的重要业务板块。人工智能相关企业依赖数据的“喂养”来研发新技术；而对于互联网相关企业而言，互联网独特的商业模式使得注意力经济成为主流，数据为王的操作方式使得用户及其信息成为企业竞争的重要资源。为了获得最大的用户资源优势，企业常常以免费的方式向用户提供服务，以换取用户的关注和加入。双边市场下，以盈利为目的的企业不得不通过增值服务、在线广告，尤其是精准广告的方式来抵消向用户免费提供服务的成本。此外，在国家政策的促进下，我国数据交易产业也逐渐形成，企业亦可通过数据的交易来获取利润。然而，看似一片利好之下，企业却犹豫和迷惑了，加之近来接连颁发的各种规范文件，无形中造成了一种寒蝉效应，导致企业畏首畏尾、裹足不前，因为企业一方面无法预见和明晰信息收集和数据处理行为合法与否的界限，且无法预估产品或技术研发前的风险；另一方面则由于多头机构的监管和大量规范文件的陆续出台，加重了企业的合规成本，一些企业（尤其是小企业）经过“成本—收益”核算后宁愿放弃相关业务板块。因此，数据保护的边界、权属等问题均是当下市场主体急迫关注的重难点问题。

（4）个人利益所忧：个人数据同时具备人格利益和财产利益，数字信息技术极大挖掘了个人数据的商业价值，同时也使得个人的人身性权益暴露在无形世界中，存在极大地被侵害风险，而这些潜在风险所导致的不仅是财产方面的损失，甚至还可能涉及人最根本之生命的侵害。现有研究、立法和司法实践重点均主要围绕个人数据的人格利益保护展开，却忽视了个人数据不等同个人信息，个人数据中的财产权益凸显，应获得财产权保护，以实现个人数据的财产性价值，同时透过财产权维度的法律保护实现对隐私等人格利益的直接或者间接保护。

1.3.2 理论研究价值

数字信息时代，数据在各个层面上被应用，政府需要数据来协助国家管理和社会治理，商业机构需要数据从事商业活动，获取经济利润，社会成员则需要数据实现社会交往和财产价值回报。各个层面的现实真切需求同时呼唤系统性、明确性的理论构建和制度设计，以使得各层面的现实需求得以满足。数据的保护和利用是一个系统性的工程，需要伦理、道德、技术和各部门法的通力合作，但其中最为直接和密切的当属知识产权法。从知识产权法的维度研究数据的保护和利用及其平衡问题具有如下理论价值：

（1）知识产权维度的制度贡献。数据生产要素化过程中的产权制度缺位，不利于数据要素市场的培育和数据要素价值的充分发挥。在现有的产权制度中，知识产权制度担负着回应时代发展需求的重任，如何精细的平衡好数据的保护与利用、排他与共享、赋权与限权等几对关系，是知识产权制度亟须解决的重要问题。对于满足现有知识产权制度保护的数据，可直接适用诸如著作权、专利权和商业秘密等方式来保护，而对于当下仍存争议的无法满足知识产权保护条件的数据，知识产权制度仍可发挥其制度输出的功能。相较于数据保护的制度建设而言，与之具有诸多相似点的知识产权制度在各司法辖区已然发展得相对成熟和健全，知识产权对无形财产的保护、激励机制、限制规则（期限、合理使用、法定许可、强制许可）以及无形财产的定价机制等均可成为个人信息和数据保护及其平衡困境的有益参考和底层理论构建。

（2）数据经济时代知识产权制度的反思与完善。知识产权制度诞生于市场经济的技术发展，同时也伴随着技术的迭代变革而茁壮成长。知识产权制度对技术的发展和社会的变革最为敏锐，其回应性品格也最为凸显。然而，发展到人工智能和数据经济时代的知识产权制度，却频频招致抨击。知识产权制度的基础理论和现有规则等是否仍能够适应和满足当前信息时代的社会发展需求，以及知识产权面向未来又将向何而去等问题引发了学界的反思和讨论。因此，在这一背景下重新审视知识产权的正当性基础正当其时。以社会为本位的功利主义和以理性人为本位的自然权利主义分别为知识产权的正当性辩护提供了不同的证成路径，二者针锋相对，难分高下。新的时代背景下，知识产权制度也呼吁新的理论构建。数据经济时代，对数据的知识产权维度分析，同时促使我们开始反思知识产权制度的时代回应性。早先学界前辈们讨论的知识产权对象信息论及信息产权论等学说再次进入研究的视野，成为数据经济背景下，知识产权制度正当性和合理性论证的又一重要理论依据。由此，在知识产权法的未来发展征程中，其将如何适应不断变革的社会，是继续走向辉煌还是可能到某一阶段就“消亡”。对于这些问题，或许可以从数据的知识产权保护研究中探讨一二。

1.4 研究方法

（1）文献资料研究法：学术研究之启动源于现有研究，也必然建立在现有的研究成果之上，只有细致掌握了当前的研究现状，方能踵事增华。文献研究亦是本书研究过程中采取的一类基础性研究方法，现有研究成果为本书的研究指明了目标，也奠定了坚实的研究基础。本书收集、整理和汇总了与本书研究对象相关国内外期刊论文、专著、译著以及其他相关文章等文献，并针对这些文献进行了研习，从中发现拟研究的问题、梳理拟研究的思路，同时汲取研究经验，进而展开本书的研究工作。

（2）实证研究法：在实证研究中，本书主要采用了案例研习的方法来辅助本书的研究，本书研读了域内外相关案例，对其中所涉问题进行了梳理、归纳和分析，从中引出本书拟探讨的主题，同时借助案例中存在的共性问题，透析实践中法律制度需求，以及制度适用潜在的阻碍和挑战，进而针对性的探寻问题解决之方案。此外，在本书研究过程中，也采取了实地访谈调研的方法，本书曾选取国内外学者、律师、企业法务等主体进行访谈，也到相关场地实地调研，以探寻实践中的真实问题和需求之在。

（3）比较研究分析法：“以史为镜”的纵向比较研究，有助于“知兴替”，而“他山之石”的横向对比分析，则有利于“晓不足”。数据经济时代，数据的流通不但迅速方便，且国界模糊。数据保护的议题不仅仅存在于我国，在其他国家也是热议的前沿议题。在数据传播与企业服务范围都已是跨国界的情况下，不同国家的法律制度势必会相互影响。针对全球性的议题，若只着眼于我国发展，恐有与世界脱轨之疑虑。本书参考借鉴外国立法模式和最佳实践，并与我国实际情况进行比较分析，进而探寻本土化的适用或改造，以实现“取其精华，去其糟粕”的目的。

（4）定性分析法：法的调整对象为具体的社会关系，但在当前的时代背景下，社会分层细化、关系纷繁复杂，法在针对特定社会关系制定调整规则时，就需要采取“剥丝抽茧”式的路径对拟调整的对象进行“质”的方面的剖析。法学研究亦是如此，同样需要“由表及里”，在错综复杂的外在表象中探寻到事物的核心本质和内在规律，并基于法的价值选择针对性地制定出相应的调整规则。鉴于数据所涉利益主体的“多宿主”性、数据样态的多元性以及数据自身很多法律问题的不确定性，使得与数据相关的法律关系呈现出庞杂和繁琐的特征。因此，本书在研究的过程中，采取了定性分析的研究方法，对数据相关的法律关系进行分类、归纳和研习，从而实现“去粗取精”，把握数据最根本需要法律予以回应和解决的问题，从而提炼出本书的核心关切点，针对性展开研究，并探析潜在可供适用的完善方案。

（5）价值分析方法：价值选择是法律科研的一项重要基础活动，是对“法律应当为何”的一种哲思和拷问。法在作用于社会关系的过程中，一方面追求自由、公平、效率、正义等“目的价值”，另一方面也维护法律的体系性、逻辑性、层次性等“形式价值”。在特定司法辖区中，法的价值多元且存在冲突，法的价值相对恒稳，却也需要与时俱进。当人类社会步入即将由智能科技主导的新兴数字经济时代后，对于出现的数据保护等法律问题，相关法律制度应当作出何种价值选择。知识产权的制度价值不在于创设新的问题，而在于发现问题，确立问题之中所涉主体的利益纠葛，从中进行价值判断和规则设计。针对数据相关的知识产权相关问题，本书在研究过程中，采取价值分析的方法，探讨法律在这些问题中应予维护的社会价值以及应当构建的法律价值，并在兼顾“目的价值”和“形式价值”的基础上，进一步推理出法律应作出的制度选择和规则设计。

1.5 研究思路

围绕本书的研究对象，并基于现有的研究成果综述，本书采取前述研究方法，针对前述提出的问题，以如下思路展开研究：全书主要分为六个章节，除去第一章“导论”和第六章“结语与展望”之外，主体部分共计包括四个章节，其中：

第二章：数据要素市场化配置的制度需求。作为本书主体章节的开篇和研究起点，本章的核心使命在于弄清楚与讲明白本书拟研究对象的内涵与属性，以便为后续研究奠定坚实基础。因此，本章主要围绕数据的时代定位与发展需求、数据的内涵与外延以及数据权益属性进行分析和界定。本章分析了数据的新型生产要素和国家基础性战略资源地位。然后，采取了“零存整取”研究思路，对数据及其关联概念分别进行了概念解读和关系厘清，基于本书的研究目的，同时兼顾学术研究和司法实践的理解，以信息为核心对数据在本书中的内涵和外延进行了限定。最后，本章分析了数据要素市场基础性制度构建的必要性和制度供给需求，以及当前数据要素市场化配置所面临的实际和潜在挑战。

第三章：要素化数据保护的知识产权制度引入。本章重点在于论证知识产权制度对于数据保护的相对优越性和合理可能性。首先，本章针对现有研究中关于数据权益属性的争议进行辨析，确立了数据权益属性的判断结构以及相应的位阶安排，并在此基础上明晰了数据产权化的应然之义，即数据产权化这一核心命题是构建数据要素市场的重要前提和规则基石。围绕数据的可产权性争议，本章对“支持论”者和“反对论”者给出的理由和依据分别进行了辨析，并在此基础上证成数据具有可产权化的现实基础和内核价值。对于数据财产保护的法律制度选项，本章分析了现有可供适用的方案，以及新创方案的提议和设想，并进行了相应的比较研究，剖析了新型路径的潜在担忧和缺陷，从中推演出现有可供选路径的选项，进而分析出知识产权制度是现有选项当中的更优制度选择。

第四章：要素化数据保护的知识产权制度适用。本章的核心任务在于探讨数据应否、可否以及如何适用知识产权制度。本章从知识产权的调整对象、数据与知识产权的核心属性、知识产权的历史发展轨迹、制度定位与制度功能等方面分析了数据的可知识产权性，同时本章也针对现有研究中的实际或者潜在质疑予以了回应。本章进一步阐释了数据保护的具体知识产权制度运用。重点选取了知识产权制度中与数据联系最为紧密的两类客体类型，即著作权和商业秘密，分别分析了数据在这两类知识产权客体之下的可适用性、学理争议、潜在挑战与突围方案。

第五章：数据要素市场化配置的知识产权治理路径构想。本章重点在于进一步探讨如若将数据纳入知识产权制度的保护框架内，数据之上的知识产权权能如何设置、权属如何分配，以及在数据这一议题的导引下，知识产权制度又该如何与时俱进地发展。本章首先着重探讨了知识产权和信息产权的关系，以及基于信息产权的知识产权制度发展导向。然后分析了数据之上知识产权权利安排的核心关注、难点以及应对这些难点可供考虑的权利配置因素。接着对数据知识产权权利安排的理论依据、权能设置、权属分配架构以及利用和限制进行了详细分析。最后，本章阐释了围绕数据这一重要议题，知识产权制度的保护如何跟其他的法律制度进行配合、接洽和协调。

第二章　数据要素市场化配置的制度需求

2.1　数据的新型生产要素定位

2.1.1　数据的类化型朴素认知

“天地合气，万物自生”，而则诸事诸物“毕同亦毕异”。人类漫长历史发展轨迹中的每一步前进都是对客观物质世界的征服，也是对大自然的重新认知。人类在认识自然和改造自然的过程中，每当遇到超出自身固有认知体系范畴的事物时，往往会不自觉地或主动地在原有的知识积累中去寻找与之相类似的东西，经“求似比异”后，帮助自我开启对新兴事物的探奇之旅。这种现象在心理学上被称为“类化”。在心理学的研究看来，人们对新知识的学习、对新问题的认知等过程，其实都是知识在进行类化的过程。[①] 面对新兴事物，人们是否认知和理解，其实取决于原先是否内存有相类似的知识结构。当人类的发展演进到当下的数字经济时代，技术日新月异，新事物层出不穷，其中“数据”这一貌似“熟悉”而又“陌生”的事物引起了人们的高度重视。“熟悉”的一面是，这一词汇古已有之，并非突然显现之物，但“陌生”的一面却是，数据在新时代呈现的“量变”及其由“量变”而引发的深层次“质变”所产生的一系列问题。于是，人们开始思考数据是什么，其对于当下人类之发展又意味着什么。

面对数据的这一“陌生”面向，人们同样采取了“类化”的方式，给出了各自的朴素认知：**(1)“石油说”**：智能科技时代，数据成为智能领域

① 参见吕渭源:《类化理论与知识、智力、创造》，载《中国教育学刊》1991 年第 4 期，第 23 页。

加速发展的核心引擎。为了形象地描述数据在当下时代的重要性，人们率先提出了“数据就是新石油”的说法。① 在 20 世纪，石油无疑是最重要的资源，而 21 世纪的当下，人们认为数据的时代价值完全可以比肩石油在 20 世纪的地位，甚至也有人提出：“世上最宝贵的资源不再是石油，而是数据。”② 然而尽管“石油说”已经成为人们口口相传的主流类化认知，也有人认为这一类比或许是不恰当的，因为二者之间存在很大的差异，例如，石油是可耗尽的，而数据却是可以持续再生的。③（2）**“基础设施说”**：这一认知主张，在 21 世纪，数据是“基础设施”，因为人们所依托和构建的环境越来越依赖于实时数据。数据是一个关键的组成部分，应当被理解为 21 世纪“基础设施”的关键组成部分。④（3）**“氧气说”**：知名咨询公司埃森哲（Accenture）的 Jitendra Kavathekar 在一场于旧金山举办的数据活动上指出“数据是氧气，它正推动世界前行。”⑤ 氧气是维持生命体征的重要物质，相较“石油说”对数据经济价值的类化，“氧气说”更是将数据类比为之于生命存活等同重要的东西。（4）**“培根说”**：人们甚至将数据等同于培根，因为美味的早餐是离不开培根的。⑥ 这一类化方式尽管非常诙谐，但如同“氧气说”一般，“培根说”同样强调了数据之于日常生活之意义。

类化有助于消除新兴事物的陌生属性带来的不安定感，也有利于帮助

---

① Matt Rosebrough, *Is Data Really "The New Oil"?* Published on April 27, 2020, Available at https://www.kenwayconsulting.com/blog/data-is-the-new-oil/, Last accessed on April 5, 2024.

② *The World's Most Valuable Resource Is No Longer Oil, But Data*, The Economist, Published on May 6, 2017, Available at https://www.bbk.ac.uk/news/the-world2019s-most-valuable-resource-is-no-longer-oil-but-data, Last accessed on April 5, 2024.

③ See Bernard Marr, *Here's Why Data Is Not The New Oil*, The Forbes, Published on March 5, 2018, Available at https://bernardmarr.com/heres-why-data-is-not-the-new-oil/, Last accessed on April 5, 2024.

④ See Peter Kawalek, Ali Bayat, *Data As Infrastructure*, Published on December 14, 2017, Available at https://www.semanticscholar.org/paper/Data-as-Infrastructure-Kawalek-Bayat/6b5441d791f12d781ad30e12b306e64b2a0ae15b, Last accessed on April 5, 2024.

⑤ Adam Bowen, *Data Is the Oxygen. It's What Moves the World*, Published on August 24, 2017, Available at https://www.delphix.com/blog/data-oxygen-moves-world, Last accessed on April 5, 2024.

⑥ See Joe Francica, *Data Is The New Bacon*, Published on October 18, 2016, Available at https://tdan.com/data-is-the-new-bacon/18796, Last accessed on April 5, 2024.

人们建立对新兴事物的知觉表征。然而，在认知的过程中，类化其实也是一种主观的“似真推理”，其取决于差异化个体的不同知识结构体系，也正是因为如此，人们给数据赋予了不同“学说”理解。然而，“石油说”“基础设施说”“氧气说”“培根说”等都只是人们主观上不充分的朴素类化，对于数据法律问题的探讨，仍需要科学周延的界定以及严谨的逻辑论证。

2.1.2 数据的生产要素化

生产要素是经济学领域的一个重要基础概念，是在国民经济运行中产品或服务生成所需的基本资源[①]和重要投入。不同历史时期的生产力发展水平和经济形态各有不同，而不同经济发展阶段的关键生产资料也在不断变化，这些资料中，通常存在对经济基础起关键性作用的核心要素。伴随着经济社会的进步，关键性生产要素的类型、边界、作用规律、地位和排序等也在不断演进。在**农业社会**中，农耕是重要的经济活动，农业是核心的经济支柱，农业经济增长主要依附于土地之上农作物之多寡，而农作物的生成也离不开劳动力的劳动投入。在这一时期，大地被人们亲切地誉为人类的“母亲”，土地成为最重要的第一生产要素，而劳动是次之的生产要素。在**工业社会**，随着生产技术的快速提高，生产方式更加多元，也推动了工业产业链的形成。工业技术的革新，使得农业社会的大量手工劳作被替代，而标准的流水线生产和规模化经济离不开原始资本积累。因此，在这一时期，资本[②]成为新型的第一生产要素，而土地降为第二生产要素。进入**信息社会**后，计算机技术和终端普及率大幅提高，“科学技术是第一生产力”的说法映射了技术在这一时期的核心要素地位。到了当前的数字经济社会，信息化和数字化进程被按下快进键，智能科技和数字经济成为新的经济形态，而这也促使数据成为了当下经济发展的核心要素。

与人们对数据的朴素类化认知不同，我国自 2015 年着手数据战略部署

---

① 关于资源和要素的关系，有学者指出，二者是一对相互对应和关联的范畴，生产要素一定属于资源的范畴，但并非所有的资源都能成为生产要素，只有在一类资源具有价值、流通、全局和通用等特性后，方可以称为生产要素。参见何伟：《激发数据要素价值的机制、问题和对策》，载《信息通信技术与政策》2020 年第 6 期，第 5 页。

② 需说明的是，此处的资本不是金融含义下的资金的简单概念，经济学家所指称的资本涵盖机器、设备、工具、货币等动产和不动产。

起，经过一系列的顶层设计和规划，逐步将数据正式列为继土地、劳动[①]、资本、技术之后的另一新型生产要素：

2015年9月，《国务院关于印发促进大数据发展行动纲要的通知》标志着数据正式成为“国家基础性战略资源”，系统地部署了大数据的发展工作，并提出要加强顶层设计与统筹协调。[②]2017年12月，在中共中央政治局第二次集体学习时，习近平总书记指出“要构建以数据为关键要素的数字经济”。[③]2019年10月，在第十九届中央委员会第四次全体会议通过的《中共中央关于坚持和完善中国特色社会主义制度推进国家治理体系和治理能力现代化若干重大问题的决定》中，提出“推进数字政府建设，加强数据有序共享，依法保护个人信息。”同时要“健全劳动、资本、土地、知识、技术、管理、数据等生产要素由市场评价贡献、按贡献决定报酬的机制。”[④]

2020年3月，《中共中央 国务院关于构建更加完善的要素市场化配置体制机制的意见》指出，要重视数据的价值，并加快数据要素市场的培育进程，推进政府数据开放的同时，提升社会数据资源价值，并加强数据资

① 在生产要素的表述中，《中共中央关于坚持和完善中国特色社会主义制度推进国家治理体系和治理能力现代化若干重大问题的决定》使用了“劳动”一词，而《中共中央 国务院关于构建更加完善的要素市场化配置体制机制的意见》中却采用的是“劳动力要素”一说。对此，有学者指出，应注意到二者的区别，“劳动者或员工对应的是自然人，文明社会不能进行劳动者（力）市场交易，也不可能有劳动者（力）市场。作为要素投入生产活动的是劳动，可以理解为具有一定劳动能力（技能水平）的劳动者投入的劳动时间或精力。”因此，作为生产要素而言，采用“劳动”的表述，更为准确。参见于立、王建林：《生产要素理论新论——兼论数据要素的共性和特性》，载《经济与管理研究》2020年第4期，第65页。

②《国务院关于印发促进大数据发展行动纲要的通知》，国发〔2015〕50号，2015年9月5日发布。

③ 习近平总书记在中共中央政治局第二次集体学习时强调审时度势精心谋划超前布局力争主动实施国家大数据战略加快建设数字中国，载中华人民共和国中央人民政府网2017年12月9日，https://www.gov.cn/guowuyuan/2017-12/09/content_5245520.htm，2024年4月5日访问。

④《中共中央关于坚持和完善中国特色社会主义制度推进国家治理体系和治理能力现代化若干重大问题的决定》，载中华人民共和国中央人民政府网2019年11月5日，http://www.gov.cn/zhengce/2019-11/05/content_5449023.htm，2024年4月5日访问。

源的有效整合和数据安全保护。[①]2020 年 7 月，国家发展改革委、中央网信办、工业和信息化部等 13 个部门联合印发《关于支持新业态新模式健康发展激活消费市场带动扩大就业的意见》，提出了 15 种新业态发展模式，其中包括数据要素流通和供给新方式。[②]2020 年 9 月，对于国际社会普遍关心的数据安全问题，中国国务委员兼外交部长王毅在"抓住数字机遇，共谋合作发展"国际研讨会高级别会议上发表题为《坚守多边主义倡导公平正义携手合作共赢》的主旨讲话，提出《全球数据安全倡议》。[③]2020 年 10 月，中国共产党第十九届中央委员会第五次全体会议审议通过了《中共中央关于制定国民经济和社会发展第十四个五年规划和二〇三五年远景目标的建议》，指出要加快现代产业体系和经济体系的优化升级，"建立数据资源产权、交易流通、跨境传输和安全保护等基础制度和标准规范，推动数据资源开发利用。"[④]

2021 年 12 月，《国务院办公厅关于印发要素市场化配置综合改革试点总体方案的通知》指出，计划在 2023 年要在数据要素市场化配置基础制度建设探索上取得积极进展。[⑤]2022 年 3 月，《中共中央　国务院关于加快建设全国统一大市场的意见》指出要加快培育数据要素市场，建立健全数据安全、权利保护、跨境传输管理、交易流通、开放共享、安全认证等基础制度和标准规范，深入开展数据资源调查，推动数据资源开发利用。[⑥]2022 年 12 月，《中共中央　国务院关于构建数据基础制度更好发挥数据要素作

① 参见《中共中央　国务院关于构建更加完善的要素市场化配置体制机制的意见》，载中华人民共和国中央人民政府网 2020 年 4 月 9 日，http://www.gov.cn/zhengce/2020-04/09/content_5500622.htm，2024 年 4 月 5 日访问。

② 参见《关于支持新业态新模式健康发展激活消费市场带动扩大就业的意见》，发改高技〔2020〕1157 号。

③ 参见《全球数据安全倡议》，载中华人民共和国中央人民政府网 2020 年 9 月 8 日，https://www.gov.cn/xinwen/2020-09/08/content_5541579.htm，2024 年 4 月 5 日访问。

④《中共中央关于制定国民经济和社会发展第十四个五年规划和二〇三五年远景目标的建议》，载中国共产党新闻网 2020 年 11 月 4 日，http://cpc.people.com.cn/n1/2020/1104/c64094-31917780.html，2024 年 4 月 5 日访问。

⑤《国务院办公厅关于印发要素市场化配置综合改革试点总体方案的通知》，国办发〔2021〕51 号。

⑥ 参见《中共中央　国务院关于加快建设全国统一大市场的意见》，载新华网 2022 年 4 月 10 日，http://www.news.cn/2022-04/10/c_1128547474.htm，2024 年 4 月 5 日访问。

用的意见》（简称“数据二十条”）明晰了构建数据基础制度、更好发挥数据要素作用的二十条政策措施。①

2023年8月，《财政部关于印发〈企业数据资源相关会计处理暂行规定〉的通知》为规范企业数据资源相关会计处理，强化相关会计信息披露提供了明确规则。②2023年6月，《深圳市发展和改革委员会关于印发〈深圳市数据产权登记管理暂行办法〉的通知》明确了数据产权登记适用范围，并探索将数据产权登记应用于企业数据资产确认、融资抵押等领域。③2023年10月，为了更好地促进和保障数据基础制度建设，国家数据局正式挂牌成立，由国家发展和改革委员会管理，负责协调推进数据基础制度建设，统筹数据资源整合共享和开发利用，以及统筹推进数字中国、数字经济、数字社会规划和建设等。④同时，全国各省的数据局也相继成立。

2024年1月，国家数据局等17部门联合印发《“数据要素×”三年行动计划（2024—2026年）》，重点强调要发挥数据要素的放大、叠加、倍增作用，构建以数据为关键要素的数字经济。⑤2024年2月，国家数据局等部门发布《关于开展全国数据资源调查的通知》，为摸清数据资源底数作出了工作部署。⑥2024年3月，国务院总理李强在第十四届全国人民代表大会第二次会议上发布的《政府工作报告》明确要求健全数据基础制度，大力推动数据开发开放和流通使用。⑦

---

① 参见《中共中央　国务院关于构建数据基础制度更好发挥数据要素作用的意见》，载中华人民共和国中央人民政府网2022年12月19日，https://www.gov.cn/xinwen/2022-12/19/content_5732695.htm，2024年4月5日访问。

②《财政部关于印发〈企业数据资源相关会计处理暂行规定〉的通知》，财会〔2023〕11号。

③《深圳市发展和改革委员会关于印发〈深圳市数据产权登记管理暂行办法〉的通知》，深发改规〔2023〕5号。

④ 参见中国发展改革报社:《国家数据局成立恰逢其时意义深远》，载中华人民共和国国家发展和改革委员会网2023年11月7日，https://www.ndrc.gov.cn/wsdwhfz/202311/t20231107_1361831.html，2024年4月5日访问。

⑤《国家数据局等部门关于印发〈“数据要素×”三年行动计划（2024—2026年）〉的通知》，国数政策〔2023〕11号。

⑥《关于开展全国数据资源调查的通知》，国数综资源〔2024〕5号。

⑦ 国务院总理李强2024年3月5日在第十四届全国人民代表大会第二次会议上发布《政府工作报告》，国务院公报2024年第9号，2024年3月12日发布。

2.1.3 数据要素化的理据与价值

在唯物辩证法中，任何事物的发展变化均是内因和外因相互作用、相互影响的结果，内因是事物的内部矛盾，起着决定性作用，而外因是事物的外部矛盾，发挥积极推动或者反向阻碍的作用。数据之所以在这一特定时期成长为关键性生产要素，同样也得益于内外因的共同作用。[①] 在内因方面，这是特定经济阶段生产力发展到一定水平的必然结果，也是经济增长和人类物质文化生活的必要需求，经济形态的变革也由此促使了数据这一新型生产要素的诞生。在外因方面，智能科技的崛起，再一次突破了算法和算力的桎梏，使得数据的最大化价值得以释放。数据、算法和算力并肩成为人工智能创造的三大“法宝”和我国新基建的基础支撑。数据的内在潜能由此得以爆发，成为新经济、新业态和新发展模式中的核心引擎。

数据演化为关键的新型生产要素，不仅具有重要的理论研究价值，也有着重要的经济发展意义和国际战略实施意义。首先，这在马克思主义政治经济学上是一次重大的理论创新，不仅丰富和更新了生产要素理论，也影响和挑战了劳动价值理论，“数字劳动”、“免费劳动”等劳动方式引发了人们对数字经济时代劳动价值论的讨论和反思。此外，数据要素也推动了资源配置和分配理论的完善和思考。[②] 其次，数据要素化，有助于推动产业的优化升级，在实现新业态和新模式“无中生有”的同时，实现传统产业更新升级的“有中出新”。同时，以数据为基准的全产业链搭建，不仅能降低数字产品的生产和流通成本，同时还能提升产品的供给数量和质量。[③] 由此，在其他传统生产要素的协同作用下，数据也将促发更高质量的经济发展。最后，将数据列为新型生产要素参与分配，也是国家审时度势、超前布局、精心谋划、力争主动的战略布局。历史经验表明，生产要素在经济社会发展中发挥着决定性作用。抓住此次数据经济形态转变的历史机遇，

① 参见戚聿东、刘欢欢：《数字经济下数据的生产要素属性及其市场化配置机制研究》，载《经济纵横》2020 年第 11 期，第 64–65 页。

② 参见操奇、孟子硕：《数据作为生产要素参与分配机制的几个问题》，载《福建论坛（人文社会科学版）》2020 年第 11 期，第 21–22 页。

③ 参见戴双兴：《数据要素：主要特征、推动效应及发展路径》，载《马克思主义与现实》2020 年第 6 期，第 174–175 页。

充分释放数据要素价值，也是积极应对复杂的国际形势和激烈的国际竞争挑战的有力武器。

2.2 数据要素概念之理解

2.2.1 概念厘定的必要性

论语有云，“名不正则言不顺，言不顺则事不成”，欲达言顺，必先正名，方可“名正言顺”。概念是人类思维活动的重要组成部分，概念之“概”在古意中是量化和范围的指称，而“念”则含思维和理解之意。概念是人类在认识和感知过程中，对所接触之客观事物，从感性认知到理性认知的过程，是对所感知事物的本质内涵及共性特征的凝练，也是知识的基本构筑单元。传统术语学将概念归结于逻辑关系和知识本体关系两类，而有学者指出，“逻辑关系是知识本体关系在人类认知上的反映……应该把概念之间的关系完全地建立在知识本体的基础之上。”① 言下之意，不同的知识结构之上形成的概念，具有一定的特质性和差异性，这也直接导致不同学科面对同一事物的理解和阐释也是迥异的。作为基础研究的起点，概念是初始对话的基础，而不同的概念通常也影响和决定着不同的研究进路。而且，由于语言和文化体系的差异，即便是同一对象，但在概念迁移的过程中，往往也容易出现术语“差值”的现象。② 此外，随着时代的变迁，即便是同一学科领域内，同一的术语概念也随着人们认识自然和改造自然的能力以及感知世界的水平而动态演变。因此，析数据要素之脉，必得先晓其言辞之意。

然而，本书在研究过程中发现，与数据相关的研究，无论域内外，即便是同一专业领域，也没有能达成统一共识，相关文献中所采用之术语亦是纷繁多样。例如，使用比较多的有“大数据”“数据信息”“信息资源”“数据资源”“数据库”“数据集”“数据池”“信息集合体”“信息聚

① 冯志伟:《术语学中的概念系统与知识本体》，载《术语标准化与信息技术》2006 年第 1 期，第 9 页。

② 参见吴苌弘:《法律术语译名探究——基于术语等值与概念迁移的思考》，载《上海翻译》2016 年第 6 期，第 48–53 页。

合”“数据财产”等等概括式或者混搭描述的，也有采用“科学数据”“科研数据”“实验数据”“个人数据”“个人信息”“个人资讯”“客户数据”“用户数据”“企业数据”等等具化描述的。虽然术语五花八门，但是细致研究可发现，大家探讨的问题基本是一致的，然而再进一步探究，却会发现，由于术语内涵外延所存在之差异，不仅造成了理解上的极大困惑和学术研究上的误解，围绕相关问题的后续分析和讨论也容易走上“各说各话”的道路。更为严重的是，司法实践中竟也出现针对同一对象和内容却在判决书的不同地方采用不同术语和表达的情况。[①] 鉴于此，本书认为实有必要在正式展开研究之前，对本书拟探讨之研究对象进行概念的厘定，以及其与关联术语之关系的厘清，进而基于本书的研究目的，对其进行内涵和外延之限定。

2.2.2 术语概览与关系厘清

为了更为清晰地掌握数据的内涵和外延，本书采取了“零存整取”的研究思路，先对与之相关的主要术语逐一作单一维度的剖析，然后再全局性的整合和梳理其间的复杂关系，最后在此基础上，推导出本书研究中的数据要素概念之界定。

（1）术语概览

隐私（Privacy）：“羞于明，隐其密，而藏于私”，自远古社会的人类开始有意识地以树叶蔽体时起，隐私的观念便自然而然的存在了。我国在 2021 年 1 月 1 日起实施的《民法典》第 1032 条中对隐私的界定为“自然人的私人生活安宁和不愿为他人知晓的私密空间、私密活动、私密信息。”隐私依附于自然人存在，但隐私本身却具有极强的社会属性和时代特征，受地域、时间、文化以及特定场景等因素影响。为了应对第二次世界大战期间对人格尊严的践踏，1948 年的《人权宣言》（Declaration of Human Rights）和 1966 年的《联合国公民权利和政治权利国际公约》（United

① 例如，在“某软件有限公司诉某信息科技有限公司”一案中，据不完全统计，判决书中就先后出现了“用户数据”“用户数据信息”“用户个人信息”“信息”“综合信息”“数据内容”“数据产品”“个人数据”等等术语，且还直接作出“个人数据区分为个人信息和非个人信息”的表述。参见：一审民事判决书（2017）浙 8601 民初 4034 号；二审民事判决书：（2018）浙 01 民终 7312 号。

Nations International Convention on Civil and Political Rights）使得隐私在国际公法上的权利得以阐明，而后各司法辖区基本在宪法层面确立了隐私权的地位，例如欧盟1953年的《欧洲人权公约》（European Convention on Human Rights）和2000年的《欧盟基本权利宪章》（EU Charter of Fundamental Rights），而中国也在《宪法》中通过“人格尊严不受侵犯”方式明确了隐私的基本权利性质。关于隐私权的概念，兼具美国法官和学者双重身份的Samuel D. Warren和Louis D. Brandeis将其界定为“不受侵扰的权利（the right to be let alone）”①，而我国《民法典》将隐私权列为基本的人格权之一，并且在分则专章规定了隐私权的法律保护以及不特定相对人的义务。

信息（Information）：信息这一概念自古便已有之，我国古代的许多诗词之中也不乏其身影。信息在不同的地域，有时称谓有所不同，例如日本称之为“情报”，而中国台湾常常唤作“资讯”。信息几乎每时每刻都伴随在我们日常生活之中，然而对信息的界定却不是一件容易的事情。对此，不同学科分别有着不同的理解和定义，其中较为重要的几个领域有：（1）信息学，这一领域中最经典的定义主要出自Claude E. Shannon的“信息论”和Norbert Wiener的“控制论”。Shannon的经典界定是“凡是能减少不确定性的所有事物都能称作信息”②，而在通信过程中，基于信号传递的不变的频率即是“信息论”中所言的信息。③而Wiener的著名定义为“信息就是信息，不是物质，也不是能量”④Wiener将信息从物质/能量中分离出来作为独立的存在。而后Wiener在“The Human Use of Human Beings”一书中，进一步给出了信息的内涵：“信息就是我们在适应外部世界时与它交换的东西，并使我们的适应被外界感受到。接收和使用信息的过程是我们适应外

① Samuel D. Warren, Louis D. Brandeis, *The Right to Privacy*, Harvard Law Review, Vol. 4, No. 5. Dec. 15, 1890, pp.193–220.

② Claude E. Shannon, *A Mathematical Theory of Communication*, The Bell System Technical Journal 27(4), 1948, pp.379–423.

③ 参见[美]斯蒂芬·李特约翰：《人类传播理论》，史安斌译，清华大学出版社2004年版，第100页。

④ [美]诺伯特·维纳：《控制论，或关于在动物和机器中控制和通信的科学》，洪帆译，北京大学出版社2020年版。

部环境的偶发事件的过程，是我们在这个环境中有效生活的过程。"[①]（2）在哲学领域，信息已成为一个重要的基础研究范畴，有学者还为此专门独创了"信息哲学"[②]的独立研究分支，将信息定义为是"物质（直接）存在方式和状态的自身显示"，认为信息是"由物质在相互作用中派生出来的"[③]。另有学者进一步将信息分为"本体论意义上的信息"与"认识论意义上的信息"，认为前者客观信息，重在"事物的自我表述"，而后者术语主观信息，重在"主体感知"。[④]对此区分，也有学者表示了质疑，认为这样的论述"是模糊不清的，甚至是矛盾的，看似玄妙，其实无科学依据。"[⑤]（3）在物理学看来，自然界实际上其实是无色、无味、无光、无声的，生物体所能感知到的实质是电磁波、空气波和微粒分子与感知器官共同作用产生的结果。[⑥]所以信息不是物质，也不是能量，且其存在必须依托一定载体。从不同学科的解读可见，关于信息的概念是极度抽象的，而基于不同理论的不同界定则让这一工作更加复杂化。本书认为，从法学研究的视角来看，法学更为关注社会秩序的构建与维护，因此，在法学的视角下，对于信息这一概念，大可刺破其表层"面纱"，而去关注围绕其产生的社会关系，同时在法律调整的过程中，尊重相应社会关系所处的专业领域，以此来辅助价值调整的判断。此外，关于信息的分类也异常的丰富，但与本书研究相关，值得特别关注的是信息中的"个人信息"这一类别。

个人信息（Personal Information）：个人信息这一概念以往常被划归至隐私的范畴来考虑，视同为个人隐私，正如美国如今也采用扩大隐私权边界的方式来处理与个人信息相关的纠纷。然而，随着欧盟《通用数据保护条例》（General Data Protection Regulation，GDPR）的出台，各国逐渐意识到

---

① [美]诺伯特·维纳：《人有人的用处：控制论和社会》，陈步译，商务印书馆2017年版。

② 参见邬天启：《邬焜信息哲学的诞生和发展》，载《情报杂志》2019第5期，第147–185页。

③ 邬焜：《信息哲学对哲学的根本变革》，载《中国人民大学学报》2016年第6期，第129页。

④ 参见向波：《知识、信息与知识产权的对象》，载《知识产权》2011年第1期，第65页。

⑤ 张勤：《简析知识、信息与知识产权对象》，载《知识产权》2011年第4期，第10页。

⑥ 参见胡军：《知识论》，北京大学出版社2006年版，第83页。

个人信息与隐私之间的差异，虽然我国也曾一度在规范制定甚至司法实践中将二者混淆处理，但经过学界研究的努力[①]，当前二者的分流已基本达成共识，司法实践中也有了相应的探索[②]，我国有关个人信息保护的独立立法和相关规范标准也在逐步制定和完善中。个人信息概念界定之重点和难点在于其判定的理据和基础，对此，目前形成的主流学说包括“识别说”“关联说”“识别 +/ 关联说”[③]，核心在于辅助判定某一特定信息是否属于个人信息。我国于 2021 年 11 月 1 日正式实施的《个人信息保护法》第 4 条规定“个人信息是以电子或者其他方式记录的与已识别或者可识别的自然人有关的各种信息，不包括匿名化处理后的信息。”从这一定义中可见，除了识别 / 关联这一实质要素，个人信息还需具备“记录”这一形式要素。关于个人信息的界定模式，目前存在“概括型”与“概括 +（不完全 / 穷尽式）列举型”两种模式。此外，在个人信息的类型化处理中，除了直接个人信息和间接个人信息的区分之外，尤其值得关注的是与个人一般信息相对应的个人敏感信息。《个人信息保护法》第 28 条规定“敏感个人信息是一旦泄露或者非法使用，容易导致自然人的人格尊严受到侵害或者人身、财产安全受到危害的个人信息。”例如个人的 DNA、指纹、疾病史等生理健康信息和个人生物识别信息均可认定为个人敏感信息。个人敏感信息与个人名誉、身心健康的紧密度更高，人身属性更强，因此，在具体规则的设定上，也必然会更加严格。

数据（Data）：在计算机科学的语境中，数据是指在计算机输入、处理和输出过程中的一系列字母、数字等的介质统称，是以二进制 0 和 1 的数值单位表示的客观形式。[④] 数据既可以是狭义概念上的数值，也可以是内含一定意义的抽象表示。只有当数值与数值所赋予的语义结合起来，数据

① 参见王利明:《论个人信息权的法律保护——以个人信息权与隐私权的界分为中心》，载《现代法学》2013 年第 4 期，第 62-72 页；以及张新宝:《从隐私到个人信息：利益再衡量的理论与制度安排》，载《中国法学》2015 年第 3 期，第 38-59 页。

② 例如，2021 年 1 月 22 日，深圳市南山区人民法院在关于王某诉某公司隐私侵权的纠纷案中，认定“微信好友关系不属于用户隐私。”案号:（2020）粤 0305 民初 825 号。

③ 参见韩旭至:《个人信息概念的法教义学分析——以〈网络安全法〉第 76 条第 5 款为中心》，载《重庆大学学报（社会科学版）》2018 年 2 期，第 156 页。

④ 参见王珊、萨师煊:《数据库系统概论》（第 5 版），高等教育出版社 2014 年版，第 4 页。

才能发挥其价值。[①] 从符号学的角度，德国 Herbert Zech 教授曾分别从语义（Semantic）维度和句法（Syntactic）维度对数据进行界定，前者指代包含诸如事实、状态等特定意义的内容，而后者指代符号及符号之间的特定逻辑关系。[②] 在法学的视角中，我国于 2021 年 6 月 10 日由全国人大常委公布的《数据安全法》第 3 条中指出，数据是指“任何以电子或者其他方式对信息的记录。”在 2020 年 7 月深圳市司法局公布的《深圳经济特区数据条例（征求意见稿）》第 4 条中规定，数据是“关于客体（如事实、事件、事物、过程或思想）的描述和归纳，是可以通过自动化等手段处理或再解释的素材。”[③] 但在 2021 年 7 月由深圳市人民代表大会常务委员会公布的《深圳经济特区数据条例》[④] 中，关于数据的定义被调整为：“数据是指任何以电子或者其他方式对信息的记录。”根据不同的划分标准，数据则有不同层次的分类，例如，主体维度：个人数据、企业数据、政务数据、公共数据等；技术维度：结构化、半结构化、非结构化；真实性维度：虚假数据、失真数据、真实数据等；价值维度：基础数据、增值数据；生成维度：原始数据、衍生数据；用途维度：科研数据、工业数据、休眠数据 [⑤] 等。此外，从数据规模维度看，数据的爆炸式增长，使得其容量单位也一直在扩充和发展，由此，一场“数据核爆”即将来临。

大数据（Big Data）：近些年来，大数据一跃成为一个非常“火爆”的

---

① 例如，在一组新闻报道中，新冠疫情全球“现有确诊 2777 万例，累计治愈 7575 万例，累计确诊 10583 万例……”此处的 2777、7575 等就是数值，这些数值加上前后的限定表述后，则形成了数据。

② 参见王镭：《“拷问”数据财产权——以信息与数据的层面划分为视角》，载《华中科技大学学报（社会科学版）》2019 年第 4 期，第 105 页。

③ 参见《深圳市司法局关于公开征求〈深圳经济特区数据条例（征求意见稿）〉意见的通告》，载深圳市司法局网，http://sf.sz.gov.cn/gkmlpt/content/7/7892/post_7892072.html#2725，2024 年 4 月 5 日访问。

④ 参见《深圳经济特区数据条例》，载深圳市人大常委会网 2021 年 7 月 6 日，http://www.szrd.gov.cn/szrd_zlda/szrd_zlda_flfg/flfg_szfg/content/post_706636.html，2024 年 4 月 5 日访问。

⑤ 休眠数据是指“已经存在于数据库中、当前并不使用、将来有可能使用的数据，这种数据随着时间延长而积累蔓延。”参见曾建华：《挖掘休眠数据提高数据库管理系统的性能》，载《计算机时代》2005 年第 8 期，第 46–47 页，以及鲍永庆：《休眠数据的数据创新与知识产权保护》，载《图书馆研究与工作》2018 年第 9 期，第 38 页。

词汇，同时“海量数据”“巨量数据”“巨型数据”“大规模数据”等也不少被提及，人们再次采用类化的方式形象地描述了数据在当前这个时代的体量级别。然而有学者指出，这样的描述是模糊的、缺乏准确性的，一种规范性的界定应该基于其基本特征展开。[①] 对此，英国学者维克托·迈尔－舍恩伯格和肯尼思·库克耶就提出了著名的“4V”理论，整体提炼了大数据的根本特征，即多样性（Variety）、规模性（Volume）、高速性（Velocity）和价值性（Value）。[②] 此外，学界对于大数据的内涵，还存在“工具论”“信息资产论”“数据本体论”“技术本体论”“社会关系论”等不同的认知。[③] 在实践中，诸如贵阳大数据交易所、中关村大数据交易平台等也发布了相应的规则，对大数据给出了内涵和外延的说明。在法学的视野中，有学者认为单一数据条目及其属性和内容，可以被视为一个个中性的“黑点”，而海量的黑点汇聚成“数据集合”之后，则成为值得知识产权法关注的大数据。[④] 本书认为，对于大数据的认知，除了需要关注到其形式上的“量级”呈现，从法学的维度，更应关注和挖掘的是形式上的“量变”带来的法律秩序调整维度的核心“质变”。

个人数据（Personal Data）：以主体为标准对数据进行划分，一个关注较多且非常重要的类型就是个人数据。关于个人数据的概念性描述，我国立法层面尚未对此作出规定，但《深圳经济特区数据条例》中采用了这一术语，规定“个人数据是指载有可识别特定自然人信息的数据，不包括匿名化处理后的数据。”学术研究中，也有不少学者使用了这一概念来命题立论。在欧盟的立法中，个人数据是一个核心关键词，GDPR 中对个人数据的界定，也在全球产生了广泛的影响。GDPR 第 4 条规定，“个人数据”系指“与已识别的或可识别的自然人（数据主体）有关的任何信息；可识别的自

① See Andrea De Mauro , Marco Greco , Michele Grimaldi, *A Formal Definition of Big Data Based on Its Essential Features*, Library Review, Vol. 65 No. 3, 2016, pp.122–135, Available at https://www.emerald.com/insight/content/doi/10.1108/LR-06-2015-0061/full/html, Last accessed on April 6, 2024.

② 参见［英］维克托·迈尔－舍恩伯格、肯尼思·库克耶:《大数据时代生活、工作与思维的大变革》，盛杨燕、周涛等译，浙江人民出版社 2013 年版。

③ 参见王广震:《大数据的法律性质探析——以知识产权法为研究进路》，载《重庆邮电大学学报（社会科学版）》2017 年第 4 期，第 58–63 页。

④ 崔国斌:《大数据有限排他权的基础理论》，载《法学研究》2019 年第 5 期，第 4 页。

然人是可以被直接或间接确定的，特别是通过参考诸如名字、身份证号码、位置数据、线上身份等标识符，或者是自然人的特定的一个或多个因素，如身体、生理、遗传、心理、经济、文化和社会身份等。”[①]由此可见，个人数据之界定和上文中对个人信息之定义存在高度重合性，而实际上，在我国立法、司法和学术研究中，二者的确存在“分不清，说不明”的关系，也基本处于“混乱”使用的现状，因此，实有必要对这二者进行关系界分。

知识 / 智慧（Knowledge/Intellectual）：谈及信息或数据，知识这一概念亦是不可回避的。然而，作为推动人类历史文明不断前行的重要素材，知识却很难得出统一而明确的界定。对此，有学者采用“诠释佐证法”来识别知识的含义，认为，基于知识的产生角度，知识是“智能过程、心智状态和传统”[②]；而从知识关联逻辑看，知识是“数据、信息和知识连续统一体的一个环节和部件”[③]；而在管理的维度看，知识则是“具有双重特性的有形资产和具有潜在价值的无形物”[④]。在哲学领域，知识亦是一个非常重要的概念，总体被抽象概括为人类对客观世界（含物质世界和精神世界）进行探索的认知和经验总和。而将所获取的知识再进一步提炼、加工和打磨，知识进而可以上升至“智慧”的层级，成为人类感知、记忆、理解、分析、判断、决定等的创造性高级思维能力。

（2）关系厘清

正如前文所言，除了单元概念的术语之外，现有研究还不乏“数据信息”“信息资源”“数据资源”“数据资产”“数字化信息”“隐私信息”等“混搭概念”，这些概念的混搭是单一概念交叉融合的结合体。本书认为，

---

① Article 4, GDPR: ‘personal data’ means any information relating to an identified or identifiable natural person (‘data subject’); an identifiable natural person is one who can be identified, directly or indirectly, in particular by reference to an identifier such as a name, an identification number, location data, an online identifier or to one or more factors specific to the physical, physiological, genetic, mental, economic, cultural or social identity of that natural person.

② 张新华、张飞:《“知识”概念及其涵义研究》，载《图书情报工作》2013 年第 6 期，第 51 页。

③ 张新华、张飞:《“知识”概念及其涵义研究》，载《图书情报工作》2013 年第 6 期，第 52 页。

④ 张新华、张飞:《“知识”概念及其涵义研究》，载《图书情报工作》2013 年第 6 期，第 53 页。

这些概念的“混搭”一方面恰恰反映了当前数据相关概念边界之模糊与使用的混乱，另一方面也表明了关联概念厘清的重要性和必要性。然而，试图在原本复杂的体系中梳理出清晰的脉络并不是一项简单的任务，且世界万物本就互联互通，完全的清晰切割是不现实的。信息、数据、知识等概念之间的关系非常之微妙，很容易让人们陷入“鸡生蛋蛋生鸡”逻辑困境中。[①]但在本书看来，几者之间的边界划分更类似是单个鸡蛋内部“蛋黄－蛋清/蛋白－蛋壳”的结构，在鸡蛋未经加工之前，只要轻轻一晃，就会全部融合粘连在一起。但只要条件达到一定界点，其内部的层次结构却也可以实现泾渭分明。因此，为了更好地开展后续研究，本书基于前文各单一概念的理解，尝试对如下几对易混概念进行比较分析，以期找出法学视野下所关注的因差异之处产生的特殊法律关注。

关于信息和数据之间的关系，主要存在4种代表学说，即“信息＝数据”说、“信息＞数据”说、“信息＜数据”说、“信息≠数据”说。[②]数据源于信息，而处理后的数据亦可提炼和总结出相关信息，二者是可动态交互的。然而，从信息和数据各自的概念演变过程可见，信息相较于数据是更上位的概念。数据是对信息的描述和记录，是承载信息的载体。数据更侧重客观事实的呈现，而信息则更多是主观感受的传递。因此，本书认为，“信息≠数据”说认识到了二者之间的差异，更具有解释力和说服力。同时，值得注意的是，信息和数据的相互转化，也是感性认知和理性认知之间的不断切换，而这期间也意味着在意识的主观作用下的物质或能量的投入。

相对应地，作为“信息”子类别的“个人信息”，与作为“数据”子类别的“个人数据”，二者之间的关系亦存在不同的理解，主要也存在4种代表学说，即“个人信息＝个人数据”“个人信息≠个人数据”“个人信息＞个人数据”“个人信息＜个人数据”。[③]同理，本书亦赞成“个人信息≠个

① See Václav Janeček, *Ownership of Personal Data in the Internet of Things*, Computer Law & Security Review, 2018, 34(5), pp.1039–1052.

② 参见叶继元、陈铭、谢欢、华薇娜：《数据与信息之间逻辑关系的探讨——兼及DIKW概念链模式》，载《中国图书馆学报》2017年第3期，第34–43页。

③ 参见彭诚信、向秦：《“信息”与“数据”的私法界定》，载《河南社会科学》2019年第11期，第29–30页。

人数据”观点，且认为“个人信息>个人数据”。从本质上而言，个人信息应是较个人数据更为抽象的概念，从我国《民法典》对数据与个人信息的体例安排可见，数据虽仅是在总则中予以宣示性规定，但有意思的是，数据是与网络虚拟财产共同并列进行描述的，而个人信息则是在除总则之外，与隐私权并列单独成章规定。[①]因此，个人信息应归属于更靠近人身权的范畴，而个人数据则更靠近财产权的范围。对此，有学者亦持同样的观点，认为“这一区分可以避免人格权和财产权之上不同价值的直接冲突，其中个人数据财产权侧重于静态固定下来的电子记录，而不是动态反映个人特征的信息内容。”[②]然而，当前二者却一直处于无序混用的状态，包括在全球影响甚大的GDPR，虽采用了“个人数据”的表述，但从前文其概念界定可见，实则处理的却是个人信息的事宜。然而，也并非全球都选择跟随欧盟的这一处理方式，诸如日本等国采用的则是《个人信息保护法》的表述。我国亦是如此，目前从《个人信息保护法》的内容设置来看，个人信息这一表述是适宜的，但在接下来的数据保护立法、司法实践及学术研究中，应当注意厘清二者在基础概念、技术实现以及法律定位上的区分，以便于制度的设计可以在不同维度和不同层次自如应对。

关于信息与知识之间关系，有学者曾将二者比喻为是两个同心圆，信息是外围大圆，而知识是内围小圆。[③]这非常清晰明了地勾勒了二者的“种属关系”，知识源于信息，是信息的一部分，而信息到知识的中间地带，还存在数据的空间。人们从原始信息中抽取相关元素，形成数据，而又基于数据，提炼出衍生信息，基于这些衍生信息，构筑知识积累，进而在知识的基础上形成智慧，将数据通过语义规范转为数据资源，使其成为一种生产要素，形成数据资产，参与生产分配，由此推动生产力向更高层级发展，以满足人类生存和发展的物质需求与精神需求。对数据相关概念的厘清，不仅可以观摩到数据的形成及其价值实现的整个流程，同时也更易于从中发现法律在其中的价值发挥点。

① 参见《民法典》第127条“法律对数据、网络虚拟财产的保护有规定的，依照其规定。”以及第六章（隐私权和个人信息保护）。

② 申卫星:《论数据用益权》，载《中国社会科学》2020年第11期，第112页。

③ 参见郑成思、朱谢群:《信息与知识产权》，载《西南科技大学学报》（哲学社会科学版）2006年第1期，第9页。

2.2.3 数据与数据要素的内涵

作为思维体系中基础单元，概念是人们将五官所感知的信息加以概括和理解之后形成的固定表达。从本质上而言，概念本就属于意识和认知的范围，因而也具有鲜明的主观属性，因此，不同学科基于不同研究目的形成不同概念，便也有其理据。以人们的日常生活经验为例，姓名、名称等实质上或许只是一种符号，真正有价值和值得关注的实际上是这些符号背后所指代的内核。因此，不妨回归本心，概念称谓之下应当挖掘的更深层次的内容是其内涵、外延及其边界的划分，同时概念所存在的时代背景、制度环境以及特定的语境等都是应当考虑的影响因素。鉴于此，本书认为，对于数据之内涵与外延的理解，也应当放置在当前数据已然跃升为智能科技和数字化经济时代的关键新型生产要素这一大背景下，更加注重数据作为一类要素参与生产力提高和社会经济建设的价值。

基于本书的研究目的，同时结合前文对数据及其相关概念的界定和关系厘清，本书所采取的数据定义为：数据是在人为作用下针对信息采取直接或间接劳动注入的方式形成的客观描述、归纳和记录。本书主要以主体为划分标准，将数据分为个人数据、企业数据、政务数据和公共数据。其中个人数据不等同于个人信息，两者相较，个人数据的财产属性突出，应归属于财产权的范畴，而个人信息则强调人格利益的保护，应属于人格权的范畴。然而，需要特别说明的是，鉴于理论研究和社会实践中对于二者的混用，本书在接下来的研究表述中，为尊重所引观点的完整性，不免会涉及个人信息这一术语，但本书再次强调二者内涵和外延并不相等，本书更注重具备财产属性和经济价值的个人数据维度的探讨。

数据作为新型生产要素，是推动智能科技和数字经济发展的核心引擎。从经济学的视角来看，数据要素是指参与到社会生产经营活动中，并且能够单独或者与其他要素结合产生经济效益的数据资源。数据资源，则是指市场主体基于数据来源方授权，在生产经营活动中采集加工形成的数据。当市场主体通过对数据资源进行加工后产生的具有经济利益的数据，则可称为数据资产。数据是否具备资产属性，则主要由市场决定。数据资产，作为经济社会数字化转型进程中的新兴资产类型，正日益成为推动数字中国建设和加快数字经济发展的重要战略资源。2023 年 12 月 31 日，财政部

《关于印发〈关于加强数据资产管理的指导意见〉的通知》明确了数据的资产属性，提出依法合规推动数据资产化，平等保护各类主体数据资产合法权益，鼓励公共服务机构将依法合规持有或控制的、具有资产属性的公共数据资源纳入资产管理范畴，进一步创新数据资产管理方式方法，加强数据资产全流程管理，严防数据资产应用风险等，更好促进数字经济高质量发展。[①] 通过将数据确认为企业资产负债表中的一项资产，并在财务报表中体现其经济贡献，可以推动数据资源向数据资产转化，更加客观的体现市场主体数据资源的经济价值，进而深入推进数据要素化、市场化和价值化，加快形成新质生产力，实现数字经济的高质量发展。

2.3　数据要素市场基础性制度构建需求

2.3.1　数据要素市场基础性制度构建的必要性

在数字经济时代，加快推动数据要素流动，推进数据要素资本化，建立并维护数据交易生态，对于保障民生、社会稳定和国家发展都具有重要意义。构建数据要素市场的基础性制度，不仅是建设统一开放、竞争有序市场体系的内在要求，也是推动经济发展质量变革、效率变革、动力变革的迫切需要。

数据要素市场化建设就是将尚未完全由市场配置的数据要素转向由市场配置的动态过程，形成以市场为根本的数据资源体系，实现以数据流促进生产、分配、流通、消费各个环节高效贯通。[②]2020 年 3 月 30 日发布的《中共中央　国务院关于构建更加完善的要素市场化配置体制机制的意见》指出，完善要素市场化配置是建设统一开放、竞争有序市场体系的内在要求，应当深化要素市场化配置改革，促进要素自主有序流动，提高要素配

① 财政部《关于印发〈关于加强数据资产管理的指导意见〉的通知》，财资〔2023〕141 号。

② 参见《“十四五”数字经济发展规划》解读｜加快推进数据要素市场化建设充分发挥数据要素作用，载中华人民共和国国家发展和改革委员会网 2022 年 1 月 21 日，https://www.ndrc.gov.cn/xxgk/jd/jd/202201/t20220121_1312584.html，2024 年 4 月 5 日访问。

置效率，进一步激发全社会创造力和市场活力。① 在当前日益激烈的全球科技竞争中，为抢占数据竞争的战略制高点，并充分发挥我国的制度优势和市场规模优势，单列建构完备的数据要素市场不仅仅是一项市场配置方式，更是对百年未有之大变局的深刻认识和准确把握。

随着数字经济的兴起，数据已然密切的融入社会经济生活的方方面面，并成为国民经济信息化、数字化与智能化的底座支撑，在国民经济中发挥着日益重要的作用。数据要素市场化配置的本质是所有社会成员均能够以平等的身份按需获取数据要素，并根据生产活动中的贡献得到相应的财富分配。数据要素市场化是在数字经济发展中产生的新现象，也是中国特色社会主义市场经济面临的新问题。推动数据要素市场的构建，不仅有利于提高生产效率和经济增长，也有利于快速推动传统经济的数字化转型，进而催生出全新的经济形态，助力我国重塑国际经济新优势。

数据要素市场化至少包括以下要件：市场配置、市场定价、市场交易、市场竞争与市场制度。② 其中，市场制度起着规范和保障数据要素市场正常、有序运作的重要作用。数据要素市场化带来了前所未有的时代发展机遇，数据拟作为关键性生产要素参与生产力的开发和经济建设，即需要在市场机制下自由地交换流通，而这必然离不开一系列基础性制度的加持与护航。这些基础性制度包括但不限于：产权制度、管理制度、交易制度、流通制度、收入分配制度以及监管制度等。数据要素市场基础性制度的构建涉及经济、法律、科技等社会各个领域，也关涉国际、国家、社会、企业和个人等多元主体，需要结合市场发展现状进行多元利益的协调。在这项系统性工程中，数据要素市场基础性制度的构建，尤其离不开法律制度的供给。

2.3.2 数据要素市场化配置的潜在法律挑战

数据演进为一类新型的生产要素，具有内外因共同作用的现实依据，

---

① 参见《中共中央　国务院关于构建更加完善的要素市场化配置体制机制的意见》，载中华人民共和国中央人民政府网 2020 年 4 月 9 日，http://www.gov.cn/zhengce/2020-04/09/content_5500622.htm，2024 年 4 月 5 日访问。

② 参见何玉长、王伟：《数据要素市场化的理论阐释》，载《当代经济研究》2021 年第 4 期，第 35 页。

也具备非常重要的经济价值和战略意义。诚然，这一抉择符合社会发展客观规律，既与时俱进地抓住当下经济发展的主要矛盾，又极富远见地捕捉了远大光明的未来。然而，“前途是光明的，道路也不乏荆棘”，基于哲学的基础理论可知，新事物的发展是前进性和曲折性的统一体，数据的要素化过程亦不例外。作为新进的生产要素，尽管顶层设计已做出了较为明晰的战略部署，但是，要具体实施和实现这些安排，仍然存在诸多制约难题。在我国，数据要素培育机制以及数据要素市场的建设等工作还尚处于初期的起步阶段，与之相关的系列难题仍待一一攻破。

充分挖掘数据潜能，最大化释放数据价值，需要构建有效的数据要素市场化配置机制，以及规范统一的数据管理和保护制度。然而，目前尚未解决或仍存争议的问题包括但不限于：数据的内涵和外延界定不统一、数据分类繁多混乱、数据权益属性争议不休、数据产权界定不清、数据权属分配不明、数据流动困难重重、数据价值的度量和定价难以实现、数据交易保障不足、数据安全隐患严重、数据治理道阻且长等等。囿于如上挑战，数据供给“气血不足”、数据流通“经络不畅”，数据的要素化过程也整体面临着数据资源化难度高、数据资产化程度低、数据资本化进程慢以及数据集约化效果差等困境。

因此，欲促使数据出色地扮演好生产要素这一角色担当，面对的若干挑战则是不可回避的，甚至需要迎难而上，以探索出恰当的配套制度和实施细则。当然，这是一项体系化的工程，也是一项艰巨的任务，寻找问题之解决方案并非一朝一夕可以完成，也非一方之力就可胜任。相反，这项系统性工程的实施，需要自上而下的政策引导，需要各行各业的建言献策，也需要各学科各专业的理论研究支撑。从经济学的角度看，生产要素的优化配置，需要考虑隐藏在生产函数中的成本函数，而在成本函数中，生产总成本等于要素成本加上制度成本。由此，要素化数据保护的制度构建起着至关重要的作用，而其中涉及的法律制度亦尤为关键。鉴于此，本书选取数据作为研究对象，在数据要素化这一大的战略背景下，从法律制度，尤其是知识产权法的视角，对要素化数据面临的如上挑战进行探索，以期为数据要素的价值培育机制作出来自知识产权制度维度的研究贡献。

2.4 本章小结

数据自古有之，本不是新鲜的事物，从原始社会—农业社会—工业社会—信息社会—数字社会的历史发展轨迹中，均不乏数据的身影。但是，在不同历史时代，数据的样态、体量、社会认知、使命担当均有所差异。随着生产力的提高和科学技术的发展，数据也经历了从“无”到“有”，由“轻”到“重”的转变，在当前的时代背景下，数据体量的指数级增长，同时也导致了数据的核心价值及社会地位等内容的质变。拟对数据的知识产权保护问题展开研究，则不得不先行拷问，在当前的时代背景下数据到底为何物，又有何新的法律关切，以此方能使得本书的研究“名正”而“言顺”。因此，本章的核心任务在于，对数据的时代定位与发展需求、数据的内涵与外延以及数据权益属性进行分析和界定。

首先，在当前的时代背景下，“数据”这一貌似“熟悉”而又“陌生”的事物，并非人们类化型朴素认知的“石油”“氧气”或者是“培根”，而是我国顶层设计明确规划的继土地、劳动、资本、技术之后的另一新型生产要素，是国家基础性战略资源。数据升级为关键的新型生产要素，不仅具有重要的理论研究价值，也有着重要的经济发展意义和国际战略实施意义。然而，“培育数据市场，激发数据要素潜能”这一目标目前仍面临着数据内涵界定不统一、产权界定不明、权属分配不清等难题。鉴于此，本书即围绕数据，以知识产权制度为切入点，在数据要素化这一大的战略背景下，尝试为阻碍数据要素价值发挥的难题探寻潜在的解决方案。

其次，在明确了数据在当前时代的要素化战略地位后，本书采取了“零存整取”研究思路，对数据及其关联概念分别进行了概念解读和关系厘清，基于本书的研究目的，同时兼顾学术研究和司法实践的理解，以信息为核心对数据在本书中的内涵和外延进行了限定，即数据是指在人为作用下针对信息采取直接或间接劳动注入的方式形成的客观描述、归纳和记录。本书主要以主体为划分标准，将数据分为个人数据、企业数据、政务数据和公共数据。其中特别强调，个人数据不等同于个人信息，两者相较，个人数据的财产属性突出，应归属于财产权的范畴，而个人信息则强调人格利益的保护，应属于人格权的范围。

最后，本书在明确了数据要素之内涵和外延的基础上，分析了数据要素市场化配置的战略定位，以及对基础性制度的供给需求。本书从国际、国家、社会和个人等维度剖析了数据要素市场基础性制度构建的必要性，以及基础性制度体系的整体概览，从中引出法律制度供给之不可或缺性。在此基础上，本书进一步归纳总结了当前基础性制度供给中所面临的潜在挑战，诸如数据的内涵和外延界定不统一、数据分类繁多混乱、数据权益属性争议不休、数据产权界定不清、数据权属分配不明、数据流动困难重重、数据价值的度量和定价难以实现、数据交易保障不足、数据安全隐患严重、数据治理道阻且长等。

第三章　要素化数据保护的知识产权制度引入

3.1　数据的权益属性及层级安排

3.1.1　利益、法益与权利之界分

生产力的飞跃进步和社会的结构性重大转变致使生产关系愈加复杂和多元，以调整社会关系为目的的法律制度也不断深化和细化。随着社会政治、经济、教育、文化等各方面的深刻变革，以及我国法律体系的健全和法律教育的普适化，人们的权利意识逐渐觉醒，实践中对自我利益之维护和主张也日趋积极和主动，近来更是不乏诸如“性决定权”“贞操权”“生育权”“亲吻权”等请求通过权利形式来确定相应利益诉求的现象。对于诸如此类的利益权利化期待，尽管立法已在尽力权衡和积极应对，但不可避免的是，立法天然的滞后性无法及时和全面地予以回应，这使得权利之外游离着诸多同样应受法律保护的利益。由此，利益、法益和权利日趋交织在一起，且各自的边界呈现动态扩张的态势，不仅是对人们在法律认知上的挑战，也是司法实践中处理相关法律纠纷的重要难题之一。

基于法学的基础理论，法益和权利本质上都属于利益的范畴，利益包括受法律保护的利益和不受法律保护的利益，其中受法律保护的利益，在经过立法程序的证立后，可进一步分割为权利和除权利之外的其他受法律保护的利益。权利是经过法定化和类型化的合法利益，一般拥有具体的权利名称，如财产权、生命权等“有名权利”。在权利的构造中，“义务”是与之相对应，实现和保障权利对抗世事的重要组成部分。[①] 除有名权利之外，

① 参见于柏华:《权利认定的利益判准》，载《法学家》2017 年第 6 期，第 2 页。

其他尚未成功冠名权利的合法利益，即是“法益”，有时也被称为“无名权利”或“准权利”，例如法律文本中时常可见的“等”或“其他”权利。对于利益、法益与权利的结构类型界分，有学者认为虽然在德国民法传统中，的确存在“权利—法益—利益”的三分结构，但在我国，法益实则为利益，因此在我国“权利—利益”的二分结构是常用的描述方式。① 此外，也有学者认为强加构建“权利—法益——般利益”的三分结构，是没有必要的，且容易造成法律保护体系的歧义。② 对此，本书认为，法律关注之外的一般利益，如人与人之间因吵架生气导致的情感减损等，本不在法律的视野和讨论范围内，因而在法律的维度内，应当重点关注的实际应是权利和受法律保护的利益。因而“权利—法益”的二分结构或许更为严谨。

理解和把握“权利—法益”的二分结构以及二者之间的区别具有重要的内在价值和意义。权利和法益，二者在自身性质、边界的清晰度、法律适用的确定性、法律效力的强度、主体及资源保护的程度等方面均存在差异。③ 这些差异决定了二者各自的法律保护框架和实现机制，例如，相对于法益而言，权利是更为明晰和更具有预期性的，一般搭配的是侵权责任，而法益具有不确定性，依赖司法实践的能动判断，搭配的责任构成要件和判断标准亦是不同的。尽管“权利—法益”二者因各自不经意间的边界扩张，常常导致二者之间存在紧张的对抗关系，然而，若不对二者进行区分，纵容或默许权利法益化或者法益权利化，均会产生消极的负面影响。以数据为例，作为一项新型的生产要素，数据已然深入社会经济的各个维度并参与经济建设和生产分配，然而，关于数据的权益属性却仍未明晰和确定，由此导致实践中与数据相关的纠纷并未得到恰当的处理，而立法过程中就数据抑或是“权利”“利益”还是“法益”等措辞的纠结也在某种程度上延缓了数据相关的立法进程，同时也影响了数据的价值挖掘和发挥。因此，实有必要对数据的权益性质展开探讨和分析。

---

① 参见于飞:《侵权法中权利与利益的区分方法》，载《法学研究》2011 年第 4 期，第 106–107 页。

② 参见张力:《权利、法益区分保护及其在民法总则中的体现——评〈民法总则(草案)〉第五章》，载《河南社会科学》2016 年第 11 期，第 2 页。

③ 参见阳庚德:《侵权法对权利和利益区别保护论》，载《政法论坛》2013 年第 1 期，第 100–101 页。

3.1.2 数据权益属性争议与辨析

以权益主体为基准，数据可划分为个人数据、企业数据、政务数据和公共数据。相较而言，现有研究成果中关于数据权益性质类型的探讨多数主要围绕个人数据展开。然而，个人数据显然不足以涵盖要素化数据的范围，因此，应从更广阔的维度来探索数据的权利或法益选项。目前，现有研究中对于数据权益属性的认知主要包括“权利说”“法益说”“权益说”和“无所谓说”四种。

（1）权利说

权利是对法律基于法自身的法价值准则和目的，对特定利益经过考察、筛选，然后再借助类型化手段进行法定配置的结果。特定利益一旦完成权利化的配置，则获得在法律保护之下实现按其自由意志进行支配的权能。然而，并非所有的利益均能或者有机会升级为一项权利。利益权利化的过程，必然是复杂和漫长的法律考证过程，通常需要考虑道德、伦理、法律等维度的正当利益。此外，也有学者认为，权利是人与人之间在行为交往中形成的利益结构的重要节点，权利的生成与所处社会的习惯基础密不可分。① 当前，对于数据这一新型生产要素而言，能否将其归属于权利的行列，引发了学界的热议。当下研究中，有关“数据权”“个人数据权”等呼声相继发出，主张确立数据的权利属性，并设置相应的权利架构和内容。② 此外，亦有主张将数据通过放置在诸如财产权或者知识产权等具体权利类型中的方式来实现数据权利化的主张。

然而，数据的权利化过程中亦有不少阻碍，对数据之上所附利益进行权利界定，是否符合时代需求，一旦赋权，权利的边界如何固定，权利内

---

① 参见谢晖：《论新型权利生成的习惯基础》，载《法商研究》2015 年第 1 期，第 44 页。

② 例如：毛高杰：《论数据权分配规则的生成逻辑》，载《河北法学》2020 年第 12 期，第 120–135 页；张黎：《大数据视角下数据权的体系建构研究》，载《图书馆》2020 年第 4 期，第 21–28 页；龚子秋：《公民“数据权”：一项新兴的基本人权》，载《江海学刊》2018 年第 6 期，第 157–161 页；吕廷君：《数据权体系及其法治意义》，载《中共中央党校学报》2017 年第 05 期，第 81–88 页；齐爱民、盘佳：《数据权、数据主权的确立与大数据保护的基本原则》，载《苏州大学学报（哲学社会科学版）》2015 年第 1 期，第 64–70 页；肖冬梅、文禹衡：《数据权谱系论纲》，载《湘潭大学学报（哲学社会科学版）》2015 年第 6 期，第 69–75 页；等等。

容如何设计以及实现等难题接踵而至。更有担忧表示，在“权利本位”的作用下，人们对新兴事物的权利化欲望和期待，可能会反噬法律的初衷，使得立法落入“权利泛化”的境地，造成权利错配和利益调整的混乱，甚至危及公共利益，反而导致权利的“乌龙效应”。[①] 但也有学者认为，对于“权利泛化”这一主张，是基于“权利实践”推衍出来的对权利的指责，应当从事实描述性和规范性两部分辩证来看，由此“权利泛化”存在对权利实践的误解，不应当视为权利的一项重要指责。[②] 言下之意则是，“权利泛化”不应当成为某一特定利益演化为权利的阻碍，因为只要施加一些限制条件，则可以消除或减弱对“权利泛化”所致负面影响的担忧。

（2）法益说

法益，即是法律所关切和保护的且为法秩序所规范的一切利益，广义的法律将权利也包含在内，而狭义的法益指除权利之外受法律保护的其他利益。本书采用狭义的法益说，专指因客观现实原因不应或不能上升为权利的利益。尽管囿于特定利益的自身特性、立法技术、利益权衡等考量或是对权利“通货膨胀”的担忧，某些对象之上所附之利益无法以权利的形态获得保护，但这并不代表这些利益应被排除至法律关注的范围之外，他们仍然拥有法律的关注和支持。尽管相较于权利而言，法益的保护略微“被动”和“柔和”，但依然是法律体系中不可或缺的一部分。例如，竞争法视角下所维护的公平和自由的竞争秩序，虽无有名的权利赋予，但一旦其所维护的社会利益遭受冲击和破坏，则亦会触发竞争法的规制，招致反不正当竞争法或者反垄断法的否定性评价。

对于数据，或许是考虑到数据权利化过程中的诸多障碍，亦或认为在当下这个阶段看来，将数据固化为权利的样态似乎为时过早，因此“法益说”主张，在当下的情况下，或许将数据视为法律保护的其他利益对待，是更为适宜的选择。例如，对于个人信息而言，有学者就以《民法典》当下的立法体系为论据，认为《民法典》中对诸如生命权、姓名权、名誉权

① 参见陈林林:《反思中国法治进程中的权利泛化》，载《法学研究》2014年第1期，第11页。

② 参见陈景辉:《回应“权利泛化”的挑战》，载《法商研究》2019年第3期，第40–41页。

等几种人身权均直接冠上“权”的表述，但个人信息却没有，这也很好地证明了《民法典》的立法并无意将个人信息进行权利化，而是拟采用行为规制的法益保护模式来保护个人信息。[①] 此外，在司法实践中，亦可以看到，近十年来有关数据的纠纷，也基本是通过《反不当竞争法》的一般条款和具体条款来处理的。在数据尚未正式加入权利行列之前，法益保护下的行为规制模式的确在一定程度上缓解了实践中数据相关纠纷，但应急式的处理同时也凸显了数据法益化的短板之处。法益保护因其天然具有的高度抽象性，使得其法益的实现也极度依赖司法和执法的精确把握，由此也会导致法益实现结果的高度不确定性和不可预见性。

（3）权益说

权益即是指受法律保护的权利和利益。“权益说”在单一的“权利说”和“法益说”之外选择了一种折衷或者融合的法律属性配置方式。在当前的立法活动和学术研究成果中，“权益说”又主要分成两类处理方式：一类是搁置争议，模糊处理的融合方案；而另一类则是类型化区分的二元保护方案。

对于第一类方案，以我国地方性数据立法为例，《深圳经济特区数据条例》在起草的过程中也经历了数据“权利”“利益”等措辞的纠结。在 2020 年 7 月深圳市司法局公布的该条例的《征求意见稿》中，曾采用的是“数据权”一词，且对数据权进行了界定，指出数据权是“权利人依法对特定数据的自主决定、控制、处理、收益、利益损害受偿的权利。”[②] 该《征求意见稿》作为我国规范数据活动的地方性法规，在促进数据开发利用、保护数据主体权利、强化数据本地化要求等方面做出了诸多开创性探索，反映出政府、企业等主体对数据活动进行法律规制的迫切需求。该《征求意见稿》一经公布，随即引发了社会各界的热议。从深圳市司法局于 2020 年 8 月 17 日公布的“《征求意见稿》公众意见汇总表”中可见，有不少观点均认为采“数据权”的处理方式是不恰当，除了地方性立法权限的质疑之外，

① 参见叶金强：《〈民法总则〉“民事权利章”的得与失》，载《中外法学》2017 年 3 期，第 645-655 页。

② 参见《深圳市司法局关于公开征求〈深圳经济特区数据条例（征求意见稿）〉意见的通告》，载深圳市司法局网，http://sf.sz.gov.cn/gkmlpt/content/7/7892/post_7892072.html#2725，2024 年 4 月 5 日访问。

也有观点认为数据权的确立为时尚早，不具有必要性和可操作性。由于社会各界对这一焦点的争议过大，立法者不得已采取了折衷的处理方式，在该条例随后发布的《草案审议稿》中，还是同一条款，但措辞却已由原先的“数据权”改为了“数据权益”，其他内容则没有变化。然而，在深圳市人大常委会办公厅于2021年5月31日公布的《深圳经济特区数据条例（征求意见稿）》以及2021年7月6日由深圳市人民代表大会常务委员会公布的于2022年1月1日正式实施的《深圳经济特区数据条例》[①] 中，则删除了“数据权益”的定义，但同时明确规定自然人对其个人数据享有人格权益，自然人、法人和非法人组织对其合法处理数据形成的数据产品和服务享有法律、行政法规及该条例规定的财产权益。从数据“权”到数据“权益”的变化，看似缓解了当前立法之中的争议，但实则是一种无奈之举，是面对“权利说”和“法益说”争执不下的妥协和折衷，这也侧面体现了数据法律性质确定之挑战和难处。

对于第二类方案，有学者提出的观点指出，应当根据数据主体和形态的不同，以及具体使用场景的差异，对数据的权益属性做类型化的差分处理，采用权利和法益二元化的保护方式。[②] 与“权益说”的前述第一类方案采取的“和稀泥”式的模糊处理方式不同，第二类方案建议采用“权利－法益”差分处理的方式，即根据不同主体的不同类型数据来分别采取“权利说”下的权利规制路径和“法益说”下的行为规制路径。本书认为，相较其他几种方案，这一方案或许是当下的一个更优选择。一方面，一刀切的将数据归类为“权利”或“法益”范畴，均不利于数据之上多方利益的调和和多元关系的调整，另一方面，笼统将数据直接同归为“权益”却也无异于“无所作为”，并未实质性地解决问题，反而更增加了问题的复杂性。相反，类型化的差分处理方式，有助于分阶段、分步骤、分类别的确定数据的法律属性。现有立法，可以选择对较为成熟的数据类型，进行权利化的探索，而争议较大的留作法益类型保护，待此等法益发展成熟，再

① 参见《深圳经济特区数据条例》，载深圳市人大常委会网2021年7月6日，http://www.szrd.gov.cn/szrd_zlda/szrd_zlda_flfg/flfg_szfg/content/post_706636.html，2024年4月5日访问。

② 参见李晓宇《权利与利益区分视点下数据权益的类型化保护》，载《知识产权》2019年第3期，第50页。

可考虑进行权利化配置。此外，此等差分处理的方式，与知识产权制度亦十分类似，在知识产权制度中，对不同的客体亦采取了不同的配置方式，例如商业秘密，一定程度上即是作为一种法律保护的利益，放置在反不正当竞争法下进行保护。差分处理也更能恰当地处理“权利不足”和“权利泛化”之间的潜在冲突。

（4）无所谓说

除了前述的“权利说”“法益说”和“权益说”之外，对于数据的法律性质，还有一类主张也值得关注，那即是“无所谓说”。“无所谓说”是一种“佛系”的处理方案，认为数据的权益属性为何并不重要，对于实际问题的解决也影响不大。例如，有学者就认为，对于个人信息而言，“对《民法总则》第 111 条进行文义分析以及对该条文在整个《民法总则》和正在起草的民法典分则中进行体系内的解释，得不出唯一解：民法对自然人个人信息提供的保护既可能是一项民事权利，也可能仅仅是一项民事权益。”[①]“对于这一问题，学者间意见并不统一，不过这更多的是一种理论层面的争鸣，对于个人信息权（权益）的具体保护而言影响并不大。”[②]由此可见，此类学说认为，无论权利也好，法益也罢，不可作先入为主的假象，或许根据实践发展需求来实际处理相应纠纷和问题更为直接。然而，从前文的分析可见，数据的权益属性划分并非仅是学术研究层面的“自娱自乐”，而是实践中立法、司法和执法各个层面的需求，在数据要素化的大趋势下，数据权益的差分配置是构建数据要素分配机制的重要一环，是不可回避和绕道而行的。因此，本书认为，数据之上附着的是复杂的复合型权利束，应根据具体的数据类型进行差分处理，分别配置最佳的保护和规制方案。

3.1.3 数据的权益位阶安排

不同的部门法基于各自的立法宗旨和目的将社会关系中的特定利益划

① 张新宝:《〈民法总则〉个人信息保护条文研究》，载《中外法学》2019 年 1 期，第 66 页。

② 张新宝:《〈民法总则〉个人信息保护条文研究》，载《中外法学》2019 年 1 期，第 55 页。

分为权利和其他受法律保护的利益，形成了权益的基本架构和有机层级。随着社会组织和经济结构的深刻变革，权利及法律保护的其他利益呈现的形态也愈加多元和复杂，各权益层级内部以及各权益层级之间不免存在实际或者潜在的冲突。因此，无论是立法过程中，还是司法实践中，均面临着权益的权衡和位阶排序问题。权益位阶的安排是维护法律世界基本秩序和解决民事权益根本冲突的重要工具，也是法律作用于社会关系过程中的基本价值判断活动。

在法律语境下，讨论权益的位阶安排具有正向的积极意义。**首先**，在法律制定之初，法律即会慎重地作出权利和其他法益切分的价值判断，以确定各类权益的等级和优先价值。一旦法律将之固定并作出了明确的位阶安排，那司法实践应当尊重法律的价值判断。**其次**，社会总是纷繁复杂的，立法无法提前预知和囊括所有可能发生的事件，一旦实践中发生了法律预定之外的权益冲突而法律又无法给出明晰的解决方案时，权益位阶不仅可以帮助司法裁判者去考究立法原初的价值取向，也可以作为具体案件裁判中的基本价值考量和权衡依据。[①] 权益层级的位阶排序大体包括各权益层级之间以及各权益层级内部的位序排列。例如，在各权益层级之间，权利的价值比重则优于受法律保护的其他利益，而在权利层级内部，又分为法定的权利和意定的权利，一般而言，后者的权利实现不得违反前者的法律规定，由此前者优位于后者。

权益层级的位阶安排体现了法在调整社会关系中法的核心价值比重，对协调各方利益及潜在的权益冲突具有重要的作用。在当前数据的权益属性和权属分配仍存在争议的情况下，权益位阶对数据相关问题的解决具有宝贵的指导价值，与数据相关的制度设计与实践纠纷处理，同样需要遵守权益位阶的次序安排。结合当前数据在法学视野中的发展现状，本书认为，有如下几对实际或潜在的数据权益矛盾需要在位阶上作出安排：

第一，在权益层级之间，数据相关的权利优先于数据相关的其他法益。权利的边界划分、内容构造以及权利实现方式等都较受法律保护的其他利益更为确定和明晰。因此，在数据领域，首先应当做的，其实是梳理清楚数据的哪些部分已在权利的层级被法律包括其中，而哪些部分可作为其他

① 参见王利明:《民法上的利益位阶及其考量》，载《法学家》2014 年第 1 期，第 81 页。

法益，通过行为规制的方式予以保护。当然，近来由于数据体量变化导致的质变，也引发了数据相关法益权利化的讨论，因此，在数据法益的分层划分中，也应关注数据的哪些部分暂不宜纳入权利层级但又存在权利化的可能，那么法益保护的路径则可以成为此类数据保护的考察和过渡阶段，待时机和条件成熟之时可再“转正”为权利的样态。

第二，在权利层级内部，法律作出明确规定的数据相关权利，不可通过当事人合意来随意改变其权利的种类和内容，这也是权利法定的基础。此外，已被法律固定的隐私权、名誉权、生命权和身体权等人身性权利，理应优于财产性权利，因为财产性权利需附着于“人”而存在，“皮之不存，毛将焉附”，人身性权利优于财产性权利的位阶亦是“以人为本”的根本要求。因此，在数据要素价值的开发中，隐私和人身安全是不可触碰或不可逾越的红线。

第三，在法益层级内部，法律保护的其他利益具有高度的抽象性，其呈现样态也是多种多样的，往往需要在实践中结合具体的行为来判断和抉择。有学者曾提出了法益判定的四个判断标准，即直接相关性、正当性、非类型化性、保护必要性，[①] 可做一参考。但经过历史经验的沉淀和社会契约的作用，在这些法益中，仍有一些社会公认的需要赋予更多价值权重的法益，例如国家利益、公共利益、社会的公序良俗等。因此，在不同数据的相关法益发生冲突时，作为国家安全重要组成部分的数据安全应放置在更为优先的层级，而在公权部门为了维护公共利益执行公务的过程中，数据主体则可能需要在适当的时候让渡部分法益。

3.2 数据产权化争论与证立

3.2.1 数据产权明晰的应然之义

产权（Property Right）是调整社会关系的重要工具，其基本内核在于帮助交易各方形成基本的合理预期，包括交易过程中受益或者受损的潜在预

① 参见张建文:《新兴权利保护的合法利益说研究》，载《苏州大学学报(哲学社会科学版)》2018 年第 5 期，第 87–95 页。

见。[①] 产权不仅是经济学领域的重要概念，同时也是法学范畴的基础构成。在经济学领域，产权被视为“一个社会所强制实施的选择一种经济品的使用的权利”[②]。而在法学视野中，产权是财产所有权、财产权以及财产权利的简称，是主体基于财产性客体所享有的支配和收益的权利。法学维度的产权理解更类似于一种“权利束”，其构成大体可分解为所有权、使用权、用益权与让渡权等。产权建构于资源稀缺的世界维度，具有排他性、可分割性、可处置性、永久性等属性。产权具有激励与约束、外部性内在化以及资源配置等功能。[③] 从样态上看，随着产权理论的不断发展演变，产权也从传统的有形财产权扩展到诸如知识产权等无形财产权。此外，社会的快速变化促使产权诉求日益增长，但产权的法定化过程却是相对复杂和漫长的，因产权固化速度滞后而无法满足新兴产权诉求时，“准财产权”（quasi-property right）在 International News Service v. Associated Press 一案[④]中应运而生。审理该案的 Pitney 法官认为，对于付出了劳动和努力去收集的信息等无形之物，即便无法获得完整的产权保护，但至少可视为类比于财产权的一种准财产权，并获得强度弱于财产权的法律保护。

数据是权利和其他法益的综合体，相较于法益的抽象性和不确定性，权利的边界更为清晰。然而进一步的问题是，数据权利部分的类型应属于现有权利体系中的哪一类呢，是人身权、财产权抑或其他权利。在这一问题中，数据财产权的拷问是当下数据经济时代的一个关键议题。2020 年 3 月，《中共中央 国务院关于构建更加完善的要素市场化配置体制机制的意见》明确提出要“研究根据数据性质完善产权性质”[⑤]；2020 年 10 月，中国共产党第十九届中央委员会第五次全体会议审议通过的《中共中央关于

① See Harold Demsetz, *Toward a Theory of Property Rights*, The American Economic Review, Vol. 57, No. 2, 1967, pp.347–348.

② [美] 罗纳德 · H. 科斯等著：《财产权利与制度变迁——产权学派与新制度学派译文集》，刘守英等译，上海人民出版社 2014 年版，第 121 页。

③ 参见卢现祥、朱巧玲主编：《新制度经济学》（第二版），北京大学出版社 2012 年版，第 115–123 页。

④ *International News Service v. Associated Press*, 248 U.S. 215, 1918.

⑤ 参见《中共中央 国务院关于构建更加完善的要素市场化配置体制机制的意见》，载中华人民共和国中央人民政府网 2020 年 4 月 9 日，http://www.gov.cn/zhengce/2020-04/09/content_5500622.htm，2024 年 4 月 5 日访问。

制定国民经济和社会发展第十四个五年规划和二〇三五年远景目标的建议》中提及“建立数据资源产权”[①]；同月，中共中央办公厅、国务院办公厅印发的《深圳建设中国特色社会主义先行示范区综合改革试点实施方案（2020—2025年）》拟计划“率先完善数据产权制度，探索数据产权保护和利用新机制”。[②]2022年12月，《中共中央　国务院关于构建数据基础制度更好发挥数据要素作用的意见》（简称“数据二十条”）指出将重点统筹推进数据产权，并探索了数据产权的三权分置制度，即数据资源持有权、数据加工使用权、数据产品经营权。[③]数据产权的界定是一项世界性难题，在我国关于数据的顶层规划和政策导向中，数据产权已经成为挖掘数据要素核心动能以及经济高质量增长的重要前提。在美国，“数据产权”（data as a property right）[④]“数据红利项目”（Data Divided Project）[⑤]等计划亦相继被提出。由此可见，数据产权问题已然成为数据经济时代的一个重要命题，数据产权的确立是构建数据要素市场[⑥]的重要前提，也是建立数据法律秩序和规则的基石。数据产权界定不清，数据权属分配不明，数据交易则无法进

①《中共中央关于制定国民经济和社会发展第十四个五年规划和二〇三五年远景目标的建议》，载中国共产党新闻网2020年11月4日，http://cpc.people.com.cn/n1/2020/1104/c64094-31917780.html，2024年4月5日访问。

② 参见中共中央办公厅、国务院办公厅印发《深圳建设中国特色社会主义先行示范区综合改革试点实施方案（2020 — 2025年）》，载中华人民共和国中央人民政府网2020年10月11日，https://www.gov.cn/zhengce/2020-10/11/content_5550408.htm，最后2024年4月5日访问。

③ 参见《中共中央　国务院关于构建数据基础制度更好发挥数据要素作用的意见》，载中华人民共和国中央人民政府网2022年12月19日，https://www.gov.cn/xinwen/2022-12/19/content_5732695.htm，2024年4月5日访问。

④ See *Data as a Property Right*, Available at https://2020.yang2020.com/policies/data-property-right/, Last accessed on April 5, 2024.

⑤ Don Thompson, *California governor wants users to profit from online data*, Published on February 14, 2019, Available at https://apnews.com/article/00962d04c8134248906596c5650a7739, Last accessed on February 9, 2021.

⑥“数据要素市场就是将尚未完全由市场配置的数据要素转向由市场配置的动态过程，其目的是形成以市场为根本调配机制，实现数据流动的价值或者数据在流动中产生价值。……数据要素市场化配置是建立在明确的数据产权、交易机制、定价机制、分配机制、监管机制、法律范围等保障制度的基础上。”参见国家工业信息安全发展研究中心：《中国数据要素市场发展报告（2020-2021）》，2021年4月，第3页。

行，同时也会反向地阻碍数据要素价值的充分释放以及我国数据战略的有效实施。因此，对于数据产权问题的研究，是对时代发展需求的积极回应，也是探究数据法律保护的关键议题。

3.2.2 数据的可产权性争辩

要素化数据的产权确立及其相关制度的建设已提上了规划议程，社会各界也展开了热烈的讨论，而在是否应当赋予数据财产权以权利样式这一问题上，学界的研究仍存在结论完全相反的争论。鉴于此，本书将“支持论”者和“反对论”者的各自论理进行梳理和归纳，然后在此基础上剖析数据可产权性的应然性和可行性。

（1）支持论：除前文所述的响应国家政策、回应时代需求之外，主张应当为数据设立财产权制度的观点还提供了如下支撑理由：**①数据自身特性的保护需求**。数据在当前的经济活动中已然凸显了其财产属性，具备了应当受法律保护的财产性利益。然而，与知识产权一样，数据的无形性使得其无法像有形财产一样通过“占有”来控制和保护其上所享有的财产性利益和其他法益。因此，正是因为数据的财产属性和无形特征，使得借助财产权这一方式将数据之上受法律保护的利益进行权利化固定具备了合理基础。[①] **②数据供给的激励**。数据的形成及其之上价值的挖掘，并非浑然天成的。从信息到数据的每个环节几乎都存在人力、物力和精力的投入。无论是基于马克思的劳动价值论，还是基于洛克的劳动价值理论，前述投入和付出都应获得相应的回报，以此激励等同的努力可以再次投入新一轮的生产环节，从而保证数据市场的供给不会枯竭。“在大数据成为用户关注的最核心资源时，如果没有额外的产权保护，则后来的竞争者随时可以通过抄袭让领先者失势。如果大数据市场完全是弱肉强食的丛林，朝不保夕，则很少有数据收集者愿意进入这一高风险市场来玩勇敢者的游戏，或者数据收集者会在技术措施等自我保护方面过度投入，从而导致市场失败。”[②] 也有学者指出，尽管数据产权所具备的排他性可能会产生一些竞争损失，

① 参见冯晓青:《信息产权理论与知识产权制度之正当性》，载《法律科学（西北政法学院学报）》2005 年第 4 期，第 103–104 页。

② 崔国斌:《大数据有限排他权的基础理论》，载《法学研究》2019 年第 5 期，第 17 页。

但长期来看，随着数据战略价值的提升，损失部分的弥补份额也会相应增加。[①] **③数据交易实现的前提**。正常情况下，产权的清晰界定是市场交易的前提。然而，尽管当前数据的产权问题还未明晰，但不可否认的是，市场已然先行一步。以我国为例，全国各地的数据交易平台如雨后春笋般拔地而起，数据的交换或交易也已在实际进行之中，那么随之而来的问题是，市场交易的对象到底是什么，交易参与人各方的权利义务又该如何确定。2021 年 3 月 31 日，在北京市人民政府的大力推动下，北京国际大数据交易所正式成立，该所致力于构建立足中国、面向国际的国家级数据资源流通生态体系，然而数据的权属界定问题仍然是其面临的一大痛点，由于当前这一问题仍未得以解决，该所目前仅能采取“以数据使用价值为基本交易对象”[②] 的方式予以处理。此外，对于个人数据，时下关注较多的“知情同意规则”或者“选择性进入和退出（Opt-in & Opt-out）”的设计，实际上也是一种财产交易规则[③]，也有学者指出，这种用个人数据换取相应服务的操作代表的实质上是一种新型的易货交易（Barter Transaction）。[④] 根据经济学的基础理论，交易各方所交易对象之上的权利的明晰度与最终达成合作的可能性成正比[⑤]，因此，数据产权的确立有利于消除数据交易各方之间的障碍，促成交易各方帕累托改进的谈判合解。[⑥] 最终增加数据交易的可预期性，降低数据交易风险指数，实现数据交易的常态化发展。**④数据有效流通的促进**。“现代市场经济社会，要求财产能够有效地在市场中流转、产品能够在市场中自由流通。根据马克思政治经济学原理，产品在市场中流通需要

---

① See Robert D. Atkinson, *IP Protection in the Data Economy: Getting the Balance Right on 13 Critical Issues*, Information Technology & Innovation Foundation, January 2019, p.5.

② 派财经:《北京国际大数据交易所成立，打造全国数据交易探索的新样板》，载腾讯网 2021 年 3 月 31 日，https://new.qq.com/rain/a/20210331A0BATZ00，2024 年 4 月 5 日访问。

③ See Yoan Hermstrüwer, *Contracting Around Privacy: The (Behavioral) Law and Economics of Consent and Big Data,* Journal of Intellectual Property, Information Technology and Electronic Commerce Law (JIPITEC), October 26, 2017, pp.9–26.

④ Adam B. Thimmesch, *Transacting in Data: Tax, Privacy, and the New Economy*, Denver Law Review, February 29, 2016, p.147.

⑤ 参见 [美] 罗伯特 · 考特、托马斯 · 尤伦:《法和经济学》，上海三联书店、上海人民出版社 1994 年版，第 136 页。

⑥ 参见唐要家:《数据产权的经济分析》，载《社会科学辑刊》2021 年第 1 期，第 100 页。

首先承认和确认被交换产品的所有权。”[①] 如同水流一般，数据似水，其生命和灵魂在于流动过程中价值的实现。除数据交易之外，数据的开放、共享等也亟须产权的确立和明晰。现实中有很多很宝贵的数据由于产权制度的不健全，无法精准的被挖掘开发，导致数据的价值大大降低，也没能给社会福利增益。[②] 因此，数据权利化是实现数据开放共享的一条可行的路径，有助于促进数据的流通和数据产业的繁荣发展。[③] **⑤避免市场失灵**。产权界定的不存在或者不充分，均会导致数据在使用过程中产生一定的外部性，这不仅包括数据主体因投入成本无效导致的激励失败，也包括由此引发的市场失灵所产生的无谓损失。针对外部性导致的市场失灵和无谓损失，最为有效的应对方式，并不是政府的强力介入和全面的管制，而应基于产权规则来优化配置资源。[④] **⑥定纷止争**。产权设定的目标之一即是缓和、化解和避免人们在日常活动中的潜在利益纠葛，为各自的权利划定边界并赋予权能，使得各方有规可循、有据可依。而数据所涉利益主体多元，其间的利益关系也纷繁复杂且相互对抗，实践当中数据相关的纠纷也呈现“井喷”的态势，而这其中大部分主要是围绕财产性权益产生的纷争。因此，正如Herbert Zech 所言，为数据创建排他性财产权的理由是充分的，究其原因是在于数据产权可以确保数据所产生的利润能够得到公平的分配。一项明确的财产规则可以为正常运作的数据经济提供基础性框架。[⑤] 因此，数据产权化可以有效地实现定纷止争的目标。

（2）反对论：与支持论相对，反对或者质疑为数据赋予财产权的理由主要包括：**①时机未到**。这一观点主要认为，与同为无形财产的知识产品之上形成的知识产权类似，数据的产权化也将是一个时间沉淀和实践检验

---

① 冯晓青：《〈民法总则〉“知识产权条款”的评析与展望》，载《法学评论》2017 年第 4 期，第 14 页。

② See Daniel Castro, Travis Korte, *Open Data in the G8: A Review of Progress on the Open Data Charter*, Information Technology & Innovation Foundation, Published on March 17, 2015, Available at https://itif.org/publications/2015/03/17/open-data-g8-review-progress-open-data-charter, Last accessed on April 5, 2024.

③ 陈俊华：《大数据时代数据开放共享中的数据权利化问题研究》，载《图书与情报》2018 年第 4 期，第 26–27 页。

④ 参见魏鲁彬：《数据资源的产权分析》，山东大学 2018 年博士学位论文，第 54 页。

⑤ See Herbert Zech, *Information as Property*, JIPITEC 6 (3) 2015, pp.192–197.

的过程，“谨慎对待数据财产权，是强调抽象物之上的财产权利构造须参照知识产权法的历史经验和价值定位；观察商业实践的演变，是突出数据作为新型抽象物的独特属性和潜在影响还远远未被人们清晰认知。”① 当前，数据的相关利益关系复杂纷繁，“数据信息已经远远超过了传统法律规范的想象，在从工业时代到信息时代的变迁中，或许暂时保持观望，让‘子弹再飞一会儿’，比过早用财产权的形式介入要更为恰当，横向比较之下，欧洲的数据保护特殊立法可谓前车之鉴。”② 因此，此类观点认为，数据产权化的时机维度还尚未成熟，至少在商业模式还未发展成熟之前，或许暂时观望是更优选择。②**不确定性的担心**。有学者梳理了产业界之所以倾向于反对引入数据产权的两个明显的理由：一方面，尽管许多公司是数据的生产者，但同时也不得不依赖其他参与者的数据贡献。因此，他们并不清楚引入数据产权是否会给他们带来更多的好处而不是坏处。另一方面，谁有资格成为数据产权的所有者的标准根本不清楚。许多利益相关者以这样或那样的方式为相同的基于数据的业务模型做出贡献，并且可能有各种各样的利益。因此，虽然澄清数据经济中收集和使用的数据所涉及的商业秘密保护的范围是受欢迎的，但分析表明，没有必要建立一个新的数据所有权制度。③ ③**现有法律手段充足**。此类理由认为，当前的现有法律手段已经足以保护数据并助力于实现数据的价值，无需通过赋予数据财产权的方式，也能达到数据产权化拟实现的效果。例如，Wolfgang Kerber 就主张，各国政府不应该对数据所有权 (data ownership rights) 进行确立，这是因为在实践中，技术保护措施和合同两种方式已经可以为收集和管理数据提供充分的激励。④ 因此，额外的产权激励是没有必要的。④**人格利益和言论自由的担忧**。这一观点认为，从人格利益的角度而言，数据的产权化是不适宜的，因为这

---

① 李谦：《法律如何处理数据财产——从数据库到大数据》，载《法律和社会科学》2016 年第 1 期，第 99 页。

② 郝思洋：《知识产权视域下“数据信息”的时代发展》，载《科学经济社会》2018 年第 1 期，第 112 页。

③ Josef Drexl, *Designing Competitive Markets for Industrial Data—Between Propertisation and Access*, JIPITEC, 8, 2017, pp.260 & 291.

④ See Wolfgang Kerber, *A New (Intellectual) Property Right For Non-Personal Data?* An Economic Analysis, MAGKS Papers on Economics, 11, 2016, pp.989–998.

并不利于保护数据内含的人格利益。这一担忧表示，如果给数据赋予财产权，潜在地也是在鼓励数据进行交易，但在复杂的交易环境中，随着数据控制权的转移和让渡，数据所附的人格利益也会随之处于失控的状态，那么诸如隐私权、人格权、人身权、名誉权等人格利益无疑将被置于非常危险的境地。[①] 此外，有学者指出，数据是一种言论（speech），也是思想和情感的传播，因此也应当纳入美国宪法《第一修正案》的保护范围。[②] 进而也引发了关于言论自由的担忧，一旦数据产权化，那么也可能招致以产权私有之名，借产权排他性之手段，来限制或阻碍言论的自由传播。Cameron F. Kerry 和 John B. Morris 则直接坦言，为数据赋予产权保护是一个错误的决策，试图用财产利益来加强隐私控制也很有可能会让社会失望。[③] 由此，至少从人格利益保护和言论自由流通的顾虑角度而言，数据财产化的进程是应当慎重的。**⑤数据垄断和封锁的顾虑**。此类观点认为，数据已然成为重要的生产原料，且对于一些以数据为主导的产业而言，数据是不可或缺的运营投入。对于数据相关市场的先入者或者在位者而言，数据极大地助力这些企业获得了显著的优势地位，且这些企业本也有较强的技术能力来保护其所持有的数据。然而，一旦再赋予数据财产权，那么产权的排他性质无疑是在强化这些企业的优势地位，使其向垄断地位趋近，进而滥用市场垄断地位的行为也就不得不予以考虑。此外，在数据巨头企业的并购中，数据也是重要的竞争关注，数据财产权无疑是为“强强联合”再添上一笔。[④] 由此，数据产权化极易形成数据垄断或数据封锁，不仅损害数据相关市场的竞争秩序，反而也不利于促进数据的自由流通。

---

① 沙丽:《数据资源权属判断及司法保护路径》，载《人民司法》2020 年第 10 期，第 104 页。

② See Jane Bambauer, *Is Data Speech?*, Stanford Law Review, Vol. 66, Issue 1, January 2014, pp.57–120.

③ See Cameron F. Kerry and John B. Morris, *Why Data Ownership Is the Wrong Approach to Protecting Privacy*, published on June 26, 2019, available at https://www.brookings.edu/blog/techtank/2019/06/26/why-data-ownership-is-the-wrong-approach-to-protecting-privacy/, last accessed on February 3, 2021.

④ See Wolfgang Kerber, *Digital Markets, Data, and Privacy: Competition Law, Consumer Law and Data Protection*, Journal of Intellectual Property Law & Practice, Volume 11, Issue 11, November 2016, pp.856–866.

3.2.3 个人数据可产权问题探析

前文大致梳理和总结了关于数据产权化的争议及理由，然而，作为数据的其中一个子集的个人数据，因其与个人的人身属性和人格利益贴合更为紧密，其在数据产权化问题的讨论上，也引发了更为激烈的争论。由此，本书特别将与之相关的讨论单独列出，以更为清晰地聚焦这一问题的分析。

（1）个人数据产权辨析的现实基础：相较于其他类型的数据，个人数据与个人联系的紧密程度更高，因而反对个人数据产权化的呼声也更旺。然而，现实的情况却是，个人数据的主体亦希望其数据之上的财产性利益得到肯定。一项由 Insights Network 在 2018 年开展的调查研究表示，大约 90%的受访者认为，未经同意就共享其个人数据完全不道德。65%的受访者对于为盈利企业共享个人数据感到不安，而 68%的受访者对于个人数据的整体安全性感到紧张。绝大多数的受访者（79%）认为每次共享数据时都应得到补偿，而 72%的受访者认为，如果给予激励，他们会更愿意共享个人数据。[①] 此外，音乐人兼科技企业家 William 在《经济学人》网站上也指出，为数据付费是纠正个人与“数据君主”之间“平衡”的一种方式。[②] 美国的参议员 John Kennedy 更是于 2019 年提出了一项名为“拥有自我数据”的法案（*Own Your Own Data Act of 2019*），宣称每个人对自己在互联网上生成的数据都拥有排他性的财产权，并要求社交媒体公司需获得许可方能使用这些数据。[③] 而来自美国弗吉尼亚州的参议院 Mark Warner 同时也提议，要求 Facebook、Google 和其他大型数据收集者披露他们收集的个

---

① See Insights Network, *Study Shows US Consumers Want Privacy and Protection of Personal Data*, published on May 21, 2018, Available at https://martechseries.com/analytics/data-management-platforms/privacy-and-regulations/insights-network-study-shows-us-consumers-want-privacy-protection-personal-data/, Last accessed on April 6, 2024.

② See William, *We Need to Own Our Data as a Human Right—and Be Compensated for It*, Published on Jan 21, 2019, Available at https://www.economist.com/open-future/2019/01/21/we-need-to-own-our-data-as-a-human-right-and-be-compensated-for-it, Last accessed on February 10, 2021.

③ S. 806 (116th): *Own Your Own Data Act*, Available at https://www.govtrack.us/congress/bills/116/s806, Last accessed on February 10, 2021.

人数据的价值，尽管该法案并不要求这些企业为此支付费用。[①] 此外，英国的《金融时报》刊登了一篇题为《数字隐私权要求数据所有权》（*Digital privacy rights require data ownership*）的文章，该文章指出，所有权意味着对财产的主权，但与财产不同的是，数据可以复制，这意味着共享数据不像财产转让那样是一种零和游戏。[②] 而这一观点也得到了来自欧盟竞争委员会的 Margrethe Vestager 的认可，其表示很少有人意识到，如果你在方框中打勾，你的信息就可以与他人交换。实际上，你是在为你购买的产品支付一个额外的价格。你放弃了一些有价值的东西。[③] 由此可见，个人数据财产化以及个人数据的产权问题的讨论是具有重要的现实意义的。

（2）个人数据产权化的内核价值：与其他类型的数据一样，个人数据的产权化也具有重要的价值内涵。**首先**，个人数据是形成其他类型衍生数据的基础，是企业数据运营的重要来源和商业战略依据。人们总会习惯性地假定企业经营的潜在"恶魔"面孔，然而，正如郑成思教授所言，在实际情况中，企业往往比个人更加关心个人数据的保护。这里的"关心"，一方面源自企业的管理需求和业务经营需要，因为个人数据是企业分析判断市场走向和业务布局的关键要素；另一方面，消费者个人的口碑同时也影响着企业的"商誉"，因为企业对于个人数据的保护态度和保护水平已经成为消费者"用脚投票"的重要考虑因素，甚至决定着企业可以走多好、走多远。因此，个人数据之于企业而言，不仅是利润增值的航向标，也是维系企业可持续发展的重要法宝，而这一法宝即可被视为某种无形产权。[④] 因此，有必要对网络空间和其他地方的个人数据提供更大保护，以纠正企业

① Kim Hart, *Scoop: Bipartisan Senators Want Big Tech to Put a Price on Your Data*, Published on Jun 23, 2019, Available at https://www.axios.com/mark–warner–josh–hawley–dashboard–tech–data–4ee575b4–1706–4d05–83ce–d62621e28ee1.html, Last accessed on February 10, 2021.

② *Digital Privacy Rights Require Data Ownership*, Financial Times, Published on March 21, 2018, Available at https://www.ft.com/content/a00ecf9e–2d03–11e8–a34a–7e7563b0b0f4, Last accessed on February 10, 2021.

③ Lewis Crofts and Robert McLeod, *MLex Interview: Margrethe Vestager*, MLex, January 2015, p.5.

④ 参见郑成思：《知识产权与信息产权》，载《工业产权》1988 年第 3 期，第 6 页。

获取个人数据牟利的动机。[①] 由此，采用财产权的方式可以更好地为数据提供保护。**其次**，在数据经济活动，相较企业而言，个人处于相对劣势的地位。例如，个人隐私保障不充分、个人数据泄露事件频发；个人作为数据价值创造的来源却无法享受数据红利的福利，而个人数据相反却演变为商家再次通过精准画像等方式向个人牟利的素材。[②] 而且，可以肯定的是，数据控制者和数据处理者是从数据中提取价值的首要受益者。[③] 此外，鉴于企业的逐利本性，企业理性上是没有足够的激励来保护个人的隐私的，因此如若给个人数据也配置财产权，则可以有效缓和这其间的张力。[④] 因此，诸如 Pamela Samuelson、Lawrence Lessig 和我国的刘德良 [⑤] 等学者主张应当肯定个人数据的财产权。**最后**，也有学者提出，应该允许甚至鼓励企业提出商业模式，让消费者能够将他们的个人数据货币化。例如，据称微软希望通过其"巴厘岛项目"为用户提供访问自己个人数据库的权限。如果商业模式在这方面或其他相关方面发挥作用，这种做法肯定会增长。[⑥] 而实现个人数据的货币化的重要途径即是对个人数据赋予财产权。

（3）个人数据产权化潜在挑战与质疑：在个人数据产权化的讨论过程中，也有一些观点对此表达了担忧，认为当下个人数据的产权化仍然面临着诸多阻碍。**第一，隐私担忧**。隐私是个人数据的重要关切维度，有学者认为，隐私的顾虑导致个人数据也具备了不可转让性，如果为个人数据赋

① See Leon Trakman and Robert Walters and Bruno Zeller, *Is Privacy and Personal Data Set to Become the New Intellectual Property?* International Review of Intellectual Property and Competition Law, UNSW Law Research Paper No. 19–70, September 3, 2019.

② 参见戚聿东、刘欢欢：《数字经济下数据的生产要素属性及其市场化配置机制研究》，载《经济纵横》2020 年第 11 期，第 70 页。

③ See Argyro P. Karanasiou, Emile Douilhet, *Never Mind the Data: The Legal Quest over Control of Information & the Networked Self*, 2016 IEEE International Conference on Cloud Engineering Workshop (IC2EW), Berlin, 2016, pp.100–105.

④ See Charles Jones, Christopher Tonetti, *Nonrivalry and the Economics of Data*, American Economic Review, Vol. 110, No.9, 2020: 2819–2858.

⑤ 参见刘德良：《个人信息的财产权保护》，《法学研究》2007 年第 3 期，第 80–91 页。

⑥ Mary Jo Foley, *Microsoft Is Privately Testing 'Bali,' A Way To Give Users Control Of Data Collected About Them*, Zdnet, Published on January 3, 2019. Available at https://www.zdnet.com/article/microsoft-is-privately-testing-bali-a-way-to-give-users-control-of-data-collected-about-them/, Last accessed on April 6, 2024.

予产权，且允许其如同其他财产一样进行出售，一方面会诱使人们以极大的价值来换取隐私权利，另一方面也会给数据的自由流动造成巨大的摩擦。当前针对个人数据的“告知—同意”显然已经失灵，随之而来的隐私风险更是难以想象。由此，该学者认为，个人数据财产权是保护隐私的错误方式。[①] **第二，数据价值来源的正当性拷问**。这一观点主要认为，单个原始数据经济价值并不高，只有将个人数据整合起来，并达到一定规模后，方能真正实现数据的价值，“尽管特定数据对个体而言很重要，但对互联网企业而言，规模化的使用才更有意义，这意味着个体信息作为财产基本单位和衡量尺度具有不完备性。”[②] 所以，数据真正的价值释放并非产生于个人，而是对其进行规模化挖掘的企业。因此，个人数据赋予财产权存在理论上的障碍。**第三，妨碍信息和数据流通的顾虑**。此类观点认为，一旦每个单独的个体均享有个人数据财产权，那么企业在对数据资源进行整合时，就不得不需要获得每一个数据主体的许可，并要相应支付金钱作为对价，如此将会产生极高的协商和谈判成本，数据交易也将举步维艰。此外，互联网的商业模式长久以来都是建立在双边市场和网络效应的基础之上，而个人数据产权模式会打破这一稳定的结构，彻底动摇现有的利益格局。[③] 其他学者则认为，个人数据的财产权在性质上过于绝对，会进一步导致产权这一保护伞下的不同权利捆绑，结果反而使得财产这一含义更为复杂，成为数据自由流动的桎梏。[④] 因此，个人数据产权化，不仅会降低数据资源的配置效率，也实质上阻碍了数据的流动和价值发挥。**第四，现实可操作性的质疑**。质疑个人数据产权具有现实可操作性的理由主要考虑的是权利实现的

① Cameron F. Kerry and John B. Morris, *Why Data Ownership Is the Wrong Approach to Protecting Privacy*, Published on June 26, 2019, Available at https://www.brookings.edu/blog/techtank/2019/06/26/why-data-ownership-is-the-wrong-approach-to-protecting-privacy/, Last accessed on February 10, 2021.

② 胡凌:《商业模式视角下的“信息 / 数据”产权》，载《上海大学学报（社会科学版）》2017 年第 6 期，第 9 页。

③ 参见唐要家:《数据产权的经济分析》，载《社会科学辑刊》2021 年第 01 期，第 101 页。

④ See Sjef Van Erp, *Ownership of Data: The Numerus Clausus of Legal Objects*, Brigham-Kanner Property Rights Conference Journal, Vol 6, 2017: 235–236; Jc Sonnekus, *The Fundamental Differences in the Principles Governing Property Law and Succession from a South African Law Perspective*. European Property Law Journal, Vol.2, 2014, pp.130–146.

"技术路径依赖"，即在数字经济时代，个人数据的整个生命周期几乎都需要借助于技术架构来实现，然而，这些基础设施并不掌握在个人手中，那么即便是法律层面认可了个人数据的产权定位，现实中却很可能只能留存这一定位的宣示意义，个人根本无法掌控。[①] Václav Janeček 也认为，在必要的技术进步到来之前，类似于所有权的个人数据保护仍将是支离破碎的。他认为，在这种技术进步最终实现之前，个人数据的完全所有权在技术上和法律上都将无法解决。[②] **第五，权利实现成本高的忧虑**。除了赋权成本和交易成本之外，权利成就的高度"技术依赖性"以及数据相关利益的复杂性，同样使得数据相关纠纷的司法裁判成本变得非常高，甚至高于争议本身所拟追求的价值，此外，权利维护的其他社会成本也需要予以考虑。[③] 言下之意即是，如果将此等成本均考虑进去，个人数据产权化的收益或许是小于其投入的成本的，进而也就不再具有合理性。

3.2.4 数据财产的产权化确立

根据生产要素的基本理论，产权界定是否清晰是生产要素分配和资源优化配置的前提和依据。与土地、劳动、资本等其他生产要素相较，数据这一新型生产要素因其无形性、再生性强等特性，产权界定更为复杂和困难，理论研究中也仍存在争议。前文就数据的可产权化问题，分别从数据整体和个人数据专类，梳理和归纳了现有研究形成的不同观点和争论。本书认为，数据甚至个人数据，具备可产权化的理论基础和实践支撑，理由如下：

针对隐私等人格利益的担忧：本书认为，前文的担心的确存在一定的合理性，但是如若采取逆向的思维来考虑这个问题便可以发现，对于潜在的隐私风险，其实正好可以借助产权外部性内在化的功能来消弭这部分消极可能性。**首先**，与物理上的私力保护措施相较，产权赋予了数据主体更

① 参见郝思洋:《知识产权视角下数据财产的制度选项》，载《知识产权》2019 年第 9 期，第 55 页。

② Václav Janeček, *Ownership of Personal Data in the Internet of Things*, Computer Law & Security Review, Vol. 5, 2018, pp.1039–1052.

③ 沙丽:《数据资源权属判断及司法保护路径》，载《人民司法》2020 年第 10 期，第 103 页。

强的控制力和支配力，数据主体由此可以在更大程度上自由决定如何使用其数据，反而赋予了隐私更强的保护力，也给予了数据主体根据各自的差异化隐私偏好来安排数据流通模式的选择。正如 Alan F. Westin 所言，把数据视作财产是具有可以理解的吸引力的，因为即便因市场力量的不对称会有一定的不公平感受，但是我们至少可以保证数据的财产性利益。[①] 而有学者更是直接认为，隐私亦可以视作一种具有排他性的"准财产（Quasi-property）"[②] 那么数据，甚至是个人数据又为何不可呢。此外，Jacob M. Victor 也认为，数据的财产化也有助于摆脱以往隐私权保护的单一模式。[③] **其次**，随着科学技术的不断更新和进步，隐私保护技术也在不断地加强，例如同态加密的隐私保护技术、差分隐私保护技术等亦在不断更新换代，力图最大程度保护个人的隐私不被泄露，而基于"数据可用不可见"技术[④] 的数据交易流通模式也将是未来数据交易的主要发展方向。**再次**，在数据乃至个人数据中，隐私等人格利益确需重视，但人身属性相对较弱，财产属性更为凸显，从生产要素的角度而言，财产保护的侧重点应更为关注其中的财产属性，在保护财产利益的过程中同时实现对人格利益的保护，这一点即可参照著作权法中对人身权和财产权的保护模式。因此，虽然人格权要素不具有处分的属性，但这并不妨碍财产利益部分享有财产权的定论。[⑤] 此外，正如 Richard Posner 所言，对隐私的保护如果过甚，那么市场上的信息供给就会减少，依赖信息运转的市场，也会在效率方面有所减损，从而使市场遭受到影响。[⑥] **最后**，数据产权的界定，反而有助于倒逼隐私范

① See Alan F. Westin, *Privacy and Freedom*, Ig Publishing, Published on November 24, 2015, Available at https://www.amazon.com/Privacy-Freedom-Alan-F-Westin/dp/1935439979, Last accessed on February 10, 2021.

② See Scholz L H., *Privacy as Quasi-Property*, Iowa Law Review, 2016, 101(3), pp.1113-1141.

③ See Jacob M. Victor, *The EU General Data Protection Regulation: Toward a Property Regime for Protecting Data Privacy*, Yale Law Journal, Vol. 2, 2013, p.523.

④ 该技术通过隐私计算对信息进行加密与共享，实现数据按用途与用量进行使用且在使用过程中不被泄露。参见：国家工业信息安全发展研究中心：《中国数据要素市场发展报告（2020-2021）》，2021 年 4 月，第 22 页和第 48 页。

⑤ 温世扬：《略论人格权的类型体系》，载《现代法学》2012 年第 4 期，第 52-59 页。

⑥ See Richard Posner, *The Economics of Privacy*, American Economic Review，Vol.71, No.2, 1981, pp.405-409.

围的明晰。在数据领域，可通过保护财产权达到保护人格权的目的，但仅通过人格权却不能较好实现保护财产利益的部分，且财产利益的保护并不妨碍人格权的单独保护。给数据（含个人数据）赋予财产权保护并不代表就会减少对隐私等人格利益保护的重视。隐私等人格利益和人身权利仍然受到法律的并行保护，在数据的产权行使过程中，如果存在侵犯隐私权等行为，仍应受到相关法律的否定性评价和苛责。

针对言论自由和数据流动问题：本书认为，数据的确承载了信息和知识传播的使命，也具有思想和情感沟通的功能，但数据产权化既不反对言论自由，也不会妨碍数据流动。**首先**，产权具有资源配置的功能，产权化的过程不仅是要实现保护特定法益的目的，同时也希冀于享有财产权的物品可以实现无障碍的交换，进而盘活市场流通，达到优化资源配置的目的。因此，数据产权化的功能之一亦正是促进数据及其所含的价值的自由传播。**其次**，数据产权化可能阻碍数据流通的另一点重要的担忧是，数据巨头潜在的数据封锁或数据垄断风险。对此，本书认为，这一观点忽略了权利体系化的意义。在权利的整体架构中，不仅仅包含正向的积极赋权，也包括反向的消极限权。财产权亦不例外，以知识产权为例，除了诸如赋权门槛、时间限制、权利行使限制等制度自身的内部限制之外，还有反不正当竞争法和反垄断等外部制度的监控。由此可见，财产权并非可以随意地自由挥洒，为了平衡各方利益，保证权利的健康和可持续发展，同样也是如同“戴着脚镣跳舞”一般，是附有限制条件的排他性权利。因此，只要能够平衡好赋权和限权这对天平的两端，对于数据产权化后的潜在数据垄断的担忧，在制度上亦存在应对方案的。**最后**，尽管科学数据共享需求迫切，但囿于产权界定不明、权属分配不清，使用者亦会因担忧法律纠纷而不敢使用，影响了数据开发使用的深度与进度。[①] 因此，数据产权的不确定以及权属分配的不明晰，反而才是真正阻碍数据流通和利用的症结所在。

针对可操作性和成本问题：本书认为，质疑论者们关注的“技术依赖性”问题的确现实存在，但并非不可化解。**首先**，从理论层面而言，在数字经济时代，数据价值的挖掘和释放的确需要借助于互联网、计算机算

① 许燕、麻思蓓、郑彦宁、李秾：《科学数据的法律属性与知识产权管理》，载《科技管理研究》2020 年第 22 期，第 178 页。

法、算力等技术支撑。但是，问题的关键在于应然和实然是两个不同的层面。技术服务提供者和技术服务使用者之间存在着一层法律关系，在这层关系中，二者分别享有相应的权利，同时履行相应的义务。应然层面的赋权和界权不应该因为实然层面可能存在的否定假设就停滞不前，这就好比一位作者拟发表一篇文章，文章一旦发表即失去其物理层面的掌控，作者于是忧心有人会不怀好意地抨击这篇文章进而影响其声誉，正是由于这样的顾虑，作者最后放弃了文章的发表。因此，“技术依赖”这一理由，不仅混淆了实然和应然层面的各自关注，也假定性的预判了技术设施提供者的“恶人”面孔，这是不科学也不合理的推断。**其次**，技术的不断探索也在推动数据产权的实际落地，其中一个重要的努力便是“数据迁移”（Data Portability）。尽管在中国，数据迁移在理论和实践层面均还存在争议和挑战。[①] 但越来越多的技术投入正在致力突破和改善数据迁移的可操作性。例如，Mydex 和 HatDex 开发的 PDS (Personal Data Stores) 平台 [②]，使得用户可以自主的管理和分享其数据。还有英国的 Midata 项目，以及 Tim Berners-Lee 于 2017 年发起的 Solid Pod 项目 [③] 等，均致力于使个人在技术层面也能实现产权拟赋予的控制力和支配力。因此，数据的产权化不仅具有实际可操作性，且随着技术的进一步发展，产权实现的成本也将逐步降低，甚至可以忽略不计。

针对财产价值来源和时机等其他问题：首先，质疑论者认为数据的财产价值主要来源于企业，而非个人，因此个人数据产权化也即失去了正当性基础。对此，本书不予认同，数据的价值挖掘的确得益于数据企业的整合与开发，但“饮水思源”，不可否认的是，个人数据是其他衍生数据的源泉和根基，且在很多数据开发者看来，数据与消费者的贴切度越高，其

① See Meiling Xu & Wei Han, *“Data Portability” in China The Controversy, the Status Quo, and Future Prospects*, Competition Policy International, January 29, 2021. Available at https://www.competitionpolicyinternational.com/data-portability-in-china-the-controversy-the-status-quo-and-future-prospects/, Last accessed on April 6, 2024.

② See https://pds.mydex.org/, Last accessed on April 6, 2024.

③ See Raf Buyle et al., *Streamlining Governmental Processes by Putting Citizens in Control of Their Personal Data*, Published in Proceedings of the International Conference on Electronic Governance and Open Society: Challenges in Eurasia, 2019. Available at https://ruben.verborgh.org/publications/buyle_egose_2019/, Last accessed on April 6, 2024.

商业价值也就越高，名人或明星的数据或信息更是如此。正如，黄河的源头也只有碗口般大小，但若没有这源头，哪儿还会有波涛汹涌、波澜壮阔的黄河流域。因此，数据的财产价值不可脱离个人数据，个人数据的财产利益也不该被轻视。此外，有观点认为“原生态数据不是生产要素，加工后的数据才是”[①]对此，本书亦不赞同，虽然当数据样本越大时，后续的加工处理越复杂，也需要投入更多的成本，但仅从数据的整个生命周期来看，原始的个人数据实际意义上本就扮演着“要素”的角色参与着数据价值的后续开发。因此，个人数据的产权化也将推动个人数据作为生产要素参与到大数据产业的发展中，成为新的经济增长点。**其次**，关于时机的顾虑，质疑论者的担忧点在于现在数据产权化的条件还不够成熟。但本书认为，现在讨论数据产权化的问题并非“为时过早”，而是“正当其时”。从国家的顶层设计和政策导向，到实践中数据交易市场的迫切需求，再到司法事务中企业之间日益增加的数据纠纷，无一不表明，数据产权已成为数据要素培育机制中迫切需要解决的问题。

综上所述，包括个人数据在内的数据具有财产属性，也具有产权化的理论和现实基础。明晰数据产权不仅有助于保障数据的财产价值，也能兼顾保护隐私等人格利益，还能对数据主体的开发和创新起到激励作用，保障数据市场的供给。数据产权化制度的构建，同时也为数据交易提供合法性基础，以提高交易的预期性，降低交易风险，减少交易纠纷，能有力的打击和遏制“数据黑市”“数据洗白”等扰乱数据交易市场的现象，促使数据产业能够有序、健康和可持续发展。此外，数据产权的确立，也为数据要素的知识产权保护奠定了理论基础，能有效衔接知识产权维度的数据产品及数据化知识产品的制度构建。

① 李刚：《现代产权理论：一个产权投资与数据确权的思路》，载腾讯研究院微信公众号2020年6月15日，https://mp.weixin.qq.com/s/_dITNDXWKF8hhjEKpK6z0A，2024年4月6日访问。

3.3 数据产权保护的法律制度选项

3.3.1 制度、产权制度与法律制度

“天地节，而四时成。节以制度，不伤财，不害民。”[①]制之规程，以作度量，此乃制度之内涵所在。制度是人类在认识自然的过程中，为了更好地规范改造自然的秩序，由人们基于集约化的价值取向共同设计并承诺共同遵守的行为规程或活动准则。制度的形成是社会契约博弈的结果，用以形塑人们的行为并约束交往过程中的互动关系。制度约束既包括在满足一定条件下允许或鼓励人们从事某种活动，也包括负向的禁止人们为某种行为。制度既是正式的，也是非正式的，后者如惯例或公序良俗等。制度在社会中，为人们的交往和互动搭建了相对稳定的结构，以减少人们活动中的不确定性。相应地，随着人们社交关系的变化，制度也是渐进式变迁的。[②]制度是经济活动有序开展的前提和保障，而在我国当前经济高速增长的过程中，产权制度发挥着重要的激励和规范作用。产权制度是基于特定的产权客体而设计的保护和调节人们产权关系的制度安排。只有不断完善产权制度，优化以产权为核心的要素市场配置，才有望可以实现经济从高速增长向高质量发展的转变。产权要界定明晰，则要求做到产权是明确的、可交易的、有保障的。[③]因而则需要构建一套科学合理的产权制度来实现和保障产权的界定、归属、流转和权责等内容，让人们在行使产权时能够有据可依，有规可循。

产权是一个多维的概念，既属于经济学的重要概念范畴，也是法学的重要基础构成，因而在产权制度的构建中，法律制度亦是不可或缺的重要组成部分。从惯例到习惯法再到成文法，法律制度经历了从“非正式”到“正式”的转正过程，形成了特定司法辖区内的所有法律原则和规则的总

① 出自《周易・节・彖》。

② 参见［美］道格拉斯・C. 诺思:《制度、制度变迁与经济绩效》，杭行等译，上海人民出版社 2014 年 4 月版，第 3–11 页。

③ 参见卢现祥:《论产权制度、要素市场与高质量发展》，载《经济纵横》2020 年第 1 期，第 66–72 页。

和。法律制度因其相对完备的制度体系、国家的认可背书以及公权力的强制力保障实施，在产权制度中对产权的保护起着至关重要的作用。各司法辖区的法律制度不同，但一般而言，大体可分为公法制度、私法制度以及介于公私法之间的社会法或领域法制度等。具体到数据产权而言，本书前几部分已分析了数据的权利和法益的混合属性，也证立了数据的产权属性，那么接下来需要探讨的则是，数据产权保护的法律制度该如何确定呢？是适用现有既定的法律制度，还是有必要重新创设新的法律制度，是下一步值得探讨的重要问题。本小节梳理和归纳了现有研究对此问题的讨论及各自的观点，大体可分为“旧瓶装新酒”“旧瓶升级装新酒”“新瓶装新酒”等几类主张，本书分别进行分析，并以此证立知识产权制度引入的恰当性和合理性。

3.3.2 既有路径的适用与争议

在特定法域内，现行有效的全部法律规范的有机统一被称为该法域内的法律体系。通常而言，法律体系由宪法及其他法律部门等若干部门法构成，各部门法又基于各自法律宗旨和目标形成了不同的法律制度和规则。基于“家庭、市民社会和政治国家”三者之间的关系，并根据调整对象是否涉及国家统治关系，可以将现有法律部门大致划分为公法和私法两大类型。[①] 前者主要调整作为社会公益代理人的国家及国家机关与社会公众和组织之间的关系，例如宪法、行政法、刑法等；后者则主要调整社会私主体及社会组织之间关系，例如民法、商法、知识产权法等。公私法的划分是历史的，也是动态发展的，随着公法和私法之间的互相渗透，也出现了一些兼具公法和私法功能或是介于二者之间的部门法，例如经济法、竞争法、社会法、环境法等。作为新型生产要素的数据，本身兼具公益和私利的属性，因而基于数据之上产生的法律关系，既可归属于公法调整的范畴，也是私法调整的对象。基于本书的研究目的，本书重点关注私主体之间民事财产利益的调整，因而此处重点分析私法或者兼顾公私法性质的部门法对数据保护的适用。

① 参见孙文桢:《论私法与公法的区分标准》，载《中南大学学报(社会科学版)》2013 年第 4 期，第 49–55 页。

（1）物权制度：物权是指民事主体在法律规定的范围内对特定之物享有的支配和排他的权利，主要包括所有权、用益物权、担保物权、占有等权利项。物权制度则是调整特定之物的归属及利用的规程，其目的是明确物之归属，发挥物之效用。对于适用物权制度来保护和调整数据，现有研究主要存在三类观点：① **"旧瓶能装新酒"**。这一观点认为，数据满足民法上"物"之界定，理由是："首先，数据信息由个体产生却并不属于人体的一部分；其次，传统民法上的物虽主要限于有体物，但并不要求为有形物。即具有一定体态，占据一定的空间并能为人感官所感知的物即构成民法上的物。"[①] 因此，可适用物权法来调整数据的权利设置、变动、善意取得以及保护请求等。② **"旧瓶装不了新酒"**。此类观点认为，现有物权制度并不能直接适用于数据保护，主要理由有：数据并非物权之客体，尽管物权制度已突破传统有形之物的桎梏，延伸到诸如"无线电频谱资源"等无形之物，尽管数据也具有无形性特征，但根据物权法定原则，在现有物权制度保护之对象类型中，仍无法扩大解释至数据。在 Your Response Ltd v Datateam Business Media Ltd 一案[②]中，法院就已否决了数据之上担保物权存在之可能性。此外，数据的多主体交叉融合性也不符合"一物一权"的原则。相较于知识产权制度而言，物权机制并未充分考虑到数据的非对抗性及其之上的公共利益，因而以物权机制来调整数据产权的保护规则，是不适宜的。[③] ③ **"旧瓶改造后可装新酒"**。这类观点认可对数据直接适用物权制度所存在的障碍，但也认为物权并非毫无用武之地，其经过完善和调整仍可发挥作用。持此类观点的代表提出的"改造"方案主要有：借助自物权—他物权的分割思想来容纳数据，同时根据数据来源和数据主体的贡献程度，对数据设定"数据原发者拥有数据所有权与数据处理者拥有数据用益权的

---

① 方印、魏维：《数据信息权利的物权法保护研究》，载《西部法学评论》2018 年第 3 期，第 30 页。

② *Your Response Ltd v Datateam Business Media Ltd*, judgment of the Court of Appeal, EWCA 281, 14 March 2014.

③ 参见韩旭至：《数据确权的困境及破解之道》，载《东方法学》2020 年第 1 期，第 98 页；崔国斌：《大数据有限排他权的基础理论》，载《法学研究》2019 年第 5 期，第 20 页；李伟民：《"个人信息权"性质之辨与立法模式研究》，载《上海师范大学学报（哲学社会科学版）》2018 年 3 期，第 66 页；以及项定宜：《论个人信息财产权的独立性》，载《重庆大学学报（社会科学版）》2018 年 6 期，第 178 页。

二元权利结构”，从而实现对数据权益分配的有效均衡。[①] 此外，还有学者建议数据财产权的保护应同时采用“物权加知识产权的双重保护模式”[②]，以此来消除物权制度单边保护的不足。

（2）债权制度：债权是指权利主体享有的可要求义务主体为或不为一定行为的权利。债权与物权均属于财产权的重要组成部分，但物权的客体仅限于“物”，而债权的客体既包括物，也包括行为。基于债之形成根据的不同，债权可大致分为合同之债、侵权之债、不当得利发生之债以及无因管理之债等。对数据适用债权制度来调整这一议题：①**赞成说**：认为“许可交易源于使用者与权利人（一般是服务商）之间建立的服务合同关系，即使用者通过承诺服务商的服务协议，获得其提供的一次性服务或持续性服务，因此无形物的许可交易行为可以视为是一种服务而非买卖，应该被纳入债权法保护的范畴。”[③] 然而，②**反对说**：认为“债权是请求他人为一定行为而得到利益的权利，其产生基础是行为，可以是作为也可以是不作为，而大数据不是一定的行为，同样不能成为债权的客体。”[④] 此外，还有学者指出“一般性的债权地位不能支撑现代数据经济的内在动力和保障需求。数据从业者对于经营中的数据利益，仅仅具有依据用户授权合同而取得的债的地位，是一种微弱而不具有绝对保护的财产地位，显然难以支持和保障数据开发和数据资产化经营的需求。”[⑤] 因而，反对说认为数据并非债权之客体，且债权制度也无法有效地处理数据财产利益的分配。

合同是民事主体之间设立、变更、终止民事法律关系的协议，也是债形成的主要依据之一。合同制度的核心在于维护合同各方当事人真实的意思表达，透过“契约”精神的守护来实现合同各方当事人的权利。在适用合同制度来保护数据财产权这一问题上：①**支持论**。认为从事数据业务相

---

① 参见申卫星:《论数据用益权》，载《中国社会科学》2020 年第 11 期，第 110–131 页。

② 姬蕾蕾:《数据产业者财产赋权保护研究》，载《图书馆建设》2018 年第 1 期，第 54 页。

③ 方印、魏维:《数据信息权利的物权法保护研究》，载《西部法学评论》2018 年第 3 期，第 27 页

④ 俞风雷、张阁:《大数据知识产权法保护路径研究——以商业秘密为视角》载《广西社会科学》2020 年第 1 期，第 100 页。

⑤ 龙卫球:《数据新型财产权构建及其体系研究》，载《政法论坛》2017 年第 4 期，第 75 页。

关的公司尤其可以通过合同制度来保护其商业模式和为了收集数据所投入的资本，且借助技术保护措施对数据的实际控制使公司能够就数据访问达成协议。[①] 因而，合同各方当事人当然可以起草合同协议来约束数据的许可使用。此外，另有观点直接否认了数据的财产独立性，认为数据不属于民事权利的客体，其价值的实现也有赖于数据的自我控制和数据安全，因而认为合同制度足可以解决数据相关争议，在合同的具体规则的适用上，数据交易的合同不属于当前的有名合同，而应被视作一类“数据服务合同”。[②] 支持论者认为合同是解决数据纷争的有效路径，甚至是主要或唯一的制度选择。然而，亦有观点认为这一路径仍然存在不足和缺陷。**②质疑论**。此类观点认为，适用合同制度来处理数据问题，仍存在一些阻碍，例如，首先需要思考的问题即是，合同约束了数据主体在许可或者转让数据时所受的保护，那么谁应当是第一个拥有这一合同权利的人呢？此外，由此引发的另一个问题是，合同具有相对性，合同约定范围内的数据可通过合同制度保护，那不在或尚未纳入合同约定范围内的那些数据又该如何保护呢？这一直接拷问表明，合同制度无法规范来自第三方侵权导致的数据权益损失。[③] 在数据收集、储存、加工等整个生命周期中，所涉及的利益相关方数量众多，很难确定数据交易主体、缔约条款，因此仅依赖合同机制来实现多方复杂主体的一致行动几乎是不现实的。[④] 因而适用合同制度来处理数据的交易成本和监督成本均非常高。另外，一个不可忽略的事实是，在当前的个人数据处理上，起绝对主导作用的是数据的控制者和处理者，即便适

① See Max Planck Institute for Innovation and Competition, *Arguments Against “Data Ownership”*, Available at https://www.ip.mpg.de/en/research/intellectual-property-and-competition-law/arguments-against-data-ownership.html, Last accessed on April 6, 2024.

② 参见梅夏英:《数据的法律属性及其民法定位》，载《中国社会科学》2016 年第 9 期，第 164–183 页。

③ See Jacopo Ciani, *Governing Data Trade in Intelligent Environments: A Taxonomy of Possible Regulatory Regimes between Property and Access Rights*, I. Chatzigiannakis, Y. Tobe, P. Novais, O. Amft (Eds.), Intelligent Environments 2018, Workshop Proceedings of the 14th International Conference on Intelligent Environments, Ambient Intelligence and Smart Environments Series, Vol. 23, IOS Press, June 28, 2018, pp. 285–297.

④ See Herbert Zech, *Building a European Data Economy*, IIC–International Review of Intellectual Property and Competition Law, Vol. 48, 28 June, 2017, pp.501–503.

用合同机制来处理双方的数据流转，个人数据主体也只得被动地接受数据收集者的格式合同条款，根本没有选择和谈判的余地，在合同双方不对等，谈判势力不均衡的情况下，合同无法确保数据之上权益的公平分配，也达不到创新激励的效果。因此，通过合同安排来填补数据产权的差距是不理想的，甚至是不可能的。[①] 由此可见，质疑论者普遍认为，适用合同制度来保护数据亦是存在缺陷的，合同仅能解决诸如数据的许可使用维度的相对性问题，却无法根本性地处理数据的控制和支配等维度的普遍性问题。

（3）竞争法路径：竞争法是介于公法和私法之间的一类部门法，其宗旨是维护公平、自由的市场竞争秩序，保护消费者和经营者的合法权益，增加社会福利，以促进社会主义市场经济健康有序地发展。竞争法的使命在于监督和调整竞争关系，是以反垄断法和反不正当竞争法为核心内容的各种法律规范的总称。**①反不正当竞争法**：在数据的权益性质和权属分配等相关问题尚未明晰的当前，竞争法已然成为了解决司法实践中企业之间数据纠纷的重要担当。梳理我国近 10 年来数据相关的主要纠纷可见，几乎大部分纠纷都是在反不正当竞争法的框架下解决的，例如：大众点评 v. 爱帮网（2011）[②] 关于用户数据的纠纷；钢联 v. 纵横 & 拓迪（2013）[③] 关于数据权益的纠纷；刘国清 v. 北京集奥聚合（2015）[④] 关于数据商业秘密纠纷案；新浪微博 v. 脉脉（2016）[⑤] 关于用户数据抓取的纠纷；大众点评 v. 百

① See Benoit Van Asbroeck, Julien Debussche, JasmienCésar, *Big Data & Issues & Opportunities: Data Ownership*, Published on March, 2019, Available at https://www.twobirds.com/en/news/articles/2019/global/big-data-and-issues-and-opportunities-data-ownership, Last accessed on February 13, 2021.

② 上海汉涛信息咨询有限公司与爱帮聚信（北京）科技有限公司不正当竞争纠纷案，北京市第一中级人民法院民事判决书 (2011) 一中民终字第 7512 号。

③ 上海钢联电子商务股份有限公司诉上海纵横今日钢铁电子商务有限公司等不正当竞争纠纷案，上海市第二中级人民法院民事判决书 (2012) 沪二中民五 (知) 初字第 130 号。

④ 刘国清等与北京集奥聚合科技有限公司不正当竞争纠纷案，北京知识产权法院二审民事判决书（2015）京知民终字第 00318 号。

⑤ 北京淘友天下技术有限公司等与北京微梦创科网络技术有限公司不正当竞争纠纷案，北京市海淀区人民法院一审民事判决书（2015) 海民 (知) 初字第 12602 号；北京知识产权法院二审民事判决书 (2016) 京 73 民终 588 号。

度（2017）[①] 关于数据爬虫的纠纷；奋韩网 v.58 同城（2018）[②] 涉及数据知识产权的不正当竞争纠纷；酷米客 v. 车来了（2018）[③] 关于公交数据爬虫的纠纷；淘宝 v. 安徽美景（2018）[④] 关于衍生数据的纠纷；微博 v. 饭友（2019）[⑤] 关于数据抓取的纠纷；蚂蚁 v. 朗动（2020）首例公共数据不正当竞争纠纷；微信群控软件案（2020）[⑥] 首例微信数据权益不正当竞争案；超级星饭团 v. 微博（2020）[⑦] 关于数据爬虫的纠纷；微信刷量案（2020）[⑧]；抖音群控软件禁令案（2020）[⑨]；阿里巴巴 v. 码注案（2020）[⑩]；腾讯 v. 斯氏（2021）

① 北京百度网讯科技有限公司与上海汉涛信息咨询有限公司不正当竞争纠纷案，上海市浦东新区人民法院一审民事判决书 (2015) 浦民三 (知) 初字第 528 号；上海知识产权法院二审民事判决书（2016）沪 73 民终 242 号。

② 北京五八信息技术有限公司与青岛韩某快讯网络传媒有限公司侵犯著作权及不正当竞争纠纷案，北京市海淀区人民法院一审民事判决书 (2017) 京 0108 民初 4758 号；北京知识产权法院二审民事判决书 (2017) 京 73 民终 2102 号。

③ 深圳市谷米科技有限公司与武汉元光科技有限公司不正当竞争纠纷案，广东省深圳市中级人民法院一审民事判决书 (2017) 粤 03 民初 822 号。

④ 淘宝 (中国) 软件有限公司与安徽美景信息科技有限公司不正当竞争纠纷案，杭州铁路运输法院一审民事判决书（2017）浙 8601 民初 4034 号；浙江省杭州市中级人民法院二审民事判决书（2018）浙 01 民终 7312 号。

⑤ 上海复娱文化传播股份有限公司与北京微梦创科网络技术有限公司不正当竞争纠纷案，北京市海淀区人民法院一审民事判决书（2017）京 0108 民初 24510 号；北京知识产权法院二审民事判决书（2019）京 73 民终 2799 号。

⑥ 余建华、陈若星:《首例涉微信数据权益认定不正当竞争案宣判》，载中国法院网 2020 年 6 月 4 日，https://www.chinacourt.org/article/detail/2020/06/id/5264431.shtml，2024 年 4 月 6 日访问。

⑦ 北京微梦创科网络技术有限公司与云智联网络科技（北京）有限公司不正当竞争纠纷案，北京市海淀区人民法院一审民事判决书 (2017) 京 0108 民初 24512 号。

⑧ 深圳市腾讯计算机系统有限公司、腾讯科技（深圳）有限公司与深圳微时空信息技术有限公司等的不正当竞争纠纷案，广东省深圳市中级人民法院一审民事判决书 (2019) 粤 03 民初 594 号。

⑨ 北京微播视界科技有限公司与杭州永峻网络信息服务有限公司、杨永久不正当竞争纠纷案，浙江省杭州市西湖区人民法院一审民事调解书（2020）浙 0106 民初 4335 号。

⑩ 杭州阿里巴巴广告有限公司、阿里巴巴（中国）网络技术有限公司等与南京码注网络科技有限公司等不正当竞争纠纷案，浙江省杭州市滨江区人民法院一审民事判决书（2019）浙 0108 民初 5049 号。

案[①]；腾讯 v. 掌上远景 & 卓易讯畅（2021）案；腾讯 v. 哈尔滨祈福科技等案（2021）[②]；创锐文化 v. 微播视界 (2021)[③]；透明生活 v. 美之修行 (2022)[④]；百度公司 v. 我爱公司案（2022）[⑤]；微梦 v. 简亦（2024）案[⑥]等等。从司法实践对反不正当竞争法的"钟爱"可见，反不正当竞争法巧妙地绕开了数据权益的定性问题，而利用"行为"规制的模式调整数据相关行为，从而达到缓解数据权益纠纷的目的。学界也有观点认为，"当前我国关于数据保护的立法比较抽象，尚无明确的具体制度规范，采用反不正当竞争法规制数据纠纷表现出一定的特色和优势。"[⑦]不可否认的是，反不正当竞争法在当下这一阶段的确发挥了重要的作用，但其也仍然存在不可忽视的缺陷，其中最受质疑的便是，条款适用的不确定性、原则性、抽象性使得法院的自由裁量空间很大。此外，有学者亦指出，通过这一路径来实现数据的保护，无疑是将数据的权利位阶"降格"为一类受法律保护的纯经济利益，只能获得受侵害时的被动救济，因此，不仅保护强度不足，也不利于数据的流通。[⑧] **②反垄断法**：与反不正当竞争法对"公平竞争"的关注不同，反垄断法更为注重对"竞争自由"的维护，也正是由此，反垄断法成为打破"数据孤岛""数据垄断"以实现数据自由流通的重要考虑选项。在国外，例

---

① 腾讯计算机系统有限公司、腾讯科技（深圳）有限公司与斯氏（杭州）新媒体不正当竞争纠纷案，杭州互联网法院一审民事判决书（2021）浙 8601 民初 309 号。

② 腾讯计算机系统有限公司、腾讯科技（深圳）有限公司 v. 哈尔滨祈福科技有限公司、邓科研、上海以史为镜网络科技有限公司不正当竞争纠纷案，上海市浦东新区人民法院一审民事判决书 (2020) 沪 0115 民初 15598 号。

③ 北京创锐文化传媒有限公司与北京微播视界科技有限公司不正当竞争纠纷上诉案，北京知识产权法院二审民事判决书（2021）京 73 民终 1011 号。

④ 透明生活（武汉）信息科技有限公司与武汉美之修行信息科技有限公司不正当竞争案，湖北省高级人民法院二审民事判决书（2022）鄂知民终 500 号。

⑤ 北京百度网讯科技有限公司与深圳市我爱网络技术有限公司不正当竞争纠纷案，北京市海淀区人民法院一审民事判决书（2020）京 0108 民初 43224 号；北京知识产权法院二审民事判决书（2022）京 73 民终 1148 号。

⑥ 北京微梦创科网络技术有限公司与广州简亦迅信息科技有限公司及简亦迅公司深圳分公司不正当竞争纠纷案，北京知识产权法院一审民事判决书（2020）粤 03 民初 4626 号；北京市高级人民法院二审民事判决书（2022）粤民终 4541 号。

⑦ 祝建军：《数据的知识产权司法保护》，载《人民司法》2022 年第 13 期，第 13–20 页。

⑧ 参见程啸：《论大数据时代的个人数据权利》，载《中国社会科学》2018 年第 3 期，第 121 页。

如 hiQ Labs 与 LinkedIn 案[①]、Facebook 与 WhatsApp 的并购案[②]、谷歌搜索的滥用市场支配地位案[③]等，均涉及到对数据实际或潜在排除、限制竞争的担忧。但在我国，截至目前，还尚未出现涉及反垄断法关注的数据纠纷。反垄断法在数据领域的适用亦存在不少阻碍，例如，促使反垄断法关注的构成要件认定难，且在数据相关问题尚未明朗的情况下，贸然挥起反垄断这根“大棒”，恐会打击数据创新的积极性，反而阻碍了数据要素价值的释放。有学者亦直接指出，数据并非反垄断法关注的焦点。[④]因此，反垄断法在数据领域的适用应当慎重。

3.3.3 新创路径的主张与设想

新事物的发展其实都是建立在旧事物的基础之上的，但新事物之所以“新”，则在于旧事物之原有的规律，在新事物或新现象的解释维度或者适用维度出现了障碍。当“新酒”在理解层面被视为无法装入“旧瓶”时，人们开始挣脱现有路径的桎梏，创新性地为当前面对的新事物量身打造“新瓶”。基于前文分析可见，物权、债权以及竞争法等路径，均在不同维度存在着适用上的困境，于是在现有研究中，则有学者提出创设新型数据权利的方案，例如：

（1）数据权：诞生于工业革命时期的知识产权制度，为技术的创新和时代的发展发挥了重要的作用，但时代进入到以智能科技和数据为主导的数字经济时代，新的技术和商业模式不断更新，一定程度上导致知识产权制度的基础理论和现有规则面临着冲击和挑战，学界也相应出现知识产权制度的“不适应性”论断。具体到数据而言，有学者指出，我国现有的知

① *hiQ Labs, Inc. v. LinkedIn Corporation*, No. 17–16783 (9th Cir. 2022).

② Facebook/ WhatsApp Merge Procedure, *Case M.7217- Facebook/ WhatsApp*, Commission decision on 03/10/2014, Available at https://ec.europa.eu/competition/mergers/cases/decisions/m7217_20141003_20310_3962132_EN.pdf, Last accessed on April 6, 2024.

③ Google Search Antitrust/Cartel Case, *Case AT.39740 — Google Search*, Commission decision on 27 June 2017, Available at https://ec.europa.eu/competition/elojade/isef/case_details.cfm?proc_code=1_39740, Last accessed on April 6, 2024.

④ Joe Kennedy, *Data and Privacy Are Not Antitrust Concerns*, Published on October 15,2019, Available at https://itif.org/publications/2019/10/15/data-and-privacy-are-not-antitrust-concerns, Last accessed on April 6, 2024.

识产权制度还不能很好的回应当前数据的相关问题，对于数据的保护也未能提供较好的权利配置，因此认为现有的知识产权路径并非数据保护的最佳选项。由此，提出应该设定一类新型的法定权利，即“数据权”[①]，方能有效缓解冲突，使数据资源得到更充分的利用。

（2）个人数据权：在个人数据方面，有学者指出，“‘个人信息权’是《民法总则》全新的法律概念，是个人主体对其信息享有占有、使用、收益、处分，并有权防止他人干扰的权利，属于一项新型民事权利。不能把‘个人信息权’纳入公法权利、民法人格权，也不能纳入物权法财产权，更不能纳入知识产权。‘个人信息权’属于继股权、知识产权之后的新型民事权利。”[②]此外，也有学者认为，“个人信息不是有体物，个人信息财产权不是物权；个人信息具有伦理性，不是智力创造的成果，个人信息财产权亦不是知识产权；个人信息财产权具有支配权和绝对权的属性，个人信息财产权不属于债权。这项财产权不属于现行财产权体系中的任何一种财产权，而是一种新型财产权，应当单独予以立法确认。”[③]因此，个人数据权的主张者认为，个人数据权应当是在现有权利类型之外的新型权利。

（3）数据生产者权：欧盟委员会于2017年在一份名为“建立欧洲数据经济”的文件[④]中，提议在欧盟层面设立数据生产者权利（data producers' right），目的是保护数据生产者的工业数据或者机器生成数据。欧盟委员会同时还提出了数据生产者权的两类构建路径，即数据所有权（data ownership）和类似商业秘密的基于实际占有（de facto possession）。针对这一倡议，反对的观点认为，数据生产者权的创设跟知识产权制度存在潜在的重叠保护，例如在著作权方面，著作权及数据库的特别权利保护已为数据提供了一定程度的保护，如若再赋予数据生产者权利的保护，无疑会在

① 朱真真：《大数据时代数据公开与知识产权保护的冲突与协调》，载《中国科技论坛》2019年第3期，第117页。

② 李伟民：《“个人信息权”性质之辨与立法模式研究——以互联网新型权利为视角》，载《上海师范大学学报（哲学社会科学版）》2018年第3期，第66页。

③ 项定宜：《论个人信息财产权的独立性》，载《重庆大学学报（社会科学版）》2018年第6期，第178页。

④ European Commission, *Communication on Building a European Data Economy*, 10 January 2017, Available at https://ec.europa.eu/digital-single-market/en/news/communication-building-european-data-economy, Last accessed on April 7, 2024.

二者之间产生破坏性的重叠保护（Disruptive overlaps）。[①] 在商业秘密层面亦存在重复保护的问题，“满足秘密性、商业价值性和采取合理措施保密条件的数据本身就能作为商业秘密受到商业秘密制度的保护。商业秘密制度所保护的是数据所传递的语义信息，数据生产者权利在句法层面再次为保密数据提供保护，属于重复保护。”[②] 除了重叠保护的问题之外，该新型权利的主体、客体、保护期限等权利体系构建也存在较高的难度，因而这一新型权利是应当慎重考虑被立法采纳的。[③] 由此，反对设立数据生产者权的观点指出，这一新型权利最核心的质疑在于是否以及应否为机器生成的数据赋予权利。

（4）新型数据财产权：这一新型权利的设立由龙卫球教授在 2017 年发表于《政法论坛》的《数据新型财产权构建及其体系研究》一文中提出，龙教授认为，“传统法律架构无法适应当前数据经济利益关系合理调整的需求，……应采取一种更加复杂的权利配置方式。”[④] 于是，龙教授进一步创设性地提出了“数据新型财产权”这一概念，并从两个层面勾勒了“数据新型财产权”的权利架构，即在用户个人的层面，应当在个人信息或者初始数据之上同步配备人格和财产两方面的权益；而在数据经营者的层面，则相应地设置数据经营权与数据资产权两项权利。与龙教授观点类似的还有，徐实（2018）进一步指出：“通过知识产权路径并不足以为当前企业数据提供有效、可靠和全面的保护。……既有的法律制度并不具有完全匹配性或适应性……有必要另辟蹊径。”[⑤] 徐博士进一步提出了“企业数据财产权”的概念，并论证了企业数据财产权保护路径所具有的可能性与可行性。陈岳莎等（2019）也认为，“目前，设立数据财产权是一条值得考虑的新路

① See P. Bernt Hugenholtz, *Data Property: Unwelcome Guest in the House of IP*, From the Book: *Better Regulation for Copyright : Academics meet Policy Makers*, 2017, pp.65–77.

② 华劼:《欧盟数据生产者权利质疑——以知识产权制度安排为视角》，载《知识产权》2020 年第 1 期，第 76 页。

③ See Peter K. Yu, *Data Producer's Right and the Protection of Machine-Generated Data*, Tulane Law Review, Vol. 93, 2018, p.907.

④ 龙卫球:《数据新型财产权构建及其体系研究》，载《政法论坛》2017 年第 4 期，第 63 页。

⑤ 徐实:《企业数据保护的知识产权路径及其突破》，载《东方法学》2018 年第 5 期，第 55、62 页。

径。……设立企业数据财产权可以为企业投入数据活动提供保障。依据该设计，企业数据信息财产权逐渐成为了企业对于其数据信息直接的保护依据或者参考：企业可通过法律来对数据产品赋权，并直接获保护数据全新且独立的相应合法根据或者参考。”① 此外，程啸教授也赞同将数据权利界定为一类新型财产权，理由有三点：“首先，数据控制者之所以可以取得数据权利，是因为其通过合法的且支付对价的收集与处理，原始取得了以其所收集和处理的数据为客体的新型财产权利。数据控制者对合法收集的个人数据享有应受到法律保护的权利。该权利既不依赖于被收集者的授权，也不依赖于其他在先权利或许可，而是原始取得的权利。……其次，法律是否将特定利益作为一种财产权加以保护，取决于法律想用财产权这一工具达成何种法政策目标。数据控制者对其收集、存储和加工的数据资产是否享有新型财产权利，主要取决于法政策目标是鼓励还是限制数据产业的发展。……最后，从《民法典》第127条的体系位置来看，立法者在紧接着人格权、物权、债权和知识产权之后规定对数据的保护，实际上等于认同了数据上的权益是一种新型的财产权益。” ②

（5）数据法学学科创建：随着社会分工的日益细化及社会关系的日趋复杂化，传统公法与私法的两大界分已经无法再单向度地圆满解决所有问题。在法律体系中，各个部门法的层次越来越丰富，架构也越来越精致，然而法学研究的体系化工作却似乎显得支离破碎。为了打破部门法边界的藩篱，“领域法学”应运而生。作为新型生产要素的数据，其所涉利益主体和权益关系之复杂，致使其上所涉法益之保护绝不是单一部门法所能独立承担之重。因而，除了新型民事法律权利的主张之外，有学者也给出了“数据法学”的方案，并认为数据法不归属于传统的任何单一基本法律部门，而是一部典型的领域法。③ 此外，在我国的法学教育中，许多高校也相继创设了以“数据法学”为名的专业学科 / 方向 / 课程。例如，中国人民大学于2017年9月设立的“数据法学”荣誉课程辅修学位项目；西南政法大

① 陈岳莎、刘秀红:《企业数据适用知识产权保护的局限及其突破》，载《法制博览》2019年第23期，第249页。

② 程啸:《区块链技术视野下的数据权属问题》，载《现代法学》2020年第2期，第123-124页。

③ 参见何渊主编:《数据法学》，北京大学出版社2020年版，第3-7页。

学于2019年9月设立的硕博新专业“人工智能法学”中的其中一个专业方向即是“数据法学”；2020年9月江西财经大学也设立了“数据法学”专业；2020年11月中国政法也相应设立了“数据法学”专业，并面向硕士和博士招生；而其他高校中，诸如清华大学于2018年4月设立的全日制法律硕士（非法学）中“计算法学”专业方向，以及华东政法大学于2011年11月设立的“智能法学”专业，虽未使用“数据法学”的名称，但在课程设置中也安排了数据相关的法律课程。由此可见，数据将各个部门法协同整合为一个整体，成为新兴的数据领域法学，在理论和实践中均得到了积极的响应。

3.4 数据产权保护的知识产权制度选择

3.4.1 制度选择的路径依赖

任何事物的产生、发展和变化，均离不开以往及周遭其他事物的相互作用，事物发展变化过程中形成的规律和经验总结，为事物的前进提供了指引路标。路径依赖（Path dependence）最初在经济学领域显见，常被用作以解释制度变迁的历史和现实动因。在法学领域，路径依赖亦是非常重要的概念，不仅影响着法律解决问题的概念选择，还影响着法律是否会介入某一特定问题领域。路径依赖假设没有理想的解决方案，但在一个特定的社会中，法律的角色和其他社会机构的角色之间可以找到一种平衡。改变的范围在很大程度上取决于一种特定的法律方法在法律体系中“嵌入”的程度——即法律在多大程度依赖于它。[①]任何一项法律制度的形成，均不是一蹴而就的，是历史沉淀和现实作用的结果。法律制度的发展路径不仅依赖于历史、经济、文化等周遭环境，也受自身演变和循环进路的影响。因而，一项法律制度应是发展变化的，且表现出对所依存路径的极强的“适恰性”。

路径依赖是一个中性的概念，概述了给定情境和条件下人们思考和决

① See John Bell, *Path Dependence and Legal Development*, Tulane Law Review, Vol. 87, 2013, p.787.

策所应遵循的路径或者需纳入考虑范畴的因素。法律制度自身的演变不可避免遵循着一定的路径依赖，而在不同法律制度的选择之间亦有着需要重点关注的“路标”。各项法律制度从其自身出发，均有着调整特定社会关系的自身优势。在需要确定制度选择的决策时，何为“最优”或者“恰当”，很难有固定的标尺来度量，但仍然可以从以往经验和现实需求中寻找到一些“路标”。基于前文的分析可见，对于本书核心关注的数据，既存在既定制度的适用与争议，也有新创制度的提议和设想，那么在现有的路径之中以及新提议的选项之间，又该如何选择呢？此时便需要依赖以往立法过程中的一些经验来辅助以判断，在此过程中，可以考虑的因素如：“以立法谦抑为重点的必要性考量、以社会共识为中心的重要性考量以及以权利成本为核心的可行性考量。”① 除了必要的考量因素之外，制度选择的同时也需要对法益的保护进行价值取舍与权衡，包括个人权益的基本保障、产业利益的扶持、社会利益的维护、国家安保利益的稳固等等。

3.4.2 既有制度优于新创制度

在路径的选择上，新创路径中出现了“数据法学”这一新兴学科的倡议，在理论研究和实践层面也均有了一定的探索。对此，本书认为，领域法学中以问题为导向，协同各个部门法共同治理的理念和方向，是值得肯定的。在数据领域，也的确不可否认的是，从个人、产业、社会、国家以及国际各个维度来看，所涉及的数据相关的法律关系几乎均可以纳入到各个法律部门的调整范畴。因而，毋庸置疑，数据要素的法律保护，是一项需要各个部门法通力合作的大工程。因此，数据领域法学的理论构建以及各高校数据法学的学科 / 专业 / 课程设置，是满足制度发展路径依赖“适恰性”的。然而，不可忽视的是，领域法学的架构运作，仍然依赖于各个独立的法律制度，其关键精髓不在于创制新的法律制度，而在于针对交叉领域的研究对象搭建对话的桥梁和沟通的机制，进而在统一的“宏观调控”下形成规范集成。领域法学成就的一个重要基础前提，仍然是基于各个法律制度自身的制度回应性和适应性。因此，“数据法学”这一新创路径的前进，仍然需要回归到制度之间的比较选择。

① 王庆廷：《新兴权利渐进入法的路径探析》，《法商研究》2018 年第 1 期，第 30 页。

针对数据的制度构建，前文概述和分析了现有制度和新创制度的选项，大体可分为三大类，即现有制度完全可以应对；现有制度的适用存在阻碍但经完善后可予以适用；现有制度无法发挥作用或者功能发挥有限，需要重新创制新的制度。在这些制度选项中，本书认为，应作出既有制度优于新创制度的选择安排，理由是：

首先，从制度设置的成本角度而言，数据已然成为一类新型的生产要素，因而也需遵循基本的生产要素理论。根据生产要素成本理论可知，“生产效率提高的反面就是生产成本的节约，这相当于数学优化模型中的对偶解。因此，从广义上看，隐藏在生产函数式……背后的成本函数则是：‘生产总成本 = 要素成本 + 制度成本’，中国经济最近 40 多年的经验也充分说明，提高经济效率需要节约两种成本。”[①] 其中，要素成本的节约需要依赖市场资源的优化配置，而制度成本的降低，则需要各项制度的集约化整合后实现成本最小化。在数据相关的各项制度中，法律制度占比较大，这也意味着，在数据要素的制度成本节约中，法律制度承担着重要的责任。现有制度的当前呈现，已经是历史成本投入后的结果，一项制度的成就是渐进和缓慢的，需要历经长时间的打磨和修剪，方能满足社会的“适恰性”。因而，新兴权利的创立和相应制度的构建，至少应当经过制度成本的充分论证。一般而言，制度成本是法律等正式规则在形成、实施和变迁中所需要动用的各项资源。[②] 新创制度的成本投入至少涉及如下几个方面：(1) 设权成本，即创设新型数据权利的人力、物力以及精力的投入；(2) 系统成本，即新型权利有效运作的一整套立法、司法和执法的成本；(3) 估量成本，即是包括诸如评估、损害赔偿判定等的成本；[③] (4) 试错成本，即因制度失败所需承担社会投入成本；(5) 其他成本，即还包括其他潜在需要投入的成本。不科学的制度设置会给市场的整体运行产生冗余且不必要的制度摩擦成本。因此，从制度成本的可行性角度考量，新创路径的经济性是值得谨

① 于立、王建林：《生产要素理论新论——兼论数据要素的共性和特性》，载《经济与管理研究》2020 年第 4 期，第 66 页。

② 参见［美］道格拉斯·C. 诺斯：《制度、制度变迁与经济绩效》，杭行译，格致出版社、上海三联书店、上海人民出版社 2014 年版，第 131 页。

③ 参见许可：《数据权属：经济学与法学的双重视角》，载《电子知识产权》2018 年第 11 期，第 24 页。

慎斟酌的。

其次，从新创之必要性和谦抑性角度而言，既有制度是价值取舍和利益博弈后取得的不易成果。“技术有变，法理有常，与其琐细地想象和盲目地革命，不如认真探求规则原理，发掘现有制度的适应力。”① 在尚未充分挖掘现有制度的功效和潜力之前，就轻易否定和逃离现有的路径依赖，是不经济的选择。在技术日新月异的智能科技时代，新技术、新问题、新的关切会不断涌现，如果一味地“遇新创新”，不仅会使得制度的适用变为“疲于奔命”的追逐，也会造成制度的体系化更加支离破碎。“财产权类型的创设并非越多越好，过多相似的财产权类型会加重消费者在市场中的识别负担，进而抑制交易。”② 因而，“如果能在理解立法本意的基础上，通过对法律进行恰当解释增加既有制度弹性，那么在既有制度与制度创设的排序中，优先考虑既有制度将是更为稳妥的方式：不仅能够为制度衔接留有空间，而且能够节约立法与修法成本，为未来的制度创设留下充分的论证时间。”③ 如果不能正确和充分地把握现有制度的适用，即便强硬地创设新的制度，也必然会引发新旧制度的冲突或者衔接生硬等问题。因此，优先考虑既有制度的适用，是更为恰当的选择。

3.4.3 既有制度中的知识产权制度

在论证完现有制度优于新创制度的优位排序之后，进而需要思考的另一个问题即是，在现有的各项制度中，除了既有制度的综合适用选项之外，是否存在更为优选的制度选择呢。基于前文的分析可见，物权制度、债权制度、合同制度以及竞争法路径，在应对数据问题的处理上均存在“心有余而力不足”的遗憾。

首先，物权制度的整套体系架构主要建立在有体之物之上，而数据无形特性之本质，决定了数据与物权制度规范之对象是相差甚远的，因而对

① 李琛：《论人工智能的法学分析方法——以著作权为例》，载《知识产权》2019 年第 7 期，第 22 页。

② 徐小奔：《论人工智能生成内容的著作权法平等保护》，载《中国法学》2024 年第 1 期，第 172 页。

③ 郝思洋：《知识产权视角下数据财产的制度选项》，载《知识产权》2019 年第 9 期，第 49 页。

数据直接适用物权制度，不免牵强。

其次，债权制度。虽然与物权相较，债权将规范对象从“物”扩展至了“行为”，使得数据相关的行为被纳入此类制度规范成为可能，但这类制度关键的问题在于，其仅仅解决了数据的许可使用问题，却仍未回答数据权利类型和权属等根本性问题，且囿于合同的相对性而不能有效地应对来自第三方侵权的问题。因此，单纯适用债权制度亦不能圆满的解决数据关切的重要问题。正如世界银行发布的《2021 世界发展报告：数据创造更好生活》(World Development Report 2021: Data for Better Lives) 中所指出，尽管新的社会契约可以确立数据治理的游戏规则并平衡各方面需求，但切实实现上述愿景还需要建立一个使数据可在众多用户之间流动、促进数据安全使用和再利用的综合国家数据系统（INDS）。一个运作良好的 INDS 会将数据生产、保护、交换和使用明确融入规划和决策过程，并将各种利益相关方（个人、社会、学术界、公共部门和私营部门）积极纳入数据生命周期以及数据系统治理架构。要想形成完善的 INDS，就需要为生产、保护和共享数据提供适当资金和激励。① 由此可见，一套良好的 INDS 构建，除了契约的模式之外，仍然需要其他可以担负起保护和激励使命的制度参与。

最后，竞争法路径。鉴于竞争法同样是“行为”规制的模式，且受竞争法保护之利益的界定和法律适用，具备较大的灵活性，因而成为当前这一特殊阶段解决数据相关问题的主力。然而，竞争法是利益保护和行为规制的路径，无法提供同权利一样相同位阶和效果的保护，对数据只能给予相对被动且弱势的保护。“若仅以《反不正当竞争法》下的行为规制模式对其提供保护，无法对衍生数据的利用和权利限制进行全面的制度安排，亦无法有效平衡各方主体利益。相比之下，赋权模式是激励数据生产和投资的重要保障。”② 此外，竞争法的原则性、抽象性使得数据规则的建立也具有较强的不确定性，以此也降低了数据交易和流转的可预期性，不利于构建数据的整体性保护。

---

① See The Word Bank, *World Development Report 2021: Data for Better Lives*, Available at https://consultations.worldbank.org/consultation/wdr2021, Last access on April 7, 2024.

② 陶乾、李衍泽：《论衍生数据的知识产权保护模式》，载《大连理工大学学报（社会科学版）》2023 年第 4 期，第 94 页。

然而，在现有制度中，除了物权、债权、合同以及竞争法等财产权保护路径之外，还存在着一项以保护无形财产和促进创新为宗旨的制度，即知识产权制度。与物权相较，知识产权专注于对无形财产的保护，与数据无形性特征吻合；与合同相较，知识产权制度同时能够处理权利的界定，为数据提供“矛”的装备；与竞争法相较，知识产权制度的规则及内涵和外延相对明晰，且竞争法往往扮演着知识产权制度“兜底”和“补充”保护的角色。相较而言，数据与知识产权制度在理论逻辑、历史逻辑、现实逻辑具有辩证统一性，数据要素的价值发挥与知识产权制度紧密耦合。[①] 此外，知识产权制度供给也存在现实需求、理论基础和法律支撑，具体而言，现实需求包括知识产权调整范畴对数据财产类型的囊括性、知识产权结构框架对数据财产运营的适配性。理论基础包括知识产权劳动学说下、知识产权契约学说下数据财产赋权的正当性。法律支撑包括知识产权开放法律体系对数据立法的包容性、知识产权数据保护经验对专门立法的借鉴性。[②] 因此，知识产权制度不仅有助于数据市场属性的充分发挥，也有助于数据市场行为规范的构建，还有助于数据市场共享共用目标的实现。

然而，仍需说明的是，各项法律制度根据调整对象和规范宗旨的不同，其在数据这一问题的回应上也是各有所长，尽管综合来看，知识产权制度是优选，但这并不表明知识产权制度可以完全解决数据相关的所有问题，在数据这一问题综合体上，其他法律制度仍能发挥重要作用，并不影响制度研究的相互借鉴。实际上，作为一项相对较“年轻”的法律制度，知识产权制度从“无”到“有”的过程，即是在各项制度的学习借鉴和协调帮助中成长起来的。作为“脱身”于物权制度的知识产权制度，根据时代的需求构建了相对完善的无形财产权保护框架，同时在制度和规则设计中精巧的衔接了合同制度与竞争法机制的适用，使得知识产权制度的内部保护和外部规制形成有机的统一体。因此，无论从自身的特性、内在的价值和基本功能来看，数据与知识产权制度的联系程度更为紧密。与其他现有的

① 参见中国信息通信研究院知识产权与创新发展中心：《知识产权视角下的数据要素制度构建研究报告（2023 年）》，2023 年 1 月。

② 参见刘鑫：《大数据时代数据知识产权立法的理据与进路》，载《知识产权》2023 年第 11 期，第 42–59 页。

产权保护制度相较，知识产权制度具有天然的亲缘优势，是数据要素保护议题中更为优越的应对方案。

3.5 本章小结

本书在上一章节中对数据的时代定位与发展需求、数据和数据要素的内涵与外延进行界定之后，紧着的需要处理的问题是对数据的权益属性进行了分析和界定。鉴于数据的法律属性仍存在争议，本章分别对现有研究中出现的“权利说”“法益说”“权益说”和“无所谓说”四种观点进行了分析，认为对于数据法律属性的确定，宜采取“权利－法益”二元结构进行差分处理。现有立法，可以选择对较为成熟的数据类型，进行权利化的探索，而争议较大的留作法益类型保护，待此等法益发展成熟，再可考虑进行权利化配置。“权利－法益”二元结构的差分处理方式则可能在不同类别、不同层级的权益之间存在潜在冲突，因而需要作出数据权益的位阶安排。本书认为，对于数据权益位阶，数据相关的权利优先于数据相关的其他法益；在权利层级内部，法定的数据权利优先，不可议定，且人身权利优位于财产权利；在法益层级内部，基于法益的多样性、抽象性和非类型化，各法益的价值权重可根据实际情况具体分析和判断。

在权利化路径中，数据的权利类型如何判断，即数据应归属于哪一类权利，是宪法性权利、人身权、财产权，还是其他的权利类型。基于本书的研究目的，本章以财产权为切入点，首先明晰了数据产权化的应然之义，即数据产权化这一核心命题是构建数据要素市场的重要前提和规则基石。其次，围绕数据的可产权性争议，对“支持论”者和“反对论”者给出的理由和依据分别进行了分析，在此基础之上，本书指出，无论是个人数据，还是企业数据，均具有产权化的现实基础和内核价值。同时也回应了数据财产化过程中潜在存在的诸如隐私保护、数据自由流通、现实可操作性等问题。因此，本书认为，数据具有可产权性，明晰数据产权不仅有助于保障数据的财产价值，也能兼顾保护隐私等人格利益，还能对数据主体的开发和创新起到激励作用，保障数据市场的供给。数据产权化制度的构建，同时也为数据交易提供合法性基础，以提高交易的预期性，降低交易风险，减少交易纠纷，能有力的打击和遏制“数据黑市”“数据洗白”等扰乱数据交易市场的现象，促使数据产业有序、健康和可持续发展。此外，数据产权的确立，也为数据要素的知识产权保护奠定了理论基础，能有效衔接知识产权维度的数据产品及数据化知识产品的制度构建。

在证成了数据的可产权性之后，紧接着需要探索的另一个问题是，对于数据财产而言，应当适用哪种法律制度更为可取。对此，本书基于现有研究中的讨论，对数据可适用的法律制度区分为既定路径和新创路径两类，并分别剖析了既定路径中的物权制度、债权制度、合同制度以及竞争法路径，还有新创路径中关于个人数据权、数据生产者权以及新型数据财产权等的主张和设想。在此基础上，本书认为，基于制度选择的路径依赖，在既定路径和新创路径中，如若需要进行选择排序的话，既有制度应当优先于新创制度，一方面是基于制度设置成本的考虑，另一方面是基于制度“遇新创新”的担忧。在现有制度尚未被充分论证“毫无用处”之前，应当保持制度创新的谦抑性。既有制度应当优先于创新制度被适用，而在现有的制度中，相较物权、债权、合同以及竞争法等财产权保护路径而言，知识产权制度是更为优越的制度方案，应当作为数据保护的首要制度选项。

第四章　要素化数据保护的知识产权制度适用

4.1　数据可知识产权的应然分析

4.1.1　调整对象本质相同

在法学领域，调整对象通常是判断特定法律部门之独立性和必要性的重要依据，调整对象自身的特性和核心属性也是区分和划定不同法律部门调整范畴的逻辑起点，调整对象同时也是辅助判定某一争议对象是否应当纳入特定法律部门的有效工具。提及法律的调整对象，则不得不对与之密切相关且存在争议的另一个概念，即客体，予以说明。关于法律的调整“对象”和“客体”之间的关系一度曾引发热烈讨论，有学者持“合一说”，即二者等同，无须区分；也有观点主张“区分说”，认为二者并非同一概念范畴，应予区分对待。[①] 对此，本书认为，法律所调整之“对象”和“客体”，并非同一层面的概念界定，对二者不加区分的混同使用，容易使理论分析陷入困境，也不利于对具体规则和制度内容的理解。对于二者的区分，本书认为，对象是法律所调整之社会关系所具体指向的人、事、物，是具象层面的范畴；而客体较对象而言，属于抽象的范畴，是法律在对象之上所赋予的权利及其他受法律保护的利益。例如，在物权法律制度中，调整对象即是物权社会关系发生所依赖的具体的“物”，包括动产和不动产，而客体则是具体物之上享有的诸如所有权、用益物权和担保物权等直接对物之支配和排他的权利。明晰“对象”和“客体”的科学界分，有益于法律

① 参见刘德良：《民法学上权利客体与权利对象的区分及其意义》，载《暨南学报（哲学社会科学版）》2014 年第 9 期，第 2 页。

体系的整体层次构建，也有助于为探寻数据和知识产权之间的本质连接点提供理论依据。

在知识产权法语境中，调整对象的确立同样具有重要的价值和意义，“研究知识产权对象的目的，就在于找寻已归于知识产权的各具体对象的‘内在同一’，以此作为知识产权体系的奠基石，使这一体系既能独立于民事权利之林，又能和谐地包容知识产权的外延，并在未来世界里保持足够的容纳空间。”[①] 对于知识产权法的调整对象，通说基本认为主要包括创作型维度的智力成果以及标识型维度的符号等工商业标记，前者例如文学、艺术和科学领域的作品以及工业领域的发明、实用新型、外观设计，客体层面与之对应的则是著作权 / 邻接权和专利权；后者例如商标、商号、域名、知名商品的特有名称、包装装潢等，客体层面与之相对应的则是商标专用权以及基于商号等工商业标记享有的受反不正当竞争法等法律保护的利益。此外，还有技术信息和营业信息等对象所享有的商业秘密保护，也是知识产权制度关注和调整的范畴。随着生产力的不断进步，生产关系日益丰富和多元，知识产权制度也在相应成长和自我调适，以适应和满足时代发展的需求，而知识产权法的调整对象亦呈现渐进式的适应和扩张趋势，不断有新的对象被收纳到知识产权法的大家庭。知识产权法的调整对象及客体的扩张，很大程度上证明了知识产权法对新兴事物的应对具有极强的敏锐度和回应性。每当社会实践中出现新兴的法律利益需要调和，知识产权法无疑会成为问题解决的重要寄托之一。近来，不断有新事物逐步进入到知识产权法关注的视野，有的对象已成功“转正”为知识产权的客体，有的还仍在“考察”中，数据则是其中之一。

数据是对信息的客观描述和归纳，数据源于信息，而处理后的数据亦可提炼和总结出相关信息，二者是可动态交互的。从信息和数据各自的概念演变过程可见，信息相较于数据是更上位的概念。数据是对信息的描述和记录，是承载信息的载体。数据更侧重客观事实的呈现，而信息则更多是主观感受的传递。尽管数据和信息存在差异，不是同一位阶的概念，但却可从中推断出，数据的本质还是信息。反观知识产权，有不少学者指出，

① 张玉敏、易建雄:《主观与客观之间——知识产权“信息说”的重新审视》，载《现代法学》2009 年第 1 期，第 174 页。

无论是创作型维度的智力成果、标识型维度的符号等工商业标记，还是保密型的商业秘密等知识产权对象，本质其实都是一类信息。例如，有学者指出，知识产权所依赖的“知识”，其实质就是信息，观察信息到知识的发展过程，其实质就是从个别到普遍的抽象化的过程，是单个事物的具体运动样态向一类事物的运动规律升华的过程。[①] 因此，知识产权法调整的对象的本质就是信息，持类似观点的学者还有：郑成思教授，认为知识产权的客体本质就是信息。[②] 张玉敏教授，认为应当将知识产权的保护对象界定为蕴含人的创造力并具有一定价值的信息。[③] 郑胜利教授则指出知识产权的客体本质应当为财产性信息。[④] 徐瑄教授也认为知识产权的本质是智慧信息。[⑤] 高富平教授认为“商业秘密本质上也是建立在信息上的排他性财产权。”[⑥] 此外，还有学者进一步归纳出知识产权法所调整的三种信息类型：“一是为著作权、商标权、专利权保护的知识信息；第二是原本处于专有领域，但基于保护时效、法律法规等原因而进入公共领域的公有信息；第三是未被公开披露、通过保密措施实现其价值的商业信息。”[⑦] 因此，基于前述“本质信息论”的阐述可见，数据和知识产权所调整的对象的本质是趋同的，而正是基于这一“本质信息论”，数据和知识产权制度之间惯性地存在着固定的连接点，也使得数据的可知识产权性具备了逻辑基础。

4.1.2 核心属性高度一致

“本质信息论”为数据和知识产权制度之间的联系奠定了底层逻辑起点，而在这一基点之上附着的外在特征表现，亦可以为数据的可知识产权

---

① 参见费开智：《基于信息视角的知识产权管理战略研究》，载《知识经济》2019 年第 21 期，第 24 页。

② 参见郑成思：《知识产权法》，法律出版社 2003 年版，第 127 页。

③ 参见张玉敏主编：《知识产权法学》，法律出版社 2011 年版，第 12 页。

④ 参见郑胜利、袁泳：《从知识产权到信息产权——经济时代财产性信息的保护》，载《知识产权》1999 年第 4 期，第 8 页。

⑤ 参见徐瑄：《知识产权的正当性——论知识产权法中的对价与衡平》，载《中国社会科学》2003 年第 4 期，第 145 页。

⑥ 高富平：《信息财产——数字内容产业的法律基础》，法律出版社 2009 年版，第 51 页。

⑦ 蒋瑞雪：《信息产权与知识产权的比较》，载《安庆师范学院学报（社会科学版）》2008 年第 11 期，第 98 页。

性论证提供合理依据。数据与知识产权调整对象的核心属性存在高度的一致性和重合性，这使得数据应当纳入知识产权法规制范畴的理由又向前迈进了一步。本书经细致对比发现，数据与知识产权现有的调整对象之间至少在以下几项特征和属性方面是高度契合的：

（1）非物质性和法定性：非物质性，又称为“无形性”，是知识产权脱离于传统物权，成为独立的法律调整客体存在之关键要义。与书桌、水瓶等实体所在物不同，知识产权所调整的对象，在外在形态的呈现方面不存在长、宽、高、粗、细等三维立体的空间特征，无法通过与有形物品一样的方式来衡量和界定，因而也无法通过五官来感触，只能通过抽象思维加以理解、感受和消费。[①] 数据亦是如此，作为对抽象信息的概括和客观描述，数据本身也是无法通过肉体感知到的，因为数据也是无形的存在。数据没有固定的实在物来依存，每天围绕在人们周围的数据，是数字化的存在，人们无法通过与房屋和汽车等有形之物一样的方式来“占用”和控制数据的使用。实践中，有企业以其自有社区服务平台运营数据作为资产入表，将数据资源加工成数据元件，并将其成本归为无形资产，成功开具数据资源如表会计凭证。由此可见，数据同样具备“非物质”这一特性，而这也促使数据应当获得与知识产权一般的法定存在，因为数据和知识产权对象的非物质性决定了其无法通过实在的“占有”方式来进行保护，只能通过法律的确定性来消除边界的模糊性，并借助法律的强制力来实现关联法益的保护，因而“非物质性”也决定了数据和知识产权保护的“法定性”，即权利客体的种类和内容等均需要由法律作出规定，而非通过意定的方式来固化。

（2）可复制性：“可复制性”是知识产权制度为了消除法定专有权的负外部性而设计的，是知识产权制度实现促进知识产品传播、丰富知识产品供给和创新的根本要求。可复制性主要体现在两个层面，一方面，知识产权的对象是非物质性的特殊存在，法律上要清楚地划定保护的边界，则需要将“虚无缥缈”的东西以通过一定的客观形式给固定下来，以便于人们可以感知其外在存在，这即是所谓的“载体”。以著作权为例，著作权法

① 参见李扬：《知识产权法基本原理（I）——基础理论》，中国社会科学出版社 2013 年版，第 14 页。

本质是保护具有独创性的智力成果，但若这些成果仅是停留在思维层面的思想或情感表达，法律是无法捕捉和感受的，因而需要将抽象思维层面的成果固化成文字、图形等作品，进而作品就成为了著作权法所调整的对象。另一方面，知识产权法通过法定手段初始固化后的对象，还应该具备可再次被复制使用的可能，以便知识成果可以自由地传播和利用。对于数据而言，数据也同时符合以上两个层面可复制性的要求。首先，数据本就是对信息的客观记录和描述，在数字世界中以代码的形式客观呈现。其次，数据具备可传输的功能，通常借助一定的传输介质就能轻易地实现数据从一方数据主体到另一方数据主体的“迁移”，且传输过程并不影响原有数据的形态变化，这也就跟知识产权制度层面所表达的“复制”是一致的。

（3）稀缺性：“物以稀为贵”，稀缺性常常用以表示因资源供给不足而无法满足人们需求的状态。资源越是稀缺，越容易发生资源竞争或争夺的情况，因而也越需要法律来维持稀缺资源的有序竞争状态。知识产权亦是如此，正如 Mark A. Lemley 教授所言，知识产权法本身就是建立在稀缺性基础之上的，知识产权制度的整座大厦也都是基于稀缺性来构建的，在稀缺性的世界中，知识产权将原本并不稀有的公共物品，通过特定条件的设置，人为地使得知识产权的对象变得稀缺。[①] Lemley 教授此处所谓的“人为变得稀缺”，其实指明了知识产权保护对象之稀缺的精要所在，即具有独创性或创新性智力成果的劳动付出，以及具有经济价值的商业标识的培育，而知识产权制度正是通过对这一稀缺点的保护来促进更多具有价值的“稀缺性”成果的出现。对于数据而言，有学者认为，数据与知识产品不一样，数据并不具有稀缺性，是供不应求的，因而也缺乏进一步激励的必要性。[②] 但 Anja Lambrecht 和 Catherine E. Tucker 却指出，数据资源之所以具有竞争优势，就在于数据本身是独一无二的、稀有的、有价值的和不可替代的。[③] 对此，本书认为，数据如同知识产权的对象一样，并非取之不尽用之不竭，

① See Mark A. Lemley, *IP in a World Without Scarcity*, New York University Law Review, Vol. 90, 2015, pp.1–61.

② See Mark Bartholomew. *Intellectual Property's Lessons for Information Privacy*. Nebraska Law Review, Vol.4, 2014, pp.746–798.

③ See Anja Lambrecht and Catherine E. Tucker, *Can Big Data Protect a Firm from Competition?* Antitrust Chronicle 1, No. 12, January 2017.

也同样具有稀缺性，这点由数据本身的要素化战略地位即可彰显出来。在当前的国际贸易、国家管理、社会治理、企业经营以及个人利益等方面，也均扮演着不可或缺的重要角色。于国际层面而言，除数据主权问题之外，数据已然成为继知识产权之后新的贸易壁垒；于国家管理层面而言，数据不仅是基础性战略资源，更是数字化和科学化管理过程中的重要决策依据；于社会治理而言，数据推动了智慧城市的建设，让人们的生活更为便捷和智能化，同时也实现了社会治理的精准化；于企业运营而言，数据是重要的财富，是在相关市场中取得创新并获得竞争力的制胜法宝；于个人而言，数据不仅关涉人身权益的保护，也涉及财产利益的实现。因此，数据具备足够的知识产权关注的稀缺性。

（4）非损耗性和非互斥性：作为物权对象的物，既包括房屋和汽车等有形之物，也包括电力和水利等无形之物，然而无论哪种形态的物，在人们使用和开发的过程中，均不可避免会发生物体或者价值上减损，例如汽车驾驶时间久了，性能就会减弱，而水电等资源，使用的人越多，资源消耗得也就越快。但是数据和知识产品却不如此，因为对数据和知识产品的利用，并不会消耗原本的物质形态，不会发生数量或质量方面的损失，而且在一定程度上，使用的主体越多，利用频率越高，也更易于发挥二者的价值。数据和知识产权对象的这一“非损耗性”同时也决定了二者在利用过程中的“非互斥性”。非互斥性也常被理解为“非竞争性”，是指一个主体或多个主体的使用，并不排斥和影响其他主体的同时开发利用。例如，如果某公司获悉一个人的名字、年龄、性别和收入等数据，并使用这些数据来有效地开发市场，但这并不意味着另一个公司不能收集相同的关于这个人的数据，并且将之运用到其他的业务之中。正如 Nestor Duch-Brown、Bertin Martens 和 Frank Mueller-Langer 所言，迄今为止，数字经济的历史表明，竞争优势不是通过积累大量的数据来获得的，而是通过发展组织能力来更好地利用数据来实现的，因为数据是非竞争性的。[①] 因此，数据与知识产权的其他调整对象一致，均具有非损耗性和非互斥性。

① See Nestor Duch-Brown & Bertin Martens & Frank Mueller-Langer, *The Economics of ownership, Access and Trade in Digital data*, JRC Working Papers on Digital Economy, Joint Research Centre, January, 2017.

（5）传递性和累积性：知识产权对象的可复制性也决定了其可传递和可交易的属性。对于数据而言，其传递性可以在两个层面上加以理解：一方面是在认识过程中，数据从客观的信息描述传递到数据主体的过程，这匹配了前述数据可复制性的第一维度含义。另一方面则是数据在不同主体之间的传递过程。与知识产权类似，数据的可复制性也使得其具备传递性的特质。知识产权对象的传递性使得知识产品之间的叠加效用的发挥成为可能，从而使得知识产品具备了“累积性”的特征，而累积性创新的激励也是知识产权制度的核心使命之一。例如，对于在先创新者而言，对其创新成果进行权利设定和分配时，需要考虑到潜在的在后创新，同时保证在先创新者的固定成本和可变成本投入能够获得有效弥补，让在先创新者看到有利可图的前景时愿意将其创新成果投入市场进行交易，促进后续创新的实现。[①] 对于数据而言，累积性的特征更为凸显，因为单个个人数据的价值挖掘或许有限，但随着单一数据的不断传递和叠加，数据的体量和规模也逐渐变大，对于算法的运行和检验也更有价值，而算法的运行结果也更加精确。因此，数据的传递性成就了数据的累积性，而数据的累积性使得数据能够实现价值的增量，而价值增量最终则会推动社会的前进和发展，使得人们最终可以享受到数据带来的“红利”。

（6）地域性和时间性：由于知识产权对象的非物质性，权利人无法实质性的占有，因而也不能像有形财产一般随着主体的迁移可以推定性的认可“占有”的权益，而且知识产权的法定性也意味着各法域的保护水平和保护模式是存在差异的，因而当知识产权的对象在传递的过程中出现跨境或离开特定法域的情况时，便具有了“地域性”的特征。地域性也是知识产权所具有的一个独有特性，就某一对象是否给予知识产权保护、如何保护、保护时长以及保护水平等，均由各司法辖区的域内法律来规定。一般而言，知识产权不具有域外效力，但是随着全球贸易化的加速，与知识产权相关的双边、多边、区域及全球协定或公约相继订立，使得各司法辖区的知识产权相关规定日渐趋于融合，而固定的地域性也在一定程度上有所淡化。对于数据而言，如今已然成为各国的战略竞争资源，且从近来国际

① See Thorsten Kaseberg, *Intellectual property, Antitrust and Cumulative Innovation in the EU and the US*, Hart, 2012, pp.4–5.

层面的相关案件可见，数据保护已经或正在成为继知识产权之后的另一新型贸易壁垒。此外，很多国家也都对所属司法辖区内的数据处理者提出了“数据本地实施”的要求，目的即是避免数据未经许可流出境外，尤其是那些涉及国家秘密和国家安全的数据。正如 Daniel Castro 和 Alan McQuinn 所指，就像发明和受版权保护的内容一样，许多数据在本质上是跨国的，包括采矿、零售、银行和制造业等传统行业，因此决策者需要考虑的另一个因素是数据制度的国际差异。[①] 由此可见，数据的地域性也愈加凸显，且也存在“长臂管辖”等域外效力扩展的趋势。知识产权在空间维度存在法域的边界限制，而在时间维度也是存在期限限制的。这是因为知识产权整体而言主要是通过短期专有权赋予的方式来达到长期激励知识产品主动公开和积极供给的目的，但此种方式的激励不是永续的，只能在固定的一段时间使用，到期之后此种绝对性的排他效力相应消失，超过期限保护的知识产品随即进入公共领域，再次供人们自由地开发利用。对于数据而言，随着技术和商业模式不断升级换代，数据的长期静态持有，不仅会使得数据因长期得不到有效利用而产生价值贬损，同时也不利于数据的整体循环和流通。因此，如同知识产权一样，数据也具备时间维度的衡量性。

（7）人身财产双重性：知识产权常被界定为属于私权范畴的一类无形财产权，但在知识产权的制度设计中，同时也融合了对人身权益的尊重和保护。其中，著作权就是最典型的例子，在著作权法中，除了复制权、发行权等财产性的权能设计，同时著作权主体也享有诸如署名权等人身性的权利。此外，商标法中也有规定商标的注册和使用等不得侵犯包括姓名权在内的在先权益。由此可见，在知识产权法的视域内仍存在人格标志权益保护，因而透过知识产权法的保护，也同时能够兼顾实现人身或人格权益的保护。数据，尤其是个人数据，同样同时兼具人格利益和财产利益双重属性。鉴于个人数据的人格属性，有学者曾主张，个人数据属于人身权，应当通过人格权的权利形态来保护，其主要理由是：数据的财产性利益不

① Daniel Castro, Alan McQuinn, *Cross-Border Data Flows Enable Growth in All Industries*, Information Technology & Innovation Foundation, February 24, 2015, Available at https://itif.org/publications/2015/02/24/cross-border-data-flows-enable-growth-all-industries, Last accessed on April 7, 2024.

可脱离于人格，二者是无法分割的，如果任由财产性利益部分进行交易，则会导致其脱离人格权主体的掌握范围，反过来会损害人格权的保护，因此，即便存在财产性利益的部分，这部分内容也应当划归至人格权的范畴，由人格权来统一主导。[①] 对此观点，本书不予赞同，理由是，本书认可个人数据内含的人身属性，但在数据要素化的今天，即便是个人数据，其财产性价值已然是主导性的，人身属性部分虽然重要，但在要素化过程中，却处于相对次之的位阶。而且，单纯人格权方式的保障未必可实现其财产利益，但财产利益的实现可间接促动人格利益的保障，因此可通过财产权方式予以保护，兼具人格利益的衡量，如著作权中人身权和财产权的处理。

4.1.3 基本机理天然趋同

数据与知识产权的调整对象之间本质同一,二者的核心属性也高度一致。除此之外，知识产权制度的历史发展逻辑、制度目标、基本功能、法律定位以及核心关注等，也均与数据存在高度关联性。从知识产权制度的以下几方面可以确定，知识产权制度的基本机理在数据的保护和利用方面具备天然的制度优势。

（1）向新而生、应新而去与顺势而为：知识产权制度是在工业社会的技术和经济土壤中孕育而生的，多年来，该制度的构建和实施也反哺和推动着工业文明的发展和进步。知识产权制度诞生于市场经济的技术发展，同时也伴随着技术的迭代变革而茁壮成长。知识产权制度对技术的发展和社会的变革最为敏锐，其回应性品格也最为凸显。“在技术理性的价值理性升格中，法律规范发挥着重要的作用，而在各法律部门中，以促进创新为宗旨的知识产权制度对技术以及新兴商业模式的嗅觉最为敏锐，因为科技催生了知识产权，同时，知识产权则是科技与法律相结合的产物。著作权

---

① 例如王利明、刁胜先、王叶刚等学者持“个人信息权是人身权、个人信息权是一般人格权、个人信息权是具体人格权，个人信息权应定性为兼有精神利益与物质利益的双重性质人格权”等观点。参见王利明:《论个人信息权的法律保护——以个人信息权与隐私权的界分为中心》，载《现代法学》2013 年第 4 期，第 3 页；刁胜先:《论个人信息的民法保护基础——兼论个人信息、民法保护的精神利益与物质利益》，载《内蒙古社会科学（汉文版）》2011 年第 5 期，第 58 页；王叶刚:《人格权确权与人格权法独立成编——以个人信息权为例》，载《东方法学》2017 年第 6 期，第 107 页。

的诞生源于印刷技术的发展，正是为了回应当时印刷出版秩序的规范，出现了第一部近代意义的著作权法——《安娜法》。专利制度的形成源于中世纪欧洲，在科学技术不断发展和货币化的背景下，君主赋予商人或工匠特定期限的独家经营和使用特权，拉开了近代专利制度的序幕，而后威尼斯共和国为进一步鼓励技术发展，于1474年制定了世界上第一部专利法，规定了机器设备10年的独家使用权。之后威尼斯共和国的技术和制度流向英国并进一步发展，为了限制特权被滥用而阻碍科技创新，英国1624年颁发了《垄断法》。至于商标，最早则可追溯至古代陶器制作和刘家'功夫针'的'白兔'标记。此外，诸如集成电路布图设计、植物新品种、域名等知识产权制度的创设无一不是对新兴技术的及时回应。知识产权制度应科学技术与商品经济的发展需要而诞生，并借助精巧的制度设计来引导和把控技术的正确运用。知识产权制度激励创新并鼓励创新成果传播，在知识产权权利产生、利用、保护与限制等环节，均体现着知识产权制度对待技术和创新的处理态度。"① 正如李琛教授所言，"知识产权不是公权力为刺激创造而给予的赏赐，乃是一种新的财富形态出现之后，法律遵照市场规则设计的分配机制。"② 回顾知识产权的历史脉络和发展轨迹可见，知识产权制度就是一部"向新而生"的制度。因此，在数据是第一生产要素的数字经济时代，知识产权制度应当再一次肩负起时代的使命，积极"应新而去"，并"顺势而为"探索数据要素的最佳保护路径。

（2）创新与竞争的激励：知识产权由最初的封建特权一路演进为世界各国均普遍认可的民事私权，期间出现了诸多理论用以证成知识产权制度的正当性和合理性基础。例如，社会契约论、人格权理论、工具论、产业政策论等等。在这些理论当中，自然权利理论和激励创新理论在知识产权制度的正当性辩护中一度占据主导地位，是知识产权具体规则设计的主要价值基础。自然权利论的基本思想是"人的创造性活动是一种劳动，智力劳动者对其经过辛苦劳动取得的智力劳动成果——如具有独创性的作品

① 徐美玲：《人工智能时代的技术理性反思与知识产权制度回应》，载《网络法律评论》2020年第22卷，第109页。

② 李琛：《知识产权法基本功能之重解》，载《知识产权》2014年第7期，第9页。

等——在道德上享有某种独占的权利。”[①] 在自然权利论者看来，知识产权是一种道德层面的自然存在，法律的规定不过是特定司法辖区的主权机构在履行对这一自然权利的认可程序而已。而激励创新理论则是工具论的一个具体代表，认为知识产权是促动创新和经济效益的一个重要工具，为了更好地刺激创新产品供给和经济的繁荣发展，因而需要知识产权制度来实现这一目标。以社会为本位的功利主义和以理性人为本位的自然权利主义分别为知识产权的正当性辩护提供了不同的证成路径，二者针锋相对，难分高下，前者不免见仁见智，后者却也难于实证。[②] 但总体而言，呈现功利战胜自然、激励重于劳动之势。在功利主义的视角下，创造性智力活动的驱动并不仅仅源于知识产权的激励，也有资本加持之下的市场选择。新技术的发展不断冲击和重构现有知识产权制度，法的稳定性丧失，回应性凸显，灵活性升格。在这一背景下，知识产权正当性证成依赖于更加广泛和多元的法哲学基础。由此，在功利论和道义论的博弈中，选择一条存异求同和殊途同归的道路更为适宜。当数据成为一类新兴的生产要素，不可避免也会成为资本运作的对象，因而知识产权制度中对于资本投入的保护机制将成为挖掘数据资产价值的重要参照。在法哲学视角之下，劳动财产论为知识产权的正当性提供了论证基础，也促使制度的设计激发了更多的主体投入到创造性活动中来。在以数据为主导的数字社会，社会创新的门槛极大降低，创新成本大幅下降，创新主体急剧增加，但是创新的难度却与日俱增，且随着创新工具的愈加智能化，创新主体对创新原料的数量和质量要求也日渐提高。在这一背景下，数据成为了一项重要的市场竞争要素，获取数据优势的一方将极大地增加其在激烈的竞争中胜出的可能性。在竞争的维度，除了竞争法的外部保驾护航之外，知识产权制度内部也非常重视和维护自由和公平的竞争秩序。因此，知识产权制度中对创新和竞争的激励理论与规则安排均可为数据相关问题的处理提供有益镜鉴。

（3）多元利益的精细平衡：在知识产权制度中，相应规则的设计和安

① 张平：《知识产权法》，北京大学出版社 2015 年版，第 7 页。

② 关于自然权利主义和功利主义的争论，最为经典的是美国加州大学伯克利分校的 Robert P. Merges 教授和斯坦福大学的 Mark A. Lemley 教授之间关于“道义论”和“功利论”的论战。See Robert P. Merges, *Justifying Intellectual Property*, Harvard University Press, 2011; Mark A. Lemley, *Faith-Based Intellectual Property*, UCLA Law Review, 2015.

排，是多元利益在长时间博弈之后形成的结果，而知识产权整体也是一套包含了多个利益相关主体和不同利益诉求的生态系统。[①] 为了恰当地平衡与调和好权利所有者、义务承担者、社会以及国家等利益相关方的核心权益，知识产权制度在“赋权”的同时，也规定了同等重要的“限权”规则，目的即是在“保护”的同时，也能促进“传播”，在强调“独占激励”的同时，也鼓励“共享利用”，以保障知识产品的供给和社会创新的空间，进而增加社会大众的福祉。与此相类似的是，数据同样面临着内在和外在多方利益的协调与平衡的问题，同样需要在“赋权 v. 限权”“保护 v. 流通”“独占 v. 共享”之间作出精巧的制度安排。然而，目前的多数研究主要停留在数据以及个人数据中人身权益保护的单向维度，却较少探讨数据流转的激励机制。因此，知识产权制度对产业政策、社会公众需求等权利主体之外利益的考量，同样适用于数据相关问题的处理。

4.2 知识产权制度适用的实然争辩

4.2.1 域内外学术观点综述

（1）域内学界观点

针对本书拟探讨的核心问题，国内与之直接相关的讨论最早可追溯到 1988 年郑成思教授在《知识产权与信息产权》[②] 一文中的相关讨论。自此之后的二十余年时间，与此相关的研究基本主要围绕信息产权和知识产权维度展开，附带有关于数据的零星讨论。而后，随着数据库的兴起和普及，研究的重点逐渐集中转向数据库的知识产权保护研究。直至近几年，直接探讨数据知识产权保护问题的研究不断增多。在现有研究中，王德夫博士以其 2016 博士学位论文《论大数据的法律保护与规制——以知识产权法为视角》为基础修改完善形成的《知识产权视野下的大数据》[③] 一书，是为数不多的直接探讨这一话题的专著。该书认为“大数据是一种新型的知识产

① 参见刘孔中：《解构知识产权法及其与竞争法的冲突与调和》，中国法制出版社 2015 年版，第 9 页。

② 参见郑成思：《知识产权与信息产权》，载《工业产权》1988 年第 3 期，第 4-7 页。

③ 参见王德夫：《知识产权视野下的大数据》，社会科学文献出版社 2018 年版。

权”，同时也提出了“信息有限支配与深度共享”的理念。除专著之外，在已发表的若干学术论文中，现有研究成果对于适用知识产权制度保护数据这一议题的观点大抵可以分为如下几类：

①现有知识产权制度可整体或局部适用于数据保护：持此类观点的学者包括但不限于：**司马航（2019）**认为：“用户数据基于其非物质性等独特属性，与知识产权存在多维度的性质共通，知识产权也因此成为规制用户数据最便捷、最现实的选择方案。”[①]；**黎淑兰、范静波和陈蕴智（2020）**主张：“大数据产业发展下新型商业模式中产生的具有财产价值的数据信息，可根据信息的具体内容或者类型，纳入知识产权制度体系或者通过竞争法予以保护。”[②]；**何隽（2018）**则建议对数据信息进行两个层次的划分，其中“对于第二层次经过处理后的数据信息，已经不再具有原生数据的个人身份因素，同时经过分析、挖掘后得到的数据信息再经过结构性组合，形成了具有创造性的智力成果，可以纳入知识产权客体。”[③]对于具体知识产权制度的保护范式，**李想（2020）**指出：“对于数据库的知识产权保护主要包括版权保护范式和商业秘密保护范式”[④]。在具体制度方面，现有研究主要围绕著作权和商业秘密探讨了数据的具体保护路径。在著作权方面，**田小楚和高山行（2020）**“以大数据及其权属论争为基点，通过法经济学与法哲学的理论范式推演探知大数据的权属划分与价值收益，得出大数据适用于著作权法保护的可行性结论。”[⑤]；而**文杰（2019）**则讨论了数据新闻作品中数据的著作权保护问题，认为：“为保护数据智力成果著作权人的权益、维护数据新闻作品的独创性和保障公众对数据使用的知情权，数据新闻作品使用数

① 司马航：《用户数据的知识产权属性之辩》，载《科技与法律》2019年第6期，第32页。

② 黎淑兰、范静波、陈蕴智：《大数据产业发展背景下数据信息的知识产权司法保护》，载《人民司法》2020年第13期，第100页。

③ 何隽：《大数据知识产权保护与立法：挑战与应对》，载《中国发明与专利》2018年第3期，第31–32页。

④ 李想：《数据库的知识产权保护范式研究》，载《政法学刊》2020年第4期，第51页。

⑤ 田小楚、高山行：《论大数据在著作权法保护中的冲突与协调》，载《重庆大学学报（社会科学版）》2021年第1期，第141页。

据应受《著作权法》的规制。”[①] 在商业秘密方面，**杨雄文和黄苑辉（2019）**通过分析“新浪微博诉脉脉案”指出：“在当前我国保护大数据的三条路径中，商业秘密保护具有规则明确、保护力度强的比较优势。”[②] 而**俞风雷和张阁（2020）**进一步认为：“大数据是市场机构控制的结果数据，结合类型化的民事法律体系，知识产权保护大数据的理论正当性分析表明，大数据属于知识产权的新形态客体，保护大数据是知识产权法的具体任务。因著作权法、专利法等知识产权部门法保护尚存在一定的逻辑困境，在大数据的知识产权法保护路径之下，采用商业秘密保护大数据，不失为一种合适的进路，亦是商业秘密作为知识产权下位权利的价值体现。”[③] 此外，针对欧盟于 2017 年提出的设立“数据生产者权利”的建议，**华劼（2020）**表达了质疑的观点，认为“欧盟委员会提出的数据生产者权利不应被纳入立法中，与现有知识产权存在重复。”[④] **秦元明 (2021)** 通过界定数据的内涵及其与知识产权的关系，认为数据产权具有很强的知识产权属性，适用知识产权法律保护数据产权既有理论基础也有法律依据，属于目前较为理想的路径和模式。[⑤] **王申等（2022）**的研究则发现知识产权保护制度在数据互操作有效运行过程中发挥核心作用，政府应当在数据要素市场建立并完善数据知识产权保护制度。[⑥] **冯晓青 (2023)** 则主张商业数据的产权保护与知识产权保护在调整对象上具有相似性、在权利保护理论基础上具有贯通性、在制度目标上具有契合性，因此商业数据进入知识产权制度范畴具有理论基础。[⑦] **单**

---

① 文杰：《数据新闻作品使用数据的著作权法规制——兼谈〈著作权法（修订草案送审稿）〉的相关规定》，载《中国出版》2019 年第 15 期，第 45 页。

② 杨雄文、黄苑辉：《论大数据的商业秘密保护——以新浪微博诉脉脉不正当竞争案为视角》，载《重庆工商大学学报（社会科学版）》2019 年第 4 期，第 138 页。

③ 俞风雷、张阁：《大数据知识产权法保护路径研究——以商业秘密为视角》，载《广西社会科学》2020 年第 1 期，第 99 页。

④ 华劼：《欧盟数据生产者权利质疑——以知识产权制度安排为视角》，载《知识产权》2020 年第 1 期，第 72 页。

⑤ 参见秦元明：《数据产权知识产权司法保护相关法律问题研究》，载《人民法院报》2021 年 4 月 29 日。

⑥ 参见王申、许恒、吴汉洪：《数据互操作与知识产权保护竞合关系研究》，载《中国工业经济》2022 年第 9 期，第 24–42 页。

⑦ 参见冯晓青：《知识产权视野下商业数据保护研究》，载《社会科学文摘》2023 年第 2 期，第 115–117 页。

晓光 (2023) 则强调数据知识产权是数据基础制度的重要组成部分，应当刻不容缓地完善现有知识产权法律法规，探索将海量数据信息的分析、存储以及相关成果，纳入知识产权法保护的各种现有客体之中。[①]

②现有知识产权制度可作为数据调整的重要范式依据或参照：持此类观点的学者包括但不限于：**马忠法和胡玲（2021）**从国际层面讨论了数据的知识产权保护问题，并提出了应对当前数据保护需求的解决方案，即在《贸易知识产权协定》（TRIPs）的体系框架下构建"非独创性数据集合制度"，而中国则可以在著作权法的架构下设置"非独创性数据集合的有限排他权"。[②] **崔国斌（2019）**提出了区别于数据库的"大数据集合"的概念，并认为知识产权制度尽管存在一些有限的空白之处（例如，不满足独创性要求的大数据集合缺乏具体保护方案），但基本可以满足数据产业的需求。针对有限的不足之处，崔教授建议"应当为耗费实质投入并达到实质规模的大数据集合设置有限排他权，即'公开传播权'，并认为将相关立法放在现有知识产权法的框架下，自然是合理的选择。"[③] 崔教授指出，这样的制度安排不仅可以保护数据的后续流通，满足数据行业的现实需求，同时也符合知识产权制度维护的公共政策。此外，**郝思洋博士**在其 2018 年发表的《知识产权视域下"数据信息"的时代发展》一文中指出"鉴于信息时代数据信息所涉的复杂利益关系，数据信息调整范式的确定需要立法者综合各类因素予以谨慎斟酌，必要时可以知识产权制度作为参照。"[④] 此时，郝博士认为可纳入知识产权法所调整的数据信息仅仅只是要素化数据中的一个独特子集。**2019 年**，郝博士再次撰文指出"调整对象的相似性、类似的制度目标以及相似的历史发展轨迹使知识产权制度能够为数据财产研究提供独

---

① 参见单晓光：《数据知识产权中国方案的选择》，载《人民论坛 · 学术前沿》2023 年第 6 期，第 38–47 页。

② 马忠法、胡玲：《论数据使用保护的国际知识产权制度》，载《电子知识产权》2021 年第 1 期，第 14–26 页。

③ 崔国斌：《大数据有限排他权的基础理论》，载《法学研究》2019 年第 5 期，第 3 页和第 22 页。

④ 郝思洋：《知识产权视域下"数据信息"的时代发展》，载《科学经济社会》2018 年第 1 期，第 105 页。

特的研究视角和制度参照。”[①] 同时，郝博士也提出，在探讨数据财产的制度选项时，应秉持既有制度优先于创设制度的原则。

③现有知识产权制度存在局限，构建新型知识产权客体：杨利华和王诗童（2024）认为既有知识产权模式在面对商业数据特有的技术、社会、法律属性时均力有不逮，但参照知识产权法“以用设权”的权利建构逻辑，以商业数据为客体创设一种全新的知识产权——商业数据权。[②] **肖冬梅（2024）**则认为数据并不符合知识产权客体的一般特征，若将“数据”整体直接纳入知识产权客体的范畴，会冲击已有的权能和体系，影响知识产权客体家族的统一性和协调性。应对数据进行分类保护，在现有知识产权保护基础之上，增设数据产权保护模式。[③] **刘鑫 (2023)** 同样认为，从知识产权制度的基本构造出发，现行制度难以实现对企业数据的充分保护，应当构建专门性的企业数据知识产权规则。[④] **陶乾和李衍泽（2023）**则建议在知识产权制度体系内创设一项数据处理者权，用以保护衍生数据生产者运用人工智能、数据挖掘等技术所产出的数据产品。[⑤] **高阳 (2022)** 从衍生数据的法律属性、法理基础两方面论证了衍生数据设定新型知识产权的正当性。[⑥] **孔祥俊 (2022)** 则基于商业数据的固有性质以及工业产权的历史逻辑和制度内涵，商业数据与信息保护类工业产权具有深度的契合性，认为有必要将商业数据纳入工业产权序列，作为数字时代具有标志意义的一种新型工业产权。[⑦]

① 郝思洋：《知识产权视角下数据财产的制度选项》，载《知识产权》2019 年第 9 期，第 45 页。

② 参见杨利华、王诗童：《商业数据知识产权保护的正当性研究》，载《武陵学刊》2024 年第 1 期，第 97–106 页。

③ 参见肖冬梅：《“数据”可否纳入知识产权客体范畴？》，载《政法论丛》2024 年第 1 期，第 137–148 页。

④ 参见刘鑫：《企业数据知识产权保护的理论证立与规范构造》，载《中国法律评论》2023 年第 2 期，第 38–50 页。

⑤ 参见陶乾、李衍泽：《论衍生数据的知识产权保护模式》，载《大连理工大学学报（社会科学版）》2023 年第 4 期，第 94–101 页。

⑥ 参见高阳：《衍生数据作为新型知识产权客体的学理证成》，载《社会科学》2022 年第 2 期，第 106–115 页。

⑦ 参见孔祥俊：《商业数据权：数字时代的新型工业产权——工业产权的归入与权属界定三原则》，载《比较法研究》2022 年第 1 期，第 83–100 页。

④现在知识产权制度无法有效应对，建议新设独立权利类型：在现有研究中，持此类观点的代表性研究成果主要包括：**曹建峰（2017）**认为："从体系科学的角度来看，符合知识产权特征的数据已被纳入知识产权体系，并无必要将其创设为新的知识产权客体。"[①]；**朱真真（2019）**则认为："中国的知识产权制度对这一资源还没有很好地进行配置……现有的专利法或著作权法的知识产权范式并不是对大数据进行保护的最佳选择。"[②]进而，朱博士提出应该设定一类新型的法定权利，即"数据权"，方能有效缓解冲突，使大数据资源得到更充分的利用。谈及新型权利的创设，**龙卫球（2017）**即指出"传统法律架构无法适应当前数据经济利益关系合理调整的需求，……应采取一种更加复杂的权利配置方式。"[③]龙教授进一步创设性地提出了"数据新型财产权"这一概念，并从两个层面勾勒了这一权利的体系构建，即在用户层面，针对个人信息/初始数据同时配置人格和财产权益，而在数据经营者层面，分别配置数据的经营权以及数据资产权。**徐实（2018）**进一步指出："通过知识产权路径并不足以为当前企业数据提供有效、可靠和全面的保护。……既有的法律制度并不具有完全匹配性或适应性……有必要另辟蹊径。"[④]徐博士进一步提出了"企业数据财产权"的概念，并论证了企业数据财产权保护路径所具有的可能性与可行性。陈星（2023）主张数据产权应被界定为一种数字经济时代的新型财产权，其是权利人依法对特定数据财产享有直接支配和排他的权利，是一种私权、财产权、绝对权。[⑤]

⑤其他相关问题：除了以上直接探讨数据的知识产权调整范式的研究成果之外，其他与之相关的现有研究成果则不胜枚举，这些研究成果多从

---

① 曹建峰：《民法总则数据保护路径：概括式保护及与知识产权协调》，载《大数据》2017年第1期，第90页。

② 朱真真：《大数据时代数据公开与知识产权保护的冲突与协调》，载《中国科技论坛》2019年第3期，第117页。

③ 龙卫球：《数据新型财产权构建及其体系研究》，载《政法论坛》2017年第4期，第63页。

④ 徐实：《企业数据保护的知识产权路径及其突破》，载《东方法学》2018年第5期，第55页。

⑤ 参见陈星：《数字时代数据产权的理论证成与权利构造》，载《法商研究》2023年第6期，第75-88页。

不同的切入点和不同的视角来讨论与数据或信息相关的权益配置问题，其中在局部篇幅零星谈及了数据的知识产权保护问题。例如，**张玉敏（2020）**讨论了知识产权与民法典之间的关系，认为应以信息社会这一大背景下的民法典编纂为契机，将"以知识产权为核心的信息"纳入到民法典之中。[①]张教授为信息、知识产权与民法典之间的关系与冲突协调提供了讨论的基础。此外，还有其他学者，诸如黄国彬（2020）[②]、许燕等（2020）[③]、鲍永庆（2018）[④]、程文婷（2018）[⑤]、徐挺军等（2018）[⑥]、罗娇（2017）[⑦]等还分别研究了数据导引、科学数据、休眠数据、实验数据、化学专业数据、开放数据等具体形态数据的知识产权保护问题，为本书奠定了坚实的研究基础。

（2）域外学界观点

近年来，数据在各个层面的重要性日益获得了全球各司法辖区的重视，各法域在探索数据价值最大化的同时，也十分关注数据相关利益主体的权益分配等问题。然而，各国对此选择的保护模式、规范路径以及侧重点则有所不同，其中以欧盟模式和美国模式为代表。欧盟以人权架构和隐私保护为立足点，更为强调个人数据的保护，由此颁布了引发全球关注的《通用数据保护条例》（General Data Protection Regulation，以下简称"GDPR"），一度让个人数据和个人信息成为了法学领域的热门话题。2020年11月25日，欧盟委员会发布了《数据治理法案》（Data Governance Act）的提案。这项提案根据同年2月发布的《欧盟数据战略》制定，旨在促进欧盟以及

① 参见张玉敏：《信息社会背景下的民法典编纂愿景——以知识产权入典为中心》，载《西南知识产权评论》2020年第1期，第3–21页。

② 参见黄国彬、郑霞：《数据导引的著作权保护问题研究》，载《图书馆杂志》2020年第6期，第11–18页。

③ 参见许燕、麻思蓓、郑彦宁、李秾：《科学数据的法律属性与知识产权管理》，载《科技管理研究》2020年第22期，第177–182页。

④ 参见鲍永庆：《休眠数据的数据创新与知识产权保护》，载《图书馆研究与工作》2018年第9期，第38–40页。

⑤ 参见程文婷：《试验数据知识产权保护的国际规则演进》，载《知识产权》2018年第8期，第82–96页。

⑥ 参见徐挺军、陈维明：《化学专业数据库知识产权保护的探索》，载《科研信息化技术与应用》2018年第2期，第11–16页。

⑦ 参见罗娇：《开放数据的著作权解决方案——ODC协议研究》，载《图书情报工作》2017年第9期，第23–32页。

各行业间的数据交换。反观美国，对于个人数据却没有太多的“执念”，以往多是通过扩大隐私权解释范围来变通处理。在联邦层面，也暂没有出台统一的数据保护基本法，而是选择了针对不同行业的分散立法模式，在电信、金融、健康、教育以及儿童在线隐私等领域都有专门的数据和隐私保护立法。随着 GDPR 的出台，美国在州层面则相继开始探索各州的数据保护框架，其中的典型代表则是加利福尼亚州，该州已于 2020 年 1 月 1 日正式实施了《加州消费者隐私保护法》(California Consumer Privacy Act，以下简称“CCPA”)，同时还完成了《加利福尼亚州隐私权法案》(California Privacy Rights Act，以下简称“CPRA”) 的制定工作，对联邦立法和其他州的立法均产生了较大的影响和推动作用。而弗吉尼亚州州长拉尔夫·诺瑟姆 (Ralph Northam) 于 2021 年 3 月 2 日签署了《消费者数据保护法》(Consumer Data Protection Act，简称“CDPA”)，这使得弗吉尼亚州成为继加利福尼亚州之后美国第二个制定全面隐私或数据立法的州。此外，在 CCPA 制定后，华盛顿州、纽约州、新泽西州、伊利诺伊州等州也相继提出《华盛顿隐私法案》、伊利诺伊州 HB2871 号提案等，对 GPS 数据、数据泄露通知、数据经纪人登记制度乃至更为综合的数据主体权利作出了不同程度的规定。欧盟的统一立法模式和美国的分散立法模式曾一度成为数据立法路径的两个选择范本，但可以发现的是，随着美国对分散式立法的反思和统一立法的呼声兴起，这两种模式也在悄然发生一定程度的融合。

在全球与数据相关的立法工作如火如荼的大背景下，各国学者对此的研究热情日渐高涨，也形成了丰硕的研究成果，其中在与数据的知识产权保护直接相关的研究中，较早的文献可以追溯到 1997 年 Jerome H. Reichman 和 Pamela Samuelson 两位教授合著的《数据中的知识产权？》(Intellectual Property Rights in Data?)[①] 一文，这篇文章主要针对当时无法纳入著作权保护的数据库开展讨论，分析了当时不受著作权保护的数据库的知识产权和竞争法相关问题。在随后的二十余年内，域外学者们同样就是否应当适用知识产权制度来保护数据等问题展开了激烈甚至针锋相对的讨论。本书就域外的现有研究成果进行梳理和归纳，大体可将学者们的观点

① See Jerome H. Reichman, Pamela Samuelson, *Intellectual Property Rights in Data?* Vanderbilt Law Review, 1997, P. 51.

分为如下几类：

①**知识产权制度可适用于数据保护**：持此类观点的学者认为在知识产权和数据之间本就存在千丝万缕的关系，回应数据的知识产权保护问题是十分必要的。对此，**Daniel J. Gervais（2019）**详细分析了知识产权在大数据中的运用，其中包括著作权、数据库的特殊权利保护、专利权、商业秘密专用权等，Daniel J. Gervais 教授认为，对于大数据和知识产权之间的关系，关键应该采取的措施是通过寻找合适的路径来调整知识产权，以此为数据的产生、处理和适用设置恰当的参数，这其中既包括数据活动过程中对现有知识产权的侵害，也包括知识产权制度如何较好的保护和规范大数据。[①]**Robert D. Atkinson（2019）**进一步梳理并详细分析了与数据的知识产权保护相关的 13 个关键性问题[②]，诸如权利平衡、政策激励以及知识产权和数据的政治经济考量等。**Francesco Banterle(2016)** 同样梳理了数据保护和知识产权之间的关系，认为现有的知识产权制度与合同、技术准入措施等机制的配合已经为数据配置了一个适当的机制来调节大数据市场上的数据所有权。[③]**Bjorn Lundqvist(2016)** 则认为，如果数据满足著作权的保护要求，那么应该纳入著作权的保护范畴，且 Bjorn Lundqvist 认为竞争法的一

---

① See Daniel J. Gervais, *Exploring the Interfaces Between Big Data and Intellectual Property Law*, 10 Journal of Intellectual Property, Information Technology and Electronic Commerce Law, Vol.10, 2019, P3.

② This paper lists 13 key policy issues, including 1: Policy needs to get the balance right between incentives for collection, curation, and analysis and benefits from widespread use of data. 2: Data is non–rivalrous and often readily available. 3: Who has rights to data? 4: Should individuals own "their" data? 4: Should individuals own "their" data? 5: Who should own private, non–PII data? 6: Forced sharing. 7: Competition policy and data ownership. 8: Forced access. 9: Text and data mining. 10: Database protection. 11: Government access to and use of data. 12: Conflicts between international regimes. 13: The political economy of IP and data. See Robert D. Atkinson, *IP Protection in the Data Economy: Getting the Balance Right on 13 Critical Issues*, Information Technology & Innovation Foundation, January 2019.

③ Francesco Banterle, *The Interface between Data Protection and IP law: The Case of Trade Secrets and Database Sui Generis Right in Marketing Operations, and the Ownership of Raw Data in Big Data Analysis*, From the Book: *Personal Data in Competition, Consumer Protection and Intellectual Property Law Towards a Holistic Approach?*, Bakhoum, M., Conde Gallego, B., Mackenrodt, M.–O., Surblytė–Namavičienė, G. (Eds.), 2016, December 2, 2016.

般条款并不适宜解决数据问题。[①]**Michael W. Carroll（2015）**则是从开源的视角分析了开源领域中数据分享的知识产权法律问题，指出某些开源社区中已经列明原始数据所享有的知识产权或其他权利，且他人不得侵犯这些权利。[②]

②将个人数据视作一种新的知识产权：具体到个人数据，部分学者认为个人数据或个人信息也应纳入知识产权的保护范畴，成为一种新的知识产权客体。代表性的研究成果包括但不限于：**Leon Trakman、Robert Walters 和 Bruno Zeller（2019）**三位教授合作研究了欧盟、澳大利亚和新加坡三个司法辖区的数据保护现状，认为知识产权兼顾了财产属性和合同属性，而这一独特的双重属性，使得知识产权制度比其他的法律制度更适合用于保护个人数据。此外，适用知识产权规则来保护知识产权的优点在于，数据主体在一定程度上能够自主把控和决定自己的个人数据的使用。因此，无论是一般的个人数据还是敏感的个人数据都应该获得知识产权的保护。此外，三位教授还特别讨论了个人数据知识产权的国际协调问题，指出为了促使个人数据在国际层面的保护更加连贯和更有持续性，各司法辖区应当加强知识产权的国际合作与协调。[③]而 **Dorothy J. Glancy（2010）**在更早些的时候就指出，在美国，其实已经有类似的适用知识产权保护的示例，尽管在当时个人信息还不是一类正式的知识产权。为了研究这一问题，Dorothy J. Glancy 教授作了一项思想实验（Thought Experiment），实验的结论认为，将个人信息视作一类知识产权是适当的，该实验还勾勒出了作为一类知识产权的个人信息的形式轮廓。此外，Dorothy J. Glancy 教授还指出，个人信息往往会与他人的财产权混合在一起，而此时会构成一种共

---

① See Bjorn Lundqvist, *Big Data, Open Data, Privacy Regulations, Intellectual Property and Competition Law in an Internet of Things World*, Faculty of Law, University of Stockholm Research Paper No. 1, December 29, 2016.

② See Michael W. Carroll, *Sharing Research Data and Intellectual Property Law: A Primer*, PLoS Biol 13(8): e1002235, August 27, 2015.

③ See Leon Trakman and Robert Walters and Bruno Zeller, *Is Privacy and Personal Data Set to Become the New Intellectual Property?* International Review of Intellectual Property and Competition Law, UNSW Law Research Paper No. 19–70, September 3, 2019.

同所有权安排。[①] **Karki M M S（2005）**则在早些时候探讨了数据保护和知识产权实施之间的紧张关系，并认为一种非传统或者特殊的知识产权形式是值得考虑的。[②]

③知识产权制度可以作为数据保护的有益借鉴：Diana Liebenau（2016）没有完全肯定或否定知识产权在数据保护中的效用发挥，而指出知识产权法和隐私法都是规范信息流动的重要制度。Diana Liebenau 提出了三种普遍适用的信息流动理论，即隐私控制（Privacy Control）、有限获取（Limited Access）以及语境完整性（Contextual Integrity），认为关于信息流动的理论虽不能“证明”知识产权的合理性，但是却可以适用于知识产权，且这种平行结构的理论棱镜，也使得信息和隐私的保护能从知识产权制度中获益。[③]

④隐私的知识产权问题：与国内普遍将隐私权视为仅具有人格利益的人身权利不同，域外学者不仅讨论了隐私的产权问题，甚至还进一步考虑了隐私相关的知识产权问题。例如，**Scholz L H（2016）**主张隐私权是一种准财产（Quasi-Property），是具有排他属性的权利，而在采用准财产模型的理论领域，最突出例子则是信息挪用和商业秘密保护法。[④] **Neil M. Richards（2008）**则更多地关注了知识产权隐私如何在实践中发挥作用。[⑤]**Jonathan L. Zittrain（2000）**认为隐私保护的倡导者可以从知识产权处学习新的方法，且在其看来，知识产权保护和隐私保护之间有着密切的联系。[⑥] 然而，**Pamela Samuelson（2000）**却指出，如果财产法的目标与信

---

① See Dorothy J. Glancy, *Personal Information as Intellectual Property*, Published in 2010, Available at https://www.law.berkeley.edu/files/bclt_IPSC2010_Glancy2.pdf, last accessed on April 7, 2024.

② See Karki M M S, *Personal Data Privacy and Intellectual*, Journal of Intellectual Property Rights, Vol.1, 2005, pp.59–63.

③ See Diana Liebenau, *What Intellectual Property can Learn from Informational Privacy, and Vice Versa*, Harvard Journal of Law & Technology, Volume 30, Number 1 Fall 2016, pp.285–307.

④ See Scholz L H, *Privacy as Quasi-Property*, Iowa Law Review, Vol.3, 2016, pp.1113–1141.

⑤ See Neil M. Richards, *Intellectual Privacy*, Texas Law Review, Vol. 87, 2008, p.387.

⑥ See Jonathan L. Zittrain, *What the Publisher Can Teach the Patient: Intellectual Property and Privacy in an Era of Trusted Privication*, Stanford Law Review, Vol. 52, February 24, 2000.

息隐私政策目标相反，那么将隐私权作为知识产权保护可能根本行不通。①

⑤不赞成适用知识产权制度调整数据：Cameron F. Kerry 和 John B. Morris（2019）首先直接指出，为数据赋予产权保护是一个错误的决策，试图用财产利益来加强隐私控制也很有可能会让社会失望。②**Wolfgang Kerber(2016)** 则从经济学的角度分析了为数据赋予专有的知识产权是否必要。研究表明，引进这种新的知识产权没有令人信服的经济理由，特别是缺乏对数据的生产和分析的激励，且对创新、竞争和社会福利危害较大。新的数据知识产权可能会给竞争和创新带来相当大的问题和危险，尤其是对依赖于广泛获取各种数据的数字经济而言。因此，数据的可获得性问题可能是一个比数据的专有产权更重要和更值得关注的政策问题。③ **Paul M. Schwartz（2004）**认为应该制定具体的法规来控制个人信息及数据的商品化过程。实际上，Paul M. Schwart 教授含蓄地拒绝将知识产权作为此处的一个恰当解决方案。④ 同样，Julie E. Cohen 也表达了对隐私保护的担忧，认为适用知识产权来保护个人识别数据到推动更多的贸易产生，但由此也导致了更少的隐私保护。⑤

4.2.2 直接适用论的理由

基于前文的分析可知，作为生产要素的数据具有财产属性，也具有产权化的理论依据和现实基础。在数据产权保护的制度选项中，既有制度应当优位于新创制度予以考虑，而在既有制度中，无论从自身的特性、核心

① See Pamela Samuelson, *Privacy as Intellectual Property?* Stanford Law Review, Vol.52, 2000, p.1125.

② See Cameron F. Kerry and John B. Morris, *Why Data Ownership Is the Wrong Approach to Protecting Privacy*, published on June 26, 2019, available at https://www.privacysecurityacademy.com/wp-content/uploads/2019/08/Why-data-ownership-is-the-wrong-approach-to-protecting-privacy.pdf, last accessed on April 7, 2024.

③ See Wolfgang Kerber, *A New (Intellectual) Property Right For Non-Personal Data? An Economic Analysis*, MAGKS Papers on Economics, Vol.11, 2016, pp.989–998.

④ See Paul M. Schwartz, *Property, Privacy, and Personal Data*, Harvard Law Review, Vol. 117, No. 7, May, 2004, pp.2056–2128.

⑤ See Julie E. Cohen, *Examined Lives: Informational Privacy and the Subject as Object*, Stanford Law Review, Vol. 52, 2000, pp.1373–1438.

属性、内在的价值和基本机理来看，数据与知识产权制度的联系程度更为紧密。与其他现有的产权保护制度相较，知识产权制度具有天然的亲缘优势，是数据要素保护议题中的优选路径。知识产权制度的人身财产双重属性与多元利益的精细平衡，使得其在制度生成之日起，便努力将各种平衡机制内化其中。作为“脱身”于物权制度的知识产权制度，根据时代的需求构建了相对完善的无形财产权保护框架，同时在制度和规则设计中也精巧的衔接了合同制度与竞争法机制，使得知识产权制度的内部保护和外部规制形成有机的统一体。正如有学者所言，知识产权属于无形财产权，但与一般财产权不同的是，知识产权既包含了财产所有权的内涵，也容纳了合同机制的功能[①]，例如知识产权制度中涉及的知识产品的许可、转让或交易等规则，因此知识产权制度的此种综合功能能够有效弥补单一路径保护的不足。在司法实践中，也已有相关案例显示，数据及个人数据是可以适用知识产权制度来予以保护的。例如，在 *Coogan v. News Group Newspapers Ltd & Anor* 案[②]中，英国法院已经就个人数据是否可以构成知识产权客体提供了一些指引。2012 年，英国和威尔士上诉法院在本案中裁定，根据 1981 年 Senior Courts Act 的规定，机密个人信息（confidential personal information）属于知识产权客体。同时，法院也不遗余力的解释了知识产权和商业数据之间的关系。在 *Price v. Hal Roach Studios* 案[③]中，法院再次强调了知识产权是保护具有商业价值的信息的制度。

基于前文所阐释的理由，有不少学者持现有知识产权制度可直接适用于数据保护的观点。例如，“大数据是产权，是知识产权，与大数据相关的主要知识产权是著作权、数据库权利和商业秘密。”[④] 适用“知识产权也因此成为规制用户数据最便捷、最现实的选择方案。”[⑤]Daniel J. Gervais 教授认

---

① See Mark A. Lemley, *Property, Intellectual Property, and Free Riding*, SSRN Electronic Journal, Vol. 4, 2004, p.1032.

② See *Coogan v. News Group Newspapers Ltd* [2012] EWCA Civ 48, [2012] 2 WLR 84, [2012] EMLR 14, [2012] 2 All ER 74.

③ See *Price v. Hal Roach Studios, Inc.*, 400 F. Supp. 836 (S.D.N.Y. 1975).

④ 宋青霞:《大数据时代人类“零隐私”?——知识产权法域内的私权博弈》，载《广西社会科学》2017 年第 3 期，第 88 页。

⑤ 司马航:《用户数据的知识产权属性之辩》，载《科技与法律》2019 年第 6 期，第 32 页。

为，对于大数据和知识产权之间的关系，关键应该采取的措施是通过寻找合适的路径来调整知识产权，以为数据的产生、处理和适用设置适当的参数，这其中既包括数据活动过程中对现有知识产权的侵害，也包括知识产权制度如何较好的保护和规范大数据。① Francesco Banterle 同样认为现有的知识产权制度与合同、技术准入措施等机制的配合已经为数据配置了一个适当的机制来调节大数据市场上的数据所有权以及由此产生的纠纷。② 因此，适用知识产权制度来保护数据，是顺理成章之举。

4.2.3 部分适用论的主张

此部分观点没有完全肯定知识产权制度在数据领域的适用，但也没有否定知识产权制度的所能发挥的作用，而是认为知识产权制度可以适用于部分类型的数据，或者对部分数据的保护提供制度借鉴。例如，有学者指出，从保护范畴的角度来看，知识产权的保护对象远远小于数据，但是这同时也表明，二者并非完全敌对的关系，至少二者存在重叠和交叉的区域。即便数据不能被纳入知识产权保护的对象范畴，但这并非意味着不能适用知识产权法来保护数据，因为并不是所有的数据均满足知识产权法的保护门槛和条件，但对于那些属于满足保护条件的数据，知识产权法则不应当将其拒之门外。③ 也有学者指出，基于知识产权制度所追求的价值目标以及保护对象的规则设定可知，知识产权制度无法解决数据相关的所有问题，仅能也只需要调整特定类型的数据即可，而这类型数据则是数据整体之中

① See Daniel J. Gervais, *Exploring the Interfaces Between Big Data and Intellectual Property Law*, 10 Journal of Intellectual Property, Information Technology and Electronic Commerce Law. 3, 2019, Available at: https://scholarship.law.vanderbilt.edu/faculty–publications/1095, last accessed on April 7, 2024.

② Francesco Banterle, *The Interface between Data Protection and IP Law: The Case of Trade Secrets and Database Sui Generis Right in Marketing Operations, and the Ownership of Raw Data in Big Data Analysis*, From the Book: *Personal Data in Competition, Consumer Protection and Intellectual Property Law Towards a Holistic Approach?*, Bakhoum, M., Conde Gallego, B., Mackenrodt, M.–O., Surblytė–Namavičienė, G. (Eds.), 2016, December 2, 2016.

③ 参见杨雄文、黄苑辉:《论大数据的商业秘密保护——以新浪微博诉脉脉不正当竞争案为视角》，载《重庆工商大学学报 (社会科学版)》2019 年第 4 期。

的一个独特子类。[①] 有学者进一步建议，对数据进行两个类别的划分，一类是未经加工和处理的数据，另一类则是经过技术处理后的数据。后一类数据“已经不再具有原生数据的个人身份因素，同时经过分析、挖掘后得到的数据信息再经过结构性组合，形成了具有创造性的智力成果，可以纳入知识产权客体。”[②] 总体而言，此类观点认为，尽管知识产权无法完全或者完美地直接适用到数据当中，但并不能割裂知识产权与数据之间的联系，在特定情形之中，知识产权还是可以部分适用于数据，或者为数据相关问题的解决输出或提供规则与思路。

4.2.4 无法适用论的质疑

（1）《民法典》的纠结与放弃

民法调整平等主体的自然人、法人和非法人组织之间的人身关系和财产关系，与知识产权和数据均密切相关。我国自 1954 年起就开始了《民法典》的起草工作，1954 年、1962 年、1979 年、2001 年先后四次启动了《民法典》的编纂工作。2016 年 3 月，十二届全国人大四次会议确定了《民法典》编纂“两步走”的工作，即第一步先出台《民法总则》，第二步编纂《民法典》的各分编。经过几年的不懈努力，到 2020 年 5 月十三届全国人大三次会议最终审议通过《民法典》，并于 2021 年 1 月 1 日正式实施。《民法典》对民事权益的保护适应了现代社会发展的需求，彰显了时代精神，体现了民事立法的与时俱进。其中，《民法典》回应了隐私、个人信息以及数据等当下热点关注的问题，但回顾立法过程，便可观察到《民法典》在处理数据和知识产权之间关系上的纠结。

在 2015 年 6 月 24 日的《民法典 · 民法总则专家建议稿》中，“信息”与智力成果、商业标记等典型的知识产权保护对象一起，被并列为民事权

① 参见郝思洋：《知识产权视域下“数据信息”的时代发展》，载《科学经济社会》2018 年第 1 期，第 105 页。

② 何隽：《大数据知识产权保护与立法：挑战与应对》，载《中国发明与专利》2018 年第 3 期，第 31–32 页。

利客体加以规定。[①] 到2016年6月的提交的《民法典·民法总则（草案一审稿）》中，“数据信息”被列为知识产权的一类独立客体，将“数据信息”纳入到知识产权法的调整范围之内。[②] 随后，在2016年11月和12月分别公布的《民法总则草案》“二审稿”与“三审稿”中，“数据信息”被移除出知识产权的保护对象范围，但是单独规定了“个人信息”的法律保护，并在其他条款中新增了“法律对数据、网络虚拟财产的保护有规定的，依照其规定。”[③]2017年3月15日，第十二届全国人民代表大会第五次会议审议通过了《民法总则》，个人信息保留《民法总则草案》“二审稿”与“三审稿”中单独的法律保护规定，而数据则与网络虚拟财产并列，做出了宣示性法律保护规定。[④] 由此，数据和知识产权之间先后经历了“共同并列”“被包含其中”“各自单独规定”的历程。

基于《民法典》起草过程中的多次纠结与最终的选择呈现，有观点则认为，《民法典》已然做出了最终的选择和规定，如若再将数据信息归入商业秘密等知识产权的保护范畴之中，则将直接导致民法典对数据定位的冲突。[⑤] 因此，《民法典》最终的“放弃”也就成为了大多观点认为数据无法

---

①《民法典·民法总则（专家建议稿）》第110条【智力成果、商业标记和信息】发明、实用新型、外观设计、作品、商标、商业秘密等智力成果、商业标记和信息可以成为民事权利客体。

②《民法典·民法总则（草案一审稿）》第108条：民事主体依法享有知识产权。知识产权是指权利人依法就下列客体所享有的权利：……（八）数据信息。

③《民法典·民法总则（草案二审稿）》：

第109条：自然人的个人信息受法律保护。任何组织和个人不得非法收集、利用、加工、传输个人信息，不得非法提供、公开或者出售个人信息。

第124条：法律对数据、网络虚拟财产的保护有规定的，依照其规定。

《民法典·民法总则（草案三审稿）》：

第110条：自然人的个人信息受法律保护。任何组织和个人不得非法收集、使用、加工、传输个人信息，不得非法买卖、提供或者公开个人信息。

第128条：法律对数据、网络虚拟财产的保护有规定的，依照其规定。

④《民法典·总则》第111条：自然人的个人信息受法律保护。任何组织和个人需要获取他人个人信息的，应当依法取得并确保信息安全，不得非法收集、使用、加工、传输他人个人信息，不得非法买卖、提供或者公开他人个人信息。

第127条：法律对数据、网络虚拟财产的保护有规定的，依照其规定。

⑤ 许可：《数据保护的三重进路——评新浪微博诉脉脉不正当竞争案》，载《上海大学学报（社会科学版）》2017年第6期，第19页。

适用知识产权法进行保护的论据之一。

（2）数据的纳入会造成知识产权体系混乱

首先，有观点认为，数据本身并不满足成为知识产权保护对象的条件，其中一个重要的理由便是知识产权的独创性 / 创造性门槛障碍，认为数据或者至少是个人数据基本是不符合这一基础要求的，因而也不能被纳入知识产权的保护体系之中。[①] 正如 Jo Joyce 所言，没有人可以真正拥有一份数据，唯一可以拥有的是此类数据的汇总或收集，且前提是在进行汇总或收集方面进行了相关投资。[②] 因此，质疑论的观点认为，个人数据或是数据均很难满足可知识产权的门槛要求，且将不符合门槛要求的数据纳入知识产权的保护范畴亦会拉低知识产权保护的门槛。**其次**，有观点还指出，数据这一概念在法律上本就缺乏明确的指向性，是高度抽象和不确定的，因而如果将数据纳入知识产权保护范畴，势必会造成知识产权体系的混乱，从而引发更多的争议。[③] **再者**，也有学者指出，"很多数据信息还无法成为知识产权的客体，将其单列为一种独立的知识产权客体不具有合理性：……将数据信息单列为一种独立的知识产权客体会与商业秘密及其他以数据信息为基础的智力成果的保护发生交叉与重叠，造成司法实践中法律适用的困难……数据信息涉及的值得保护的利益，很多并不是知识产权问题……如果将数据信息直接列为一种独立的知识产权客体，则会无形中扩大数据信息的知识产权保护范围……迄今为止，国际上似乎也没有找到将数据信息直接作为知识产权客体规定在民法或相关知识产权法中的先例。"[④] 因此认为数据的知识产权保护仍缺乏足够的积累，立法选择的确应当慎重。对此，也有其他学者表达了类似的观点，认为"中国的知识产权制度对这一资源还没有很好地进行配置……现有的专利法或著作权法的知识产权范式并不

① Sjef Van Erp, *Ownership of Data: the Numerus Clausus of Legal Objects*, Brigham-Kanner Property Rights Conference Journal, Vol 6, 2017, p.240.

② Jo Joyce, *Big Data and Intangible Property Rights—Can IPRs and Rights in Personal Data Exist in Harmony?*, Taylor Wessing, March 2017, Available at https://www.lexology.com/library/detail.aspx?g=52a552e9-447a-4cea-9054-1ab86e2805fe, last accessed on April 7, 2024.

③ 参见曹建峰：《民法总则数据保护路径：概括式保护及与知识产权协调》，载《大数据》2017 年第 1 期，第 93-94 页。

④ 冯晓青：《〈民法总则〉"知识产权条款"的评析与展望》，载《法学评论》2017 年第 4 期，第 18-19 页。

是对大数据进行保护的最佳选择。"[①] **最后**，还有一部分质疑主要来自对知识产权"容量"扩张的担忧，认为保护对象的不断新增，已经使得这一制度本身不堪重负，知识产权内部的层次边界也日益模糊，如果再将数据纳入其中予以保护，势必会影响和破坏知识产权体系的整体秩序。

（3）数据获取和流通之担忧

与前文关于数据产权化争议类似，对于数据的知识产权保护，质疑者们也表达了类似的担忧。此类观点认为，数据已然成为重要的生产原料，且对于一些以数据为驱动的产业而言，数据更是不可或缺的运营投入。对于数据相关市场的先入者或者在位者而言，数据极大地助力这些企业获得了显著的优势地位，且这些企业本也有较强的技术能力来保护其所持有的数据。然而，一旦再赋予数据财产权，通过诸如知识产权的强排他性质来保护，那么无疑是在强化这些企业的优势地位，使其向垄断地位趋近，阻碍数据的流通。此外，对于个人数据亦是，如果每个个人均享有个人数据财产权，那么企业在对数据资源进行整合时，就不得不需要获得每一个数据主体的许可，并要相应支付金钱对价，如此将会产生极高的协商和谈判成本，数据交易也将举步维艰。例如，有学者指出，将个人数据视为知识产权，同时适用后者的规则，不仅会损害该等资料的交易自由，也会损害公众获取该等资料的权利。[②]Wolfgang Kerber 则从经济学的角度分析了为数据赋予专有的知识产权是否必要。研究表明，引进这种新的知识产权没有令人信服的经济理由，特别是缺乏对数据的生产和分析的激励，且对创新、竞争和社会福利危害较大。新的数据知识产权可能会给竞争和创新带来相当大的问题和危险，尤其是对依赖于广泛获取各种数据的数字经济而言。因此，数据的可获得性问题可能是一个比数据的专有产权更重要和更值得关注的政策问题。[③] 综上，此类观点总体认为，应当更关注数据的获取和流

---

① 朱真真：《大数据时代数据公开与知识产权保护的冲突与协调》，载《中国科技论坛》2019 年第 3 期，第 117 页。

② See Leon Trakman and Robert Walters and Bruno Zeller, *Is Privacy and Personal Data Set to Become the New Intellectual Property?* International Review of Intellectual Property and Competition Law, UNSW Law Research Paper No. 19–70, September 3, 2019.

③ See Wolfgang Kerber, *A New (Intellectual) Property Right For Non-Personal Data? An Economic Analysis*, MAGKS Papers on Economics, 2016, 11: 989–998.

通问题，而非利用知识产权等专有权来限制和封锁数据。

4.2.5 制度适用质疑之回应

基于前文的分析，本书基本赞成“直接适用论”和“部分适用论”的观点，本书亦认为知识产权制度的确无法完全解决数据相关的所有问题，但却不能由此将数据和知识产权彻底割裂开来，仍应当具体分析知识产权“应与不应”“能与不能”的边界范围，而非“一棍子”完全排除知识产权制度的适用。此外，针对“无法适用者的质疑”，本书分别作出如下回应：

关于《民法典》安排的回应：首先，《民法典》起草过程中的纠结，至少表明数据和知识产权之间的关系处理是值得探讨的，也为数据的知识产权保护研究奠定了立法基础。其次，探究《民法典》最后“放弃”的缘由，主要原因还在于在《民法典》出台之际，关于数据的权益属性等界定上不明朗，仍存在诸多争议，立法起草工作不得已只能暂时搁置争议，寻求了一个折衷的处理方式，即分别独立规定，然而是否真的不适宜将数据纳入知识产权保护体系，却仍是值得商榷的。此外，立法者“将数据信息从知识产权客体中删除的原因之一是对可能侵害个人权利的担忧。数据信息中包含可识别个人身份和行为的信息，如果将其纳入到知识产权客体范畴，会出现数据采集者、数据开发者代替用户成为数据权利人的情况，从而可能导致用户的个人信息和隐私被网络服务提供者通过知识产权加以控制。基于这种担忧，立法采取了谨慎态度。”① 立法者谨慎处理的方式，可以理解，但这至少说明二者之间存在关联关系，“数据信息之所以不能被列举为知识产权的保护对象，是因为并非所有的数据信息都符合知识产权保护的条件，而不意味着知识产权法不保护数据信息。”② 再者，《民法典》最终在第 127 条中规定，“法律对数据……的保护有规定的，依照其规定。”这也说明，立法者采取了暂时搁置争议以化解立法阻碍的方式，第 127 条的规定实际上也是为数据保护的后续立法留下了探讨的空间。从此条的规定

① 何隽：《大数据知识产权保护与立法：挑战与应对》，载《中国发明与专利》2018 年第 3 期，第 31 页。

② 杨雄文、黄苑辉：《论大数据的商业秘密保护——以新浪微博诉脉脉不正当竞争案为视角》，载《重庆工商大学学报（社会科学版）》2019 年第 4 期，第 142 页。

亦可推出，如果后续经过研究论证证实了数据的可知识产权性，对数据适用知识产权制度的保护，也不会存在前述学者担忧的定位冲突的问题，而这即是立法之巧妙所在，因此，数据的知识产权保护路径的探索，不仅没有破坏法的安定性，也不会打破法律体系的融贯性。

对于数据可知识产权的独创性/创造性门槛障碍：本书认为这是值得商榷的：第一，每个人的个人数据均是自己独立“创作”和“培育”的劳动成果。个体自娘胎孕育时起，便通过一系列“数据”与所处的世界和社会进行沟通联系，每个个体之上所附着的信息之所以具备独特的商业价值，则在于个体数据之差异化和价值性，而这些信息则根源于个体成长过程中所投入的差异化的劳动。不同场景下，不同主体的价值呈现也会不同，例如名人的个人数据缘何会比普通人更受到关注，甚至市场愿意支付高额费用作为对价来换取名人的信息；又如针对特定消费群体的特定消费需求而开发的产品，则会对这一特定消费群体与其他消费者表现出不同的评价倾向。由此可见，单个个体之上附着的独特的、差异化的个人数据实质上是每个个体经过长时间的、不同形式的社会劳动投入而形成的劳动成果。这一成果在特定的场景中，结合其他相关要素，则会激发出特定的经济价值。因此，对个人数据赋予知识产权的保护，同样可以实现激励的制度作用，进而可以增加社会的信息供给，进一步造福于智慧社会的构建。第二，现有知识产权制度中也并非仅仅保护独创性/创造性的成果，也同时保护传播者和投资者的利益。在当前的大数据时代，数据的采集、处理、加工等均需投入巨大成本来实现，因此，知识产权制度能够为此提供制度依据。

关于客体扩张的担忧：自工业革命以来，随着技术发展的不断革新，知识产权保护对象的“体量”的确存在不断增长的趋势，但这恰恰是知识产权制度面对时代发展需求的适应性和回应性的体现。知识产权法的调整对象及客体的扩张，很大程度上证明了知识产权法对新兴事物的应对具有极强的敏锐度，而事实也证明了知识产权制度对被纳入其中的对象亦起到了不错的规范和调整作用。因而，知识产权制度本身就是一部“向新而生”“应新而去”并“顺势而为”的制度，其包容性和兼容性极大地缓解了新生利益冲突所造成的紧张压力。此外，知识产权制度对于数据的适用，也并非“大包大揽”，无所挑选的，只有符合知识产权制度基本机理和调整思路的方可纳入其中。在数据保护的问题上，知识产权制度将有可为，也会有所不为，因此，并非所有数据的相关利益纠纷都会成为知识产权制度的关切。

关于数据流通的担忧：首先，对于数据垄断的潜在担忧，正如前文所述，在知识产权的整体架构中，不仅仅包含正向的积极赋权，也包括反向的消极限权，除了诸如赋权门槛、时间限制、权利行使限制等制度自身的内部限制之外，还有《反不正当竞争法》和《反垄断法》等外部制度的监控。而且知识产权法与竞争法之间是“殊途同归”的关系，二者相互配合与协调，共同促进创新和良性竞争的实现。因此，将数据纳入知识产权的考虑范畴，反而有助于为数据的竞争关注提供制度衔接的入口。最后，尽管数据流通需求迫切，但囿于产权界定不明、权属分配不清，使用者常常望而却步，影响了数据开发使用的深度与进度。数据产权的不确定以及权属分配的不明晰，反而才是真正阻碍数据流通和利用的症结所在。因此，将数据纳入知识产权的关注范畴，利用知识产权制度的现有机制为数据的权利赋予、权项明晰以及利用和保护等提供制度智慧，进而能够激励和鼓励数据的自由交易和流通。

综上所言，知识产权制度不仅能为数据问题的解决提供现有规则的适用，也可以为数据的规则建设提供制度蓝本。在数据这一议题上，忽略或排除知识产权制度的现有框架都是不明智的。基于前文分析，无论从知识产权制度的调整对象、核心属性、历史发展轨迹和逻辑等方面，均可说明数据的知识产权保护存在理论和现实基础，接下来也有必要对具体制度的适用分别作一分析，以明晰知识产权制度在数据问题上的“能与不能”“为与不为”以及“应与不应”的区域划分。

4.3 数据的著作权保护研析

4.3.1 数据的可著作权性分析

著作权是指作者或其他著作权人依法对文学、艺术或科学作品所享有的权利的总称。著作权制度创设的根本目的是，借助制度的安排来保护创作者的权益，同时透过此类保护机制的设计让人们预见到创作活动的潜在益处，从而激励更多的人投身到文学、艺术和科学领域的智力创作活动中来，驱动更多的作品生成并传播到社会各个方面，最终实现精神和物质的极大丰富和繁荣。在知识产权的具体制度中，著作权制度是主要直接涉及数据保护的制度之一。基于前文的分析可知，著作权法的调整对象为作品，因而探讨某一研究对象是否属于著作权法保护的客体范畴，可以从是否构成著作权法意义上的作品着手。

首先，从主体角度而言，在现有的制度体系下，著作权法保护作品所适配的主体为“作者”或者其他“著作权人”，有观点由此认为，数据产品并非人为的产物，本质上应视作算法的自动生成物，而算法并非作者，数据产品也不具备现行著作权法框架中的适格主体，因而不应将其纳入著作权法的保护范畴。[①] 这一观点的分析思路似乎与学界关于人工智能著作权法律主体资格的讨论如出一辙。然而，本书认为，这一观点存在可商榷之处，且不说当前的人工智能还尚未发展到强人工智能或通用型人工智能的阶段，即便存在所谓的“黑箱”或“沙盒”，当前所见的产物也仍是人类自主意志的体现，而且与人工智能生成物不同，数据本质上并非算法的生成物，而是人自主意识作用下的成果，在这些成果产生过程中人类借用的硬件或软件设备，不过是人类的劳动工具，是在人类意志支配和控制下的无意识的指令执行过程。因此，主体适格的问题不能成为否定数据可著作权性的合理理由。

其次，在著作权的保护对象层面，为了满足社会公众对作品传播的需求，著作权法将三种人类的智力成果排除在法律适用的范围之外[②]：第一类是官方性质的文件，例如法院的判决书、专利审查部门公开的专利文献等，这类成果并非不满足作品的基本构成要件，而是因为其具有的极强的社会公益性，为了满足和保障这些成果中信息的无障碍流通，应当鼓励自由传播，以充分发挥其社会公益效益。第二类是单纯事实消息，此类成果被排除保护范围之外的理由在于，一方面是社会公众的知情权保障，另一方面则在于“唯一表达”的限制。第三类是通用工具，例如通用的数据公式、

① 参见李永明、戴敏敏：《大数据产品的权利属性及法律保护研究》，载《浙江大学学报（人文社会科学版）》2020 年第 2 期，第 28–29 页。

②《中华人民共和国著作权法 (2020 修正)》第 5 条：“本法不适用于：（一）法律、法规，国家机关的决议、决定、命令和其他具有立法、行政、司法性质的文件，及其官方正式译文；（二）单纯事实消息；（三）历法、通用数表、通用表格和公式。”

日历等，因为这类成果属于人类共有的文化资源，一旦给予排他权的保护，则会侵害到公共利益。在这三类排除保护的范围中，第二类是引发数据是否亦属于排除保护范围之内的关键。需说明的是，在我国现行有效的《著作权法》中，第二类规定的是“时事新闻”，但由于新闻类作品的保护与此存在冲突[①]，特别是数据类新闻作品很容易被错误归入“事实新闻”范畴而无法得到保护[②]，于是2020年11月全国人大公布的《著作权法(2020修正)》中将之修改为了“单纯事实消息”。从这一修改中可见，著作权法真正拟排除保护的是完全属于大自然或社会中未经个性化加工的事实，因为这些原本就应该属于公共利益范畴，不应该也不需要借助著作权制度的激励来实现某个主体的私有化。对于数据而言，亦应如此，对于自然形成的数据或者原本属于公共状态的数据，则不应纳入专有权的保护范围，但所形成之数据附加了人力和物力等投入且不属于国家或政府意志的体现，那么则不应当属于著作权法排除保护的领域。

既然数据并不绝对属于著作权法排除保护的领域，那么接下来数据需要接受的另一项考验即是，数据是否满足作品的基本构成要件，进而可以成为著作权法的调整对象。根据《著作权法(2020修正)》的规定，著作权法意义上的作品是指，“文学、艺术和科学领域内具有独创性并能以一定形式表现的诸如文字作品、口述作品、视听作品、计算机软件等智力成果。”[③]由此可见，作品的判定既需要满足形式要件，也需要满足实质性的要件，对于前者，形式的要件即是“文学、艺术和科学领域内”这一范围限定，但本书所探讨之数据问题几乎不可能绕开这三个领域范围内，所以形式要件不是问题关键。对于后者，实质要件的要求则需满足（1）独创性;（2）能以一定形式表现，其中第（2）项即是“可复制性”的指代，基于前文关于数据“可复制性”和“可传递性”的论证分析，数据显然符合这一要件。那么关键的核心问题则在于对“独创性”要件的判断。独创性要件一直是

① 参见张平、徐美玲:《新闻类作品著作权法律保护研究》，载《西北大学学报(哲学社会科学版)》2018年第1期，第88–94页。

② 参见翟红蕾、陈心怡、黄子吟:《数据新闻作品版权辨析》，载《新闻前哨》2017年第2期，第12–15页；以及文杰:《数据新闻作品使用数据的著作权法规制——兼谈〈著作权法(修订草案送审稿)〉的相关规定》，载《中国出版》2019年第15期，第45–46页。

③《中华人民共和国著作权法(2020修正)》第3条。

著作权法中的精髓所在，也是最难以判定的一个点。对于“独创性”这一构成要件，又可进一步解构为“独”和“创”两部分。“独”即要求创作过程应是作者独立运用自己独特的手法和习惯将其思想、情感和认识表达出来，而非是抄袭他人的已有表达。对于数据而言，自然人或者法人独立的采集加工数据必然不成问题，但一个潜在存在的疑问可能是，如何判断数据主体针对相同的数据来源形成的数据成果是否满足“独立”的要求。本书认为，这点并不冲突，与传统作品的创作类似，著作权法并不反对各自相互独立创作的行为，真正需要规制的是“抄袭他人的已有表达”的行为，而这一点的判断可以通过“接触 + 实质性相似”要件来确定。

关于“独创性”要件中“创”的部分，即是要求“创”的程度需要达到最低限度的创作性要求。至于“创”之程度的底线或是高低，各法系所持态度不一，但无论是“额头出汗”[①]还是“一枚硬币厚度”，“创”之程度的判断其实都是蛮具有主观性和抽象性的界定，无法做到 100% 的量化，且不同类型作品或者不同案件中的判定均会有所差异，而此时“劳动价值理论”则成为了辅助判断的参照依据，在“劳动价值理论”看来，世界万物的一切均由生活于之上的所有人共同享有，每个独立个体就其自身享有自然赋予的权利，因而每个人借由其自身劳动对改造世界过程中形成的成果，也应由该劳动者享有相应的财产权。但为了避免私有产权的“霸占”，导致“反公地悲剧”产生，权利取得的一个前提条件是，需要给其他人剩余出同等数量和样态的空间，从而确保共有部分不会被过度私有化而消失殆尽。[②]基于这一理论来分析数据，对于经过采集、加工、清洗、处理等一套工序后形成的数据，不可否认，其中必定存在人力、智力、精力和物力等投入。然而，关键的问题可能在于个对人数据部分“创”的理解。在不少观点看来，个人数据虽然具有财产性属性，但实则难以满足“创”的门槛。但本书并不如此认为，因为单个个人数据所蕴含的价值，实则都是每个个体多年来辛勤耕耘的结果，人们自出生便开始有意或无意地培育了自身的个性化数据。名人与普通人、甲与乙之间所附信息之所以存在差异且在一定情

① See *Feist Publications, Inc. v. Rural Telephone Service Co*, 499 U. S. 340, 1991.

② Peter Drahos, *A Philosophy of Intellectual Property*, Aldershot: Ashgate Publishing Company, 1996, p.43.

况下对标着不同的市场“价格”，实则在于各自劳动之付出路径和大小存在差异，因而对个人数据的“创”的肯定，也是对人们长期以来辛苦劳作的成果的肯定。此外，现有知识产权制度中也并非仅保护独创性的智力成果，也同时保护传播者和投资者的利益。

综上所言，数据在满足一定条件的情况下，能够满足“作品”的基础构成要件，具备成为著作权法保护对象的可能。

4.3.2 著作权制度的适用与潜在挑战

一般而言，在数据相关的项目中存在两个组成部分，一个是采集、组装或生成的数据，可以看作是项目中的原始内容，例如个人年龄、声音记录等；而另一个则是储存和管理数据的数据系统，通常二者不会分开，但在讨论知识产权问题的，则需要注意到二者的区别。[①] 此处所指的数据系统，即是“数据库”，是指通过一种有规则的、有次序的排列和管理方式将数据汇聚起来的集合，根据特定的指令输入，该集合内部会进行快速的检索，从而高效地输出指令对应的需求数据。对于数据库的保护，在现有的著作权制度中，主要存在两类保护模式，一类是针对具备独创性的，而另一类是针对不满足独创性要求的。

对于满足独创性要求的数据库，可以作为“汇编作品”获得相应保护。在国际层面，《保护文学和艺术作品伯尔尼公约》以下简称（《伯尔尼公约》）（Berne Convention for the Protection of Literary and Artistic Works）较早就对数据的著作权保护问题作出了回应。《伯尔尼公约》第 2 条第 5 款规定“通过‘选择’或‘编排’方式且以计算机储存形式所固定的数据及数据库可作为‘汇编作品’进行保护。”[②]《与贸易有关的知识产权协议》（Agreement on Trade-Related Aspects of Intellectual Property Rights）第 10 条第 2 款则规定：“数据或其他材料的汇编，无论是采用机器可读的方式或者其他方式，只要其内容的

---

① Research Data Management Service Group of Cornell University, *Introduction to Intellectual Property Rights in Data Management*, Available at https://data.research.cornell.edu/content/intellectual-property, Last accessed on April 7, 2024.

② See 16. *Berne Convention for the Protection of Literary and Artistic Works*, Available at https://wipolex.wipo.int/en/text/283693, Last accessed on April 7, 2024.

选取或编排构成了智力创造，则应给予保护。”[①]《世界知识产权组织著作权条约》（World Intellectual Property Organization Copyright Treaty，WCT）第 5 条规定：“数据或其他资料汇编，无论采取何种形式，只要内容的选择或编排构成智力创作，即受保护。”[②] 从以上国际条约可见，在内容上的选取或编排上具备独创性的数据库，已明确可以作为一类“汇编作品”受到保护。

《欧盟数据保护指令》（the EU Directive 95/46/EC）第 3 条第 1 款也规定，如果某一数据库在制作过程中体现出了选择或者编排等方面的创造性，则可以作为“汇编作品”予以保护。美国 1999 年的《消费者和投资者信息获取法》（The Consumer and Investor Access to Information Act of 1999）也对数据库的相关问题作出了规定。然而，与欧盟的“赋权模式”不同的是，美国对数据库的保护采取的是“行为规制”的模式，即数据库持有人之外的其他人如果不当挪用了数据库中的内容，给持有人造成了经济上的损失，则需要承担赔偿责任。这一模式建立在著名的“信息泄露理论”和“盗用理论”之上，这两个理论最初产生于证券市场中对内幕交易的规制，后逐渐延伸适用于其他领域。美国没有直接对数据库赋予诸如著作权的权利样态，而是将数据库视为市场经营过程中的一类“原料”，市场主体基于这一“原料”相关的行为受到法律的关注，如若该行为是非法的或者不正当的，则会招致法律的否定性评价。此外，该法也参考了《著作权法》中“合理使用”的规则设计，为数据库和信息的获取行为规定了一系列的例外情形。[③] 在我国，对作品或者若干作品的片段通过选择或者编排汇集而成的新作品，亦可作为“汇编作品”获得著作权法的保护，且我国《著作权法(2020 修正)》规定，即便汇编不构成作品的数据或者其他材料，但对其内容的选择或者编排体现独创性，仍然可以认定为汇编作品。同时还规定了对汇编作品著作权的行使，不得侵犯原作品的著作权。这也表明，其实我国已经对数据的保护打开了一个口子。

---

① See 10.2 of *TRIPS*, Available at http://sms.mofcom.gov.cn/article/wtofile/201703/20170302538505.shtml, Last accessed on April 7, 2024.

② See *WIPO Copyright Treaty* (WCT), Available at https://wipolex.wipo.int/en/text/295161, Last accessed on April 7, 2024.

③ 参见李想:《数据库的知识产权保护范式研究》，载《政法学刊》2020 年第 4 期，第 55 页。

对于不满足独创性要求的数据库，《WIPO 数据库公约草案》（以下简称《草案》）曾提供了保护的路径，该《草案》第 1 条首先对数据库的保护范围作出了规定，重点强调了“实质性投入”的要件要求。第 2 条则对“数据库的作者”进行了规定。[①] 该《草案》在保护非独创性数据库的进程上迈出了重要的一步，但遗憾的是，由于当时的国际环境以及《草案》的过度保护倾向对很多发展中国家不利，《草案》最终没有达成一致，也没有正式通过。《欧盟数据库保护指令》（以下简称《指令》）为不满足独创性构成要件的数据库单独设立了一项特殊权利（sui generis right），这项权利为那些因为无法满足著作权“门槛”要件的数据库提供了独立的财产权保护，但获得特殊权利保护的一个首要基本条件是“实质性投入”，即虽不要求数据库具备“创”的体现，但在数据库形成过程中需要达到一定程度的投入，包括人力、物力、精力、时间、成本等等的大量输入，因为正是“实质性投入”使得非独创性数据库获得了法律关注和保护的可能，也是赋予特殊权利保护的基本考量。正如欧盟法院所指出的，这项特殊权利的设置，并不是致力于促进新数据的产生，而完全在于鼓励和肯定实质性的投资。[②]《指令》为非独创性数据库提供了一种特殊的排他性权利保护，赋予权利人拥有禁止他人未经许可使用此类数据库的权利[③]，同时也有通过许可或转让等方式来主动利用此类数据库的权利。非独创性数据库的保护期限为 15 年。[④] 由此，即便数据的选择和编排达不到独创性的要求，只要存在实质性的投入，仍然存在获得法律之上肯定性认可的可能性。

在小数据时代，数据在著作权法视野中主要以数据库的样态出现，如果数据库满足独创性要求，即可作为汇编作品获得著作权保护，但若不具备独创性要求，只要有实质性的人力、智力、精力和物力等投入，欧盟法

① See WIPO-ESCWA ARAB Regional Conference on Intellectual Property and Electronic Commerce, *Protection Of Databases*, Beirut, May 7 and 8, 2003.

② See *British Horseracing Board v. William Hill Organization*, case C-203/02, ECJ 9 November 2004, ECR [2004] I-10415.

③ Directive No. 96/9/EC of the European Parliament and of the Council, of 11 March 1996 on the legal protection of databases [EB/OL].

④ 参见 [澳] 马克·戴维森:《数据库的法律保护》，朱理译，北京大学出版社 2007 年版，第 51 页。

律亦提供了非独创性数据库的特殊权利保护。然而，到了大数据时代，数据库的体量、储存和管理方式、社会价值等方面均发生了变化。[①] 如果说传统的数据库类似“闭源”的方式在运行，那么现在的大数据或云数据更似“开源”模式的存在。在这一背景下，数据集是否仍然可以作为具备独创性的汇编作品予以保护则受到了考验。例如，有学者指出，在大数据时代，海量数据的收集不再注重以某种独创性的方式来进行选择或者编排，而是更加关注数据的“数量”和“质量”。因此，这就可能产生一个悖论：当数据集合的体量级别越高的时候，数据汇集过程中的“选择”或者“编排”的空间就越有限，那么著作权法下所要求的“创”的部分也就更弱。[②]

对此，本书认为，在大数据时代，既包括所谓小数据时代的传统数据库，也包括新出现的云数据库等，数据主体在采集和处理数据过程中不可否认都是投入了自身个性化的考虑和安排。例如，需要采集哪些数据、通过何种手段采集，以及在数据处理过程中选取哪些维度进行加工分析，这些均为“创”的体现，只是高低有所不同而已。再者说，投入了巨大成本形成的数据集，尽管不具备独创性，也不意味着这些数据库不具备商业价值和社会价值，其巨大成本的投入亦应当获得法律的肯定，例如欧盟对非独创性数据库提供的特殊权利保护。但是，在我国，目前还未采用和纳入这一保护模式。因此，在我国，对于数据的著作权制度适用，关键的症结和挑战则在于对那些不满足独创性要求的数据库或数据集，如何恰当地提供法律保护。

4.3.3 著作权制度适用之障碍突破

基于前文的分析，对于我国数据的著作权制度保护所可能存在的挑战和障碍，本书认为，可以从以下几个方案中尝试进行突破：

（1）放宽汇编作品独创性认定门槛或者在著作权法基础上增设数据特别权利保护。从前文的分析可见，如果适度放宽汇编作品的独创性门槛认

① 参见王德夫：《知识产权视野下的大数据》，社会科学文献出版社 2018 年 7 月版，第 52–55 页。

② 参见彭敏：《“大数据”时代的知识产权法保护》，载《传播与版权》2016 年第 6 期，第 178–180 页。

定，将之涵盖既包括有很强独创性汇聚的数据集，也包括投入了很大成本但独创性色彩却没有那么浓厚的数据集，是可以考虑的一个方案。然而，质疑论者不免会顾虑，这可能导致的一个结果即是，著作权的保护门槛会受到影响。但本书认为，在著作权制度中，并非所有的作品类型均是一刀切的适用同一水平线的独创性认定标准，而是根据不同作品类型的特性和实际情况在司法实践中具体判定。因此，针对数据这一特殊类型适当进行灵活的调整也未必不可。例如，在日本，数据库就被视作一类独立的作品类型受到著作权法的保护，且对于“创造性”的要求亦没作额外的特殊要求，可以说大多数数据库都是可以归入著作权法的保护范畴的。[①] 此外，亦可考虑参照欧盟对非独创性数据库赋予的特殊权利保护的方式，基于当前数据发展的情况，在著作权法的体系下增设数据特别权利保护，以弥补不构成独创性认定标准部分的缺憾。

（2）邻接权架构下增设“数据传播者权”或者“数据处理者权”。邻接权是指与著作权有关的权利，即作品传播者所享有的专有权利。作为一类与著作权相关的权益，邻接权与著作权的保护密不可分。作者在创作作品的过程中表达其思想和情感，而作品的传播则可以帮助作者实现其理念和想法的传达。在著作权制度中，保护与传播并重，因此，在某种意义上，保护邻接权其实就是保护著作权，没有邻接权的著作权体系是不完整的。邻接权的保护重点不在于对“独创性”的维护，而是希望通过保护作品传播过程中的投资、劳动付出等不满足独创性要求的投入，达到避免作品“静态沉默”，实现促进作品传播的目的。由此，对于那部分“有法律保护价值却无法满足独创性要求”的数据，邻接权提供了一个非常契合的路径。正如有学者所言，“以邻接权保护数据库从理论到实践都是契合的。”[②] 而在国外，德国、意大利、俄罗斯等国家也都存在采取邻接权模式来保护数据库的范例。例如，在德国，采取的就是“著作权 + 邻接权”的并行保护模式，即对满足著作权之作品保护要件的数据库，可适用著作权予以保护，而对于无法纳入到著作权保护范畴但却值得法律关注和保护的那部分

① See Copyright Research and Information Center, *Copyright Law of Japan*, Available at https://www.cric.or.jp/english/clj/doc/20200310.pdf, Last accessed on April 7, 2024.

② 参见林华:《大数据的法律保护》，载《电子知识产权》2014 年第 8 期，第 84 页。

数据，则通过邻接权的途径来赋予其财产权保护，“数据库制作者”相应享有控制其数据库全部或部分被复制、传播和再利用的权利[①]。后者所谓的值得法律保护的点主要在于类似欧盟特殊数据库中关注的“实质性投入”，即虽然不满足“创”方面的要求，但鉴于其投入了巨大的时间、人力、物力和精力等成本，同时生成的成果对社会具有正向的价值和意义，那么这部分的“投资性利益”则是值得法律予以保护和鼓励的。[②]当前，我国邻接权制度中总计规定了图书、报刊的出版；表演；录音录像；广播电台、电视台播放四类邻接权类型，本书建议，不妨可以考虑增设一类“数据传播者权”或者“数据处理者权”，以实现非独创性部分的数据保护。

4.4 数据的商业秘密保护研析

关于商业秘密，我国尚不存在独立的专门立法，目前关于商业秘密的具体规定是放置于我国的《反不正当竞争法》中予以规定的。但一个很有意思的现象是，我国《民法典》123条却将商业秘密明确列为知识产权之下的一类客体类型。由此也引发了关于商业秘密到底属于“权利”还是“其他受法律保护的利益”的争论，以及是否应当将商业秘密纳入知识产权法的体系范畴。本书将商业秘密放置于本部分予以讨论，一方面是基于《民法典》当前的处理安排，另一方面是从研究的角度而言，商业秘密一直与知识产权存在着紧密的联系，且这一问题的争议并不影响本部分相关问题的讨论。因此，针对这一争议，本书暂不展开讨论，仅重点关注商业秘密制度体系下数据保护相关问题的探讨。

4.4.1 数据的可商业秘密性分析

根据现行《反不正当竞争法》第9条的规定，商业秘密是指“不为公

---

①《德意志联邦共和国著作权与邻接权法》(gesetz u ber urheberrecht und verwandte schutzrechte）在第二编“邻接权”（verwandte schutzrechte）第六章中规定了“对数据库制作者的保护”(schutz des datenbankherstellers)，See *Act on Copyright and Related Rights*，https://www.gesetze-im-internet.de/englisch_urhg/englisch_urhg.html, last accessed on April 7, 2024.

② 参见曹艺潇：《非原创性数据库保护的立法现状分析》，载《湖南人文科技学院学报》2007年第2期，第51页。

众所知悉、具有商业价值并经权利人采取相应保密措施的技术信息、经营信息等商业信息。”由此定义可推导出，拟判定数据是否构成商业秘密，需要满足以下几项构成要件：

（1）秘密性：即要求拟请求商业秘密保护的对象是不是所属领域的相关人员所普遍知悉和容易获得的。通常而言，如果拟请求保护的对象属于能够从公开路径或者轻而易举便可以获得的信息，或者属于所在行业的常识类信息或惯例的，则不满足“不为公众所知悉”这一要件。[①]对于个人数据而言，秘密性这一要件不难理解，因为每个人的数据天然就应该是处于秘密状态的，除非经得数据主体的同意或者采取了一些非法的技术或其他手段，否则是不应被轻易获取的。而对于个人数据之外的其他数据，数据主体花费巨大成本收集来后一般情况下都会采取技术措施来予以自我保护，因为这些数据对于数据主体而言具备极大的商业价值，不会轻易公布出去。对于数据的秘密性，目前唯一存在的一项质疑是，认为对于数据集而言，数据的采集来源大多都来自处于公共状态的信息或者数据，那么将这些原本就已经公开且属于公有领域的信息收集起来还仍然认定其满足秘密性要件，是不合理的。[②]对此，本书认为，首先，数据的获取来源并非都是公共领域的信息，还有诸如个人数据，或者由其他私主体控制的数据，而这些数据或信息却都不是处于公共状态的。其次，即便是所采集的数据来源主要源于公有领域，也不意味着采集后由数据主体控制的数据集就失去了秘密性，因为秘密性强调的是拟请求商业秘密保护的对象的一种秘密的状态，而非关注此对象的内部构成情况。因此，只要数据主体对所持有的数据采取非本领域相关人员轻易能破获的措施予以保护，那么就应当认定“秘密

① 参见《最高人民法院关于审理侵犯商业秘密民事案件适用法律若干问题的规定》第4条：“具有下列情形之一的，人民法院可以认定有关信息为公众所知悉：（一）该信息在所属领域属于一般常识或者行业惯例的；（二）该信息仅涉及产品的尺寸、结构、材料、部件的简单组合等内容，所属领域的相关人员通过观察上市产品即可直接获得的；（三）该信息已经在公开出版物或者其他媒体上公开披露的；（四）该信息已通过公开的报告会、展览等方式公开的；（五）所属领域的相关人员从其他公开渠道可以获得该信息的。将为公众所知悉的信息进行整理、改进、加工后形成的新信息，符合本规定第三条规定的，应当认定该新信息不为公众所知悉。”

② 参见芮文彪、李国泉、杨馥宇：《数据信息的知识产权保护模式探析》，载《电子知识产权》2015年第4期，第97页。

性”要件的满足。

（2）价值性：商业秘密的价值是指能够为商业秘密持有主体带来经济利益和产生其他商业回报。例如，如果一项技术或信息能够使得企业节省开支、降低成本、提高产品质量或者能够为企业创造利润、增强企业的竞争优势，那么该技术或信息就是具有价值性的。此处所言的价值，既包括现实存在的价值，也包括预期可见的价值，例如如果一项技术或信息能够吸引来潜在投资者的投资，那么也是具备价值性的。需要注意的是，此处的价值是被明确限定在“商业价值”的范畴内容，因而其他的诸如精神价值等其他维度的价值则无法满足此处的构成要件要求。对于商业价值的判断，研发周期、成本、市场认可度、实际或者潜在利润等等要素均可以用以综合考虑。[①] 对于数据而言，其商业价值性更是不必赘述，无论是个人数据还是个人数据之外的其他数据，其本身就具备财产属性，且从当前数据要素的定位、企业竞争的态势便可见，数据在“价值性”这一构成要件的认定上不存在障碍。

（3）保密性：保密性是指商业秘密持有人对其商业信息所采取的合理的保密措施。保密性同时要求满足主观要件和客观要件，首先，商业持有人需要表现出主观保密的意愿，一般而言，此等商业信息的价值性越高，持有人的保密意愿也更加强烈。其次，在客观要件方面，持有人需要实际采取的保密措施，此等保密措施应当与商业信息的价值性相匹配，且非同领域相关人员在“毫不费力”的情况下便可攻破。一般情况下，签订保密协议、采取隔离、加密、封存等方式，均可认定为合理的保密措施。当然，在小数据时代，数据库一般均设置了账号和密码，需输入正确的方可进行访问，而在大数据时代，数据库储存形态变成了云端，但仍然有账号密码的门槛设置。虽然在当前的数据时代，随着技术的不断突进，保密措施常可能被攻击和突破，存在极大数据泄露的风险，但这并不表明数据就丧失了保密性。在法律的认定上，如果持有人主观上仍然具备保密的意识，且客观也实际采取了合理的保密措施，即应该认定满足保密性的要件，至于

① 参见《最高人民法院关于审理侵犯商业秘密民事案件适用法律若干问题的规定》第 19 条第 2 款：“人民法院认定前款所称的商业价值，应当考虑研究开发成本、实施该项商业秘密的收益、可得利益、可保持竞争优势的时间等因素。”

此处"合理"的界定则需要具体情况具体分析。

以上分析了商业秘密的基础构成要件，可以显见的是，数据具备满足相应要求的可能性和基础。此外，在立法层面中，关于技术信息、经营信息等商业信息认定，根据2020年9月12日起正式实施的《最高人民法院关于审理侵犯商业秘密民事案件适用法律若干问题的规定》第1条的规定，与技术有关的结构、原料、组分、配方、材料、样品、样式、植物新品种繁殖材料、工艺、方法或其步骤、算法、数据、计算机程序及其有关文档等信息，可以认定构成《反不正当竞争法》第9条第4款所称的技术信息。与经营活动有关的创意、管理、销售、财务、计划、样本、招投标材料、客户信息、数据等信息，可以认定构成《反不正当竞争法》第9条第4款所称的经营信息。前款所称的客户信息，包括客户的名称、地址、联系方式以及交易习惯、意向、内容等信息。由此可见，在立法层面已然确立了数据的可商业秘密性。

4.4.2 数据商业秘密纠纷典型实例

在司法实践中，也出现过多起数据相关的侵害商业秘密的纠纷，本书选取三起典型案例进行分析，以窥见司法实践对于数据可商业秘密性的认定规则，以及商业秘密制度在数据要素市场化配置过程中所发挥的效能。

（1）杭州某科技有限公司与汪某侵害商业秘密纠纷案[①]

杭州某科技有限公司（即"原告"）旗下经营两款直播平台，平台主播获得用户打赏礼物兑换现金后按照约定比例向公司分成收益。公司在打赏环节设置中奖程序，将特定比例的打赏金额归入奖池，在一定礼物赠送周期内，根据后台配置，由程序算法随机生成中奖礼物个数索引，用户有机会从奖池中获得其所打赏礼物价款的一定倍数返还金额作为中奖奖励。汪某（即"被告"）系原告公司前运营总监，双方签订保密协议。汪某在职期间，利用自身账号权限，登录查看、分析后台数据，掌握中奖率高的时间点，通过关联多账号进行刷奖，获得平台高额奖金；汪某离职以后入职相

① 杭州某科技有限公司与汪某侵害商业秘密纠纷案，杭州铁路运输法院一审民事判决书（2021）浙8601民初609号；浙江省杭州市中级人民法院二审民事判决书（2021）浙01民终11274号。

同行业的另一平台公司，在自身账号已被注销的情形下，仍通过获取原告公司员工胡某账号的方式，继续登录后台进行刷奖，汪某持续一年多时间多次登录实施被诉行为，通过数十名主播提现，其在笔录中自述以此获利 200 余万元。原告诉称，汪某上述行为侵犯商业秘密，导致平台其他注册用户基本无法获取中奖奖励，平台的注册用户充值大幅减少、用户流失，情节恶劣，应适用惩罚性赔偿，请求判决汪某赔偿损失 390 万元。

本案所涉及的关键争议焦点在于权限账号中的实时数据是否属于商业秘密。对此，杭州铁路运输法院认为，本案直播打赏数据构成反不正当竞争法意义上的商业秘密。该院于 2021 年 10 月 25 日判决：汪某赔偿原告经济损失 300 万元。汪某不服，向浙江省杭州市中级人民法院提出上诉。浙江省杭州市中级人民法院认为，原告主张的后台实时数据遵循用户的打赏行为实时产生、实时变动，须在后台登录相应权限账号方得查看，原告对其采取签订保密协议等一系列措施进行保护，这些数据具有还原打赏场景、归纳中奖规律的现实价值，还具备预测用户行为、审视经营策略的深层潜在价值，构成商业秘密，且汪某实施了侵犯商业秘密的行为。因此，该院于 2022 年 3 月 29 日判决：驳回上诉，维持原判。

本案系浙江法院数字经济知识产权保护十大典型案件之一，也是法院适用商业秘密条款保护数据的典型案例。在本案中，法院针对数据分别在秘密性、保密性、价值性三要件上的特征进行认定，明确了企业后台用户行为数据的权益基础和保护方式，为商业秘密路径保护数据提供了实践样本。此外，本案还动用了惩罚性赔偿条款，不仅保护了商业数据持有者的权益，规范直播行业生态，同时也为数据要素市场配置的基础性制度需求提供了司法实践和学术研究供给。

（2）全国首例以商业秘密方式保护石油数据案[①]

本案原告为：A 有限公司与 B 科技（北京）有限公司；被告为：翟某、C 软件科技股份有限公司与北京 D 数据有限公司。A 公司于 2000 年初创建名称为“油气勘探开发类比决策专家知识库系统”（简称“DAKS 系统”），DAKS 系统运营至今具有较高的知名度；A 控股有限公司为 A 公司和 A（香

---

① 翟某等与某有限公司等侵害技术秘密纠纷案，北京知识产权法院一审民事判决书（2019）京 73 民初 709 号；最高人民法院二审民事判决书（2022）最高法知民终 901 号。

港）公司的股东，B 公司为碳酸盐香港公司的全资子公司，A 公司和 B 公司为关联公司；A 公司授权 B 公司使用 DAKS 系统，当 DAKS 系统相关知识产权被他人侵害时，B 公司有权提起诉讼。A 公司、B 公司在本案主张的商业秘密为 DAKS 系统软件中的相关技术参数及工程数据（简称“涉案技术信息”），其中秘点 1 为“包含 1339 个油气藏数据的 DAKS 系统数据库中，用于定义油气藏属性信息的 474 个技术参数（数据库字段）”；秘点 2 为“包含 1339 个油气藏数据的 DAKS 知识系统数据库中，用于定义各油气藏属性信息的 474 个技术参数（数据库字段）及其对应的工程数据”。A 公司、B 公司对秘点 1 和秘点 2 进行了非公知性鉴定，并对 DAKS 系统采取了一系列保密措施，DAKS 系统给 A 公司、B 公司带来了商业利益，具有商业价值。因此，涉案技术信息构成商业秘密。翟某于 2009 年至 2012 年在 B 公司任职，离职后创建了包含与涉案技术信息实质相同之被诉侵权信息的 IRBS 系统软件。2017 年 8 月，翟某将 IRBS 系统软件转让给 C 公司，转让价款为 350.72 万元。C 公司在金正方公司的网站运营该系统，D 公司系 C 公司的全资子公司。因此，翟某、C 公司、D 公司构成对 A 公司、B 公司涉案商业秘密的共同侵权，依法应承担连带赔偿责任。

北京知识产权法院经审理，支持了原告以商业秘密保护石油数据的主张，并责令被告停止使用、允许他人使用涉案技术信息，并赔偿了原告的经济损失。但被告不服，向最高人民法院提起上诉。最高人民法院经核查，认为本案所涉争议焦点包括：1. A 公司、B 公司是否为本案适格起诉主体，涉案技术信息是否构成商业秘密；2. 翟某、C 公司、D 公司是否实施了侵害涉案商业秘密的行为；3. 一审法院关于赔偿数额的确定是否适当。其中，对于涉案技术信息是否构成商业秘密，最高人民法院指出，构成商业秘密的技术信息或经营信息须同时满足秘密性（不为公众所知悉）、价值性（具有商业价值）、保密性（权利人采取保密措施）三个构成要件。经审理，本案涉案技术信息分别满足秘密性、价值性和保密性的要求。最终，最高人民法院于 2023 年 12 月 4 日作出二审裁判结果：驳回上诉，维持原判。

本案系全国首例将石油数据作为技术秘密进行保护的案件，不仅反映了法律对于新兴市场趋势的响应，也标志着法律在数据保护领域的重要进展。在本案之前，石油数据的法律属性和保护方式在司法实践中尚无明确的先例。在本案中，法院详细解剖了商业秘密的构成要件，并细致比对了本案所涉的技术秘密信息，阐释了石油数据商业秘密的认定规则，确认了将石油数据作为商业秘密来保护的可能性和合法性，为此类数据和类似案件提供了法律保护的新路径，开创了数据保护领域的一个新篇章，推动了数据法律保护实践的新进展。

（3）全国首例认定数据交易买受人侵犯商业秘密案①

重庆光某摩托车制造有限公司（简称“原告”）致力于摩托车的生产、设计和销售，出口摩托车的相关商业信息不仅记录了各型号摩托车的单价、数量、销售国家，还详细地记录了目的地经销商名称、成交方式、运输方式等内容，系原告在特定市场的商业信息，该商业信息不为所属领域的相关人员普遍知晓或容易获得，具有未公开性，且原告对其商业秘密已经采取了相应保密措施。该商业信息在生产经营中具有价值性，能为原告带来现实及潜在的商业价值和竞争优势，对这些信息的了解和掌握有助于在市场交易中取得竞争的主动权。故原告出口摩托车相关商业信息构成原告的商业秘密。

广州三某摩托车有限公司（简称“被告”）于2019年和北京某某科技有限公司签订《数据服务协议》，约定北京某某科技有限公司给被告提供出口数据。而这些出口数据是原告的商业秘密，不能通过公开或合法途径获取，被告采取不正当方式进行了获取。被告于2019年12月10日在重庆市第五中级人民法院审理的案件中，使用并向重庆克某某机械制造有限公司披露了原告的出口数据。后被告又于2021年4月9日在重庆市第一中级人民法院使用披露了原告的出口数据。该数据详细披露了原告在2019年1月至7月期间的出口详细数据，也即原告的商业秘密信息。

原告向法院起诉，主张原告与被告同为摩托车生产销售商，具有多年的直接竞争关系，在摩托车出口市场上，被告掌握原告上述商业秘密，在市场竞争中对原告带来了严重影响，侵害了原告的商业秘密。因此，请求判令被告立即停止侵权，并赔偿光某公司经济损失300万元。然而，被告辩称，1. 原告在管辖权异议听证时主张的商业秘密信息是指原告在2019年1月–7月进行的摩托车出口销售信息，包括出口型号名称、数量、目的国、

① 重庆某宇摩托车制造有限公司与广州某雅摩托车有限公司侵害商业秘密纠纷案，重庆自由贸易试验区人民法院民事判决书（2022）渝0192民初8589号。

商品名称、品牌、单价、总价、运输方式、排量、出口海关，其他信息原告在管辖权异议听证阶段没有主张。2. 原告主张的诸多信息属于行业可公开的范围，绝大多数的数据属于公开数据，不属于商业秘密。3. 原告应明确商业秘密的每一项信息对其造成的相应的损失。

围绕原告的主张和被告的辩称，重庆自由贸易试验区人民法院开庭审理了本案，并指出本案的争议焦点包括如下几点：1. 原告主张的出口数据等经营信息是否构成商业秘密（秘密性、保密性、价值性）；2. 被告购买数据的行为是否侵害原告的商业秘密；3. 被告在庭审中举示原告涉案经营信息的行为是否侵害原告商业秘密；4. 若侵权成立，被告应如何承担民事责任。其中，对于第一个争议焦点，法院认为，本案原告针对某目的国出口某款摩托车（品牌、排量、型号）对应的数量、单价组合信息足以体现出口目的国的个性需求，展现出交易习惯、市场行情等情况，构成了特殊信息。涉案数据组合作为特殊信息，并非容易获得，而是原告经过长期出口经营活动取得的成果，系原告经过一定努力、付出一定代价而取得的。综上，原告涉案数据组合作为特殊信息具备商业秘密认定的秘密性要件，不属于领域内所普遍知悉和容易获得的商业信息。

最后，法院经审理判决，《数据安全法》第三十二条规定，任何组织、个人收集数据，应当采取合法、正当的方式，不得窃取或者以其他非法方式获取数据。数据交易中，买受人无法在合同订立时准确预知数据具体内容，也无从判断是否涉及他人商业秘密。但诉争两造为同业竞争主体，具有类似的外贸经营模式，三某公司在发现数据涉及竞争企业每次出口的具体品牌、型号、数量、单价等特殊组合信息时，必然知道数据信息涉及他人的商业秘密。重庆两江新区（自贸区）法院据此判决，数据交易买受人明知数据涉及他人的商业秘密仍予接收并使用的，应当与数据提供者承担共同侵权责任。遂判决三某公司停止侵犯商业秘密的行为，赔偿光某公司经济损失及合理维权费用合计 5 万元。

本案系重庆市高级人民法院于 2024 年 1 月 14 日发布的十起民营经济司法保护典型案例 (第十一批)，也是全国首例认定数据交易买受人侵犯商业秘密的案例。数据提供方根据数据买受人的要求采集、标注、加工数据后再向数据买受人提供相应的数据包、数据集、分析结果、数据应用等数据产品。原始数据的安全风险高且权属不明，容易引发争议、增加交易成本，数据交易当事人的权利义务边界难以划定。本案明晰了数据交易买受人侵犯商业秘密的认定规则之一，合理界定数据交易买受人的义务，对于加快构建数据权益保障制度，推动数字经济高质量发展具有示范意义。

4.4.3 商业秘密保护的优势与劣势

与著作权制度的保护相比较，商业秘密对数据的保护具有诸多**优势**。

第一，在保护门槛方面，只要数据能够满足“秘密性”“价值性”和“保密性”三个构成要件的基本要求，即可获得商业秘密的保护，而基于前文的分析可见，这一门槛较著作权的要求低很多，且数据很容易能够满足。

第二，商业秘密更依赖于持有人的保密意识和保密措施，更类似于“自力”救济保护模式中的自我保护，因而也赋予了数据主体更大的自主安排的空间，以及灵活处理数据内容的自由。

第三，与著作权赋权的保护模式相比，商业秘密更注重行为的规制模式，只要构成法律认定的侵犯行为，即需要承担相应责任，从而避免了数据权益类型、权益边界问题的困扰。此外，随着我国《反不正当竞争法》及其司法解释的修改，法律层面加强了商业秘密的保护力度，也为数据的商业秘密保护提供了更多便利。例如，在商业秘密的侵犯行为中新增“电子入侵”这一概念，使得“数据爬虫”等问题得以回应。在举证责任的承担方面，通常采取的是“谁主张谁举证”的责任模式，但新法的修改使得商业秘密持有人的举证负担得以大幅减轻，因为证明涉案信息是否满足商业秘密“三性”要求的责任，不再由原告一方来承担，而是倒置给了相对的另一方。在商业秘密侵犯的责任承担方面，新法在提高了法定赔偿数额的基础上，还引入了惩罚性赔偿。此外，行政责任、刑事责任等配套责任承担，使得商业秘密的保护力度更强，也更全面。

尽管数据具有可商业秘密性，适用商业制度来保护数据也具有诸多优势，但是新事物的产生和应用总不可能是尽善尽美的，在针对数据适用商业秘密的过程中，仍存在一些潜在的障碍或担忧。

首先，关于商业秘密的“三性”。在秘密性和保密性上可能存在的担忧是：数据在这两个构成要件上的认定标准可能存在极大的不确定性，数据主体可能无法预见需要做到何种程度才算满足。此外，也有观点认为对海量的数据采取保密措施，对数据主体而言会是很大的负担。**其次**，关于反向工程的担忧。反向工程，又称为“逆向工程”，是指通过对从公开途径获得的目标产品进行逆向的研究，并分析出目标产品的设计原理、功能、规格等核心要素，从而进行产品还原或者改进创新。根据《反不正当竞争法》的规定，如果当事人能够证明涉案产品是通过自己完全独立研发的或者采取反向工程的方式获得的，则不属于不正当竞争行为。[①] 因而，有担忧表示这并不利于数据的保护，因为反向工程中很大可能导致数据泄露或者隐私受到侵害。**再次**，商业秘密重在将数据放置在保密的状态下予以开发和利用，持有人之外的第三人一般很难获取，因而也就引发了“数据孤岛”或“数据垄断”的担忧，认为将数据作为商业秘密保护起来，跟数据流通的目标是相悖的，因为商业秘密鼓励数据主体将数据“藏”起来，这潜在也鼓励了“数据垄断”的现象。**再其次**，数据商业秘密保护的执行成本可能并不低。对于数据而言，通常可采取的保密措施如签署保密协议、采取技术手段等，但因为数据的非物质性和所涉利益主体多元性，数据“秘点”的确定以及相关主体保密义务的落实，均会产生很高的执行成本。**最后**，也有观点认为，“数据的商业秘密定位可能导致保护不足，因为即使是作为商业秘密被纳入到知识产权当中，然而，商业秘密实质并非‘权利’，而是一类‘法益’，因为商业秘密制度实质上是维护正当自由的市场交易环境秩序，并未赋予它相应专属权。法益较之于权利而言，仅能提供薄弱的保护，体现着权益区分下立法的梯次保护、司法救济性质消极的保护、法律解释层面缩限的保护倾向。”[②] 因此，商业秘密对数据的保护也仅是一种消极的被动保护。

---

① 参见《最高人民法院关于审理不正当竞争民事案件应用法律若干问题的解释(2020修正)》第12条：“通过自行开发研制或者反向工程等方式获得的商业秘密，不认定为反不正当竞争法第十条第（一）、（二）项规定的侵犯商业秘密行为。前款所称‘反向工程’，是指通过技术手段对从公开渠道取得的产品进行拆卸、测绘、分析等而获得该产品的有关技术信息。当事人以不正当手段知悉了他人的商业秘密之后，又以反向工程为由主张获取行为合法的，不予支持。”

② 参见陈岳莎、刘秀红：《企业数据适用知识产权保护的局限及其突破》，载《法制博览》2019年第23期，第248页。

4.4.4 商业秘密保护的障碍突围

针对数据商业秘密保护中可能存在的障碍或挑战，本书认为，以下几个方面或许有助于化解潜在的冲突：

第一，关于商业秘密的“三性”。本书认为，在数据这一问题上，“三性”构成要件中的相关条件认定可以适当赋予更灵活的理解和解释，以便于数据可以更顺利地被纳入商业秘密的保护范畴。例如，对于“保密性”中保密措施的保密程度的界定，则可以根据实践中各行业的具体情况梳理出本领域相关技术人员予以认定或基本能够达成共识的最佳实践，以便数据主体能够有相应标准进行参考。此外，对技术措施的采用，应当是法律维度的认定，而非纯技术维度的100%实现。以数据脱敏和去识别化为例，尽管保密的技术在不断更新和升级，但破解的技术也在同步更新。因此，应当基于数据主体的主观保密意识，结合客观可及的保密措施情况来予以判断。

第二，建议我国《反不正当竞争法》适时考虑引入“不当侵占”或“盗用”（Misappropriation）的条款设置，为那些虽不符合商业秘密保护条件，但实际的确投入大量资金或劳动，且具备竞争优势的数据提供保护的可能性。

第三，关于“反向工程”，应当注意区分恶意“反向工程”以及以不正当手段进行“反向工程”的情况，以避免侵害者以反向工程为名，变相行技术破坏之实。

第四，关于“数据孤岛”的问题，将数据借助商业秘密制度予以保护，并不等于鼓励数据进行“沉睡”，商业秘密保护的实质是禁止数据以“电子入侵”等不正当手段或者违反保密义务的方式被第三人获取。数据主体仍然可以在商业秘密的保护状态下自主进行数据的开发利用，甚至与合作伙伴共享或交换数据，只要签署好保密协议即可。因而，“数据孤岛”的问题并不是数据保护会必然产生的后果。此外，关于“数据垄断”的问题亦是如此，而且如果真的达到了垄断的水平，至少会招致反垄断法的否定性评价，因而“数据垄断”也并非商业秘密制度所鼓励的。

第五，数据相关的商业秘密纠纷案件，因涉案对象本身的隐秘性，往往在“三性”的构成要件以及侵害行为的认定方面存在很大困难，对于此类案件，需要借助智能科技的前沿技术来辅助认定，因此打造智能技术护航的商业秘密保护平台具备必要性。例如，2023 年 4 月，江苏省司法厅联合江苏省市场监督管理局、江苏省知识产权局印发《关于推广数据知识产权和商业秘密在线保护公证服务的通知》，积极推广在线公证办理，加强知识产权全链条保护法律服务，全力推动经济运行率先整体好转。这一实践操作科学、规范的推进商业秘密的在线保护，也有助于打造市场化、法治化和国际化一流的营商环境。

4.5 本章小结

本书上一章节引入了知识产权制度在保护数据方面的优越性，本章紧接着开始讨论的数据是否、应否、可否以及如何适用知识产权制度。带着这一问题，本章首先对数据的可知识产权性进行了应然层面的分析。通过将数据与现有知识产权保护对象进行细致的比较可见，基于“本质信息论”，二者的本质是同一的，且数据与知识产权的核心属性也是高度一致的，包括非物质性、可复制性、稀缺性、非损耗性、非互斥性、传递性、累积性、地域性、时间性、人身与财产双重性等等。此外，从知识产权制度的历史发展轨迹、制度设计目标、法律定位与核心关注等方面来看，均与数据的时代属性非常匹配。尤其是知识产权制度“向新而生、应新而去与顺势而为”的制度功能，使得知识产权制度对社会发展过程中的新问题回应度最为敏锐。此外知识产权制度中对创新与竞争的激励机制，以及多方利益的平衡机制，均能对数据相关问题的解决发挥直接或间接的作用。

本章针对现有研究中的实际或者潜在质疑予以了回应，认为质疑论者们的理论并非“无懈可击”，仍存在可商榷的空间。例如《民法典》中对于数据的定位选择和安排、数据可能导致知识产权体系混乱的主张、以及隐私保护和数据自由流通等担忧。在此基础之上，本书指出，知识产权制度的确无法完全解决数据相关的所有问题，但却不能由此将数据和知识产权彻底割裂开来，仍应当具体分析知识产权“应与不应”“能与不能”的边界范围，而非“一棍子”完全排除知识产权制度的适用。知识产权制度在数据保护这一问题上，仍然“大有可为”。知识产权制度不仅能为数据问题的解决提供现有规则的适用，也可以为数据保护的规则建设提供制度蓝本。

本章还进一步阐释了数据保护的具体知识产权制度运用。本章选取了知识产权制度中与数据联系最为紧密的两类客体类型，即著作权和商业秘密。针对数据的可著作权性，详细分析了数据是否可以构成著作权法所保护的作品。结论是，数据在满足一定条件的情况下，能够满足作品的基础构成要件，具备成为著作权法保护对象的可能。同时，也分析了数据保护的著作权制度适用中潜在面临的挑战，即非独创性部分数据的保护问题。针对潜在的挑战，本章也针对性地尝试给出可能的解决方案，例如放宽汇编作品独创性认定门槛、在著作权法基础上增设数据特别权利保护，或者在邻接权架构下增设“数据传播者权”。对于数据的商业秘密保护，本章首先分析了数据是否满足商业秘密“三性”的基本构成要件，认为数据具备满足相应要求的可能性和基础，且相关法律规定也已然将数据明确列为属于商业秘密范畴的商业信息。同时，本章还分析了适用商业秘密制度保护的优势及劣势，并针对潜在的障碍及担忧提出了障碍突围的可行性应对方案。

第五章　数据要素市场化配置的知识产权治理路径构想

5.1　基于信息产权的知识产权制度发展

5.1.1　知识产权与信息产权的异同

1984年，澳大利亚学者Michael D. Pendleton在其所著的《香港工业产权法和知识产权法（The Law of Industrial and Intellectual Property in Hongkong）》一书中首次提出了知识产权客体信息论的主张[①]，而后在2005年发表的文章中也再次强调了包括著作权、专利和商标在内的知识产权的客体对象应是信息。[②]自1984年"知识产权客体信息论"提出后，当时还是硕士研究生的刘春田教授于1987年就已经开启了信息与信息立法的探讨，同年郑成思教授在《计算机、软件与数据库的法律保护》一书对"信息产权"展开了论述，而后郑成思教授于1988年发表了《知识产权与信息产权》一文，对信息产权与知识产权的内涵和外延进行了分析。[③]此后围绕信息产权的创设以及与知识产权之间关系的研究也陆续展开。数据源自信息，是对信息的记录和描述，因而探讨数据的知识产权保护问题，自然也离不开信息产权的关注。信息产权与知识产权联系密切，但也存在些许差异。

---

① 参见赵海军:《基于产权的信息资源分类与信息确权理论建设》，载《图书与情报》2012年第4期，第89-97页；郑成思:《计算机、软件与数据的法律保护》，法律出版社1987年版；郑成思:《知识产权与信息产权》，载《工业产权》1988年第3期，第4-7页。

② See Michael D. Pendleton, *Balancing Competing Interests in Information Products: A Conceptual Rethink*, Information & Communications Technology Law, Vol. 14, No. 3, October 2005.

③ 参见刘春田:《信息与信息立法》，载《中国人民大学学报》1987年第4期，第82-83页。

关于知识产权与信息产权之间的联系，核心的连接点即在于前文已论述过的“本质信息论”，即主张知识产权与信息产权的客体保护对象本质上都是信息。知识产权的出现时间早于信息产权，信息产权是在知识产权基础上基于信息这一节点发展而来。基于“本质信息论”的解释，著作权保护的作品实质是信息的固定表达，专利的内核是创造性的技术信息，商标是一种标识的信息，而商业秘密则本身就是一种商业信息。因此，将这些信息提炼出来加以发展，即可构成信息产权的基础。

尽管知识产权和信息产权在“本质信息论”的加持下存在紧密的联系，但二者并非完全等同。从权利提出或形成的时代背景来看，知识产权是自工业时代形成和发展起来的，而信息产权则是信息技术革新的理论产物；从客体对象角度，知识产权已存在相对明确的客体和对象，如作品—著作权、发明—专利等，而信息产权的保护对象为信息，具有一定的抽象性；从法律效力而言，知识产权已经成为全球各国实体法层面认可的法律权利，而信息产权还仍然仅停留在理论层面的探讨；从范围大小而言，信息产权的外延宽于知识产权，信息产权还涵盖因不满足知识产权保护门槛而被拒之门外的那些信息。由此可见，信息产权摆脱了知识产权“独创性 / 创造性”等门槛的桎梏，对于知识产权之外的其他非物质性信息财产具有更大的包容性和兼容性。正是因为这点，在面对数据这一问题时，信息产权成为了理论研究的另一个潜在突破点，甚至还出现将知识产权整合到信息产权，用信息产权替代知识产权的主张。

5.1.2 数据驱动下的信息产权扩展论主张

《建立世界知识产权组织公约（1979 年 10 月 2 日修正）》第 2 条第（viii）规定，“知识产权”包括有关下列项目的权利：“（1）文学、艺术和科学领域内的作品；（2）表演艺术家的表演以及唱片和广播节目；（3）人类一切活动领域内的发明；（4）科学发现；（5）工业品外观设计；（6）商标、服务标记以及商业名称和标志；（7）制止不正当竞争；以及在工业、科学、文学或艺术领域内由于智力活动而产生的一切其他权利。”[①] 科学发现是在科

① See *Convention Establishing the World Intellectual Property Organization* (as amended on September 28, 1979), Available at https://wipolex.wipo.int/zh/text/283833, Last accessed on April 7, 2024.

学活动中探索对未知事物或规律的事实或理论。然而，根据知识产权的地域性、时效性、可复制性等要件判断，“科学发现”并不满足可知识产权的基本条件，无法纳入知识产权的保护范围。我国《专利法(2020修正)》第25条亦明确规定了对“科学发现”不予授予专利权。既然如此，又该如何解释《建立世界知识产权组织公约》中认为“科学发现”亦属于知识产权的保护对象呢。对此，郑成思教授在其1988年发表的《知识产权与信息产权》一文中解释道，《建立世界知识产权组织公约》中的“科学发现”应当理解为一种“理论信息源”，不属于原有知识产权的范畴，是传统知识产权的进一步延伸和扩展。[①] 自此，也开启了知识产权向信息产权迈进的步伐。近年来，随着信息技术的快速发展，新的信息产品、知识产品及商业模式等不断涌现，挑战着知识产权的客体保护边界。尤其是到了智能科学时代，人工智能生成物的可知识产权性引发了极大的争议，对此，有学者认为，人工智能生成内容本质属于应受法律保护的信息，但知识产权法的适用存在困难，因此可以借助信息权的路径予以保护。[②] 而对于数据的可保护性，特别是那些独创性较弱或不满足可知识产权条件的数据集，在知识产权的适用上也存在争议，在寻找解决方案的过程中，信息产权再次走入现有研究的视野，不少观点亦认为，通过信息产权或许能够突破知识产权在新时代背景下的适用困境，且信息产权能够成为知识产权“向新”发展的又一理论基础。

(1)信息产权扩展论的理论基础：信息产权替代论者认为，知识产权向信息产权的发展具有正当性基础，主要包括：①**劳动价值论**。劳动价值理论是传统知识产权正当性的重要论证基础，但在知识产权的语境下，劳动价值理论的“劳动”是有程度限制的，需要达到独创性/创造性等程度方可能获得知识产权保护。然而，除了具备可知识产权条件的知识产品之外，仍然还有许多人类投入了劳动但却不满足知识产权构成要件的信息产品，亦应获得法律的保护，在其他法律制度供给不足之时，知识产权制度应当勇于担当。当前对数据的采集、加工、整理等也凝聚了智慧的付出和劳动

① 参见郑成思：《知识产权与信息产权》，载《工业产权》1988年第3期，第5页。

② 参见郭如愿：《论人工智能生成内容的信息权保护》，载《知识产权》2020年第2期，第53页。

的投入，基于劳动价值理论，也应获得法律的保护，但知识产权的保护能力有限，因此适用信息产权来保护则是必要的。[①] 因此，基于劳动价值理论的充分阐释，信息产权的保护范围更广。②**价值增值论**。这一理论的核心要旨在于实质性投资的注入，使得特定对象之上的价值得以增加，那么投资者对于特定对象的资本投入，使得其获得了财产增值之利益，从而享有相应的财产权利。[②] 欧盟对于非独创性数据库提供的特殊保护即是基于价值增值理论。当前数据的商业和经济价值已然非常明显，因此，基于价值增值理论的理解，应当考虑扩展知识产权的范围，采用信息产权来包容这些财产性经济利益。③**激励理论**。知识产权的制度构建本就是对特定主体所拥有 / 生成之信息赋予专有权的方式来激励该等主体进一步创造新的信息[③]，从而激励更多主体投入到信息的生产建设当中。因此，将知识产权扩展为信息产权，与知识产权制度原本的正当性论证基础并不冲突。

（2）信息产权扩展论的现实理由：首先，信息产权论是信息社会发展之呼唤。在数字经济时代，信息产权化、数据要素化，已经成为社会的利益杠杆和经济发展指标。数据本身的价值增量和潜能发挥也成为推动数字经济发展的重要组成部分，且实践中已发生的数据经济纠纷已充分表明，信息产权化是必然趋势。**其次**，传统知识产权客体保护力度的桎梏。随着信息产品和数据产品的蓬勃发展，使得知识产权保护对象之外的很多具有使用价值和交换价值的信息无法得到及时保护。如若知识产权固守现有的标准，则会导致这些具有财产价值和保护价值的信息产品无奈进入公共领域而无法获得相应的回报和激励。例如有学者即指出，著作权法对于信息的保护非常局限，很多财产性价值的信息无法得到保护。[④] 因此，信息产权化有助于打破传统知识产权客体理论的束缚。**再者**，信息产权有利于消除信息供应不足。同样基于激励理论，如果不能为信息产品提供有效及时的

① 参见唐珺:《信息产权及相关问题的探讨》，载《南方经济》2005 年第 7 期，第 72 页。

② 参见李晓辉:《信息产权：知识产权的延伸和补充》，载《电子知识产权》2013 年第 11 期，第 44 页。

③ 参见冯晓青:《信息产权理论与知识产权制度之正当性》，载《法律科学（西北政法学院学报）》2005 年第 4 期，第 104 页。

④ 参见郑胜利、袁泳:《从知识产权到信息产权——知识经济时代财产性信息的保护》，载《知识产权》1999 年第 4 期，第 8 页。

保护，那么投入到信息创新中的激励将会受到减损，反而不利于保障信息产品的充足供给和自由流通。**再次**，可产权化信息之限定。对于信息产权而言，也并非所有信息均可纳入其保护范围，因为信息产权同时也需要考虑社会公众对于诸如自然信息等的基本获取需求。因此，可纳入考虑范围的信息应当是那些在直接或间接投入时间、资金等基础要素上经人为加工处理后具有符合社会一般认知的特定价值的信息[①]，且应满足诸如可再现性、价值性、交易性等要件[②]。**最后**，促进科学技术的发展。实践中，社会各界，无论是学术研究还是商业机构，实际对信息和数据的供给数量和质量均存在很大需求，然而很多信息和数据实际却处于被"雪藏"的状态，未能得到有效的开发利用。通过信息产权的鼓励和激励，有利于刺激高质量信息和数据的涌现，进而助力于科学技术和社会经济的发展。

5.1.3 信息产权与知识产权的审视与重构

在数据问题的驱动下，信息产权替代论者基于前述理论基础和现实理由，进一步规划了如何利用信息产权来重构知识产权的方案：**（1）"老干出新枝"**：即在知识产权原有架构的基础上，将信息产权作为知识产权的延伸和补充。例如对非独创性数据库的权利应作为独创性数据库权利的补充和发展。同时对新延伸的权利在主体、客体、权能设置以及相应的权利限制等环节均作出相应规定。[③]使得诞生于工业社会的知识产权制度能够与时俱进，更加契合时代发展的需求。**（2）"老干换新干"**：即主张在知识产权概念基础上创设信息产权概念，同时将知识产权整合入信息产权，统称为"信息知识产权法"，该法中的主体包括信息生产者、信息拥有者以及信息使用者，而调整对象也会在原有的知识产权基础上进行拓展，例如增加商业信息权。该主张认为，这一方案不仅有助于在信息时代保持知识产权体系的延续性和稳固性，也能满足于信息资源的法律保护需求，同时这一处理也

① 参见郭如愿：《论人工智能生成内容的信息权保护》，载《知识产权》2020 年第 2 期，第 53 页。

② See Jessica Litman, *Information Privacy/Information Property*, Stanford Law Review, Vol. 52, No. 5, May 2000, pp.1283–1305.

③ 参见李晓辉：《信息产权：知识产权的延伸和补充》，载《电子知识产权》2013 年第 11 期，第 47 页。

合乎人们的日常思维和语言习惯。[①]**（3）“老干换新颜”**：这一主张认为知识产权正在朝着信息产权以及信息知识产权的方向转变，因此，应当用信息产权这一概念来替换知识产权，同时，知识产权法逐渐演变为信息产权法。这一主张亦可称为“信息产权替代”论，主要依据的理由与前述“信息产权扩展”论一致，此处不再赘述。

对于以上几种基于信息产权重构知识产权制度的方案选项，本书首先认同信息产权对于无法纳入知识产权保护范围但却具有法律保护价值的那些信息或数据产品的保护努力。但本书认为，直接用信息产权替代知识产权，或者是直接换“新干”，形成“信息知识产权法”等方案并不可取。对于知识产权制度而言，经过较长一段时间的发展，已经形成了相对稳定的体系架构，且在国际层面以及全球各国均得到了很好的适用，不宜轻易地整体替换，应当保持整个制度的相对稳定性和可持续性。而且从知识产权与信息产权的内涵和外延来看，二者存在高度的叠加，甚至有学者直接指出，“在概念的内涵和外延上，我们现在所使用的‘知识产权’等价于或实质上就是‘信息产权’。”[②]因此，并无必要在概念和称谓上纠结，应更多注重实质内容的讨论。从信息产权的形成背景和诞生基础来看，其相较于知识产权最大的优势即在于，对那些不可能或者不太容易满足知识产权保护条件的新兴对象，表现出了更大的包容性和兼容性。因此，本书认为，在不动摇知识产权制度根基，维护知识产权制度相对稳定的基础之上，可考虑基于信息产权来调整和发展知识产权。例如将信息产权作为知识产权正当性论证以及是否可知识产权的重要判断依据，或者基于信息产权，在原有的知识产权架构上进行适当扩充和延伸，以数据保护为例，既可通过适当放宽保护门槛的方式，也可通过在邻接权下增设“数据传播权”或者“信息传播权”的方式，将其纳入知识产权的保护范围。如此，既不会极大破坏知识产权制度的基本结构，也能解决当前所争议的问题，还有助于诞生于工业社会的知识产权制度能够与时俱进，再次顺应数字信息时代的发展。

① 参见唐珺：《信息产权及相关问题的探讨》，载《南方经济》2005 年第 7 期，第 73–74 页。

② 张勤：《简析知识、信息与知识产权对象》，载《知识产权》2011 年第 4 期，第 14 页。

5.2 知识产权路径下数据的权益配置安排

5.2.1 初始安排的核心关注

在 Wesley Newcomb Hohfeld 的基本“法律概念”中，Hohfeld 指出，“法律关系”是一项重要的基础法律概念，“法律关系”中所依托的两端一定是“人”，而非一端为“人”，另一端为“物”。作为首位和更为概括的概念，法律关系之下还有“物”“债”等具体法律关系层级，但在 Hohfeld 看来，法律关系本质上处理的还是人与人之间的关系，即便是与“物”相关的法律关系，核心也仍然是人与人之间围绕“物”而产生的法律关系。① 因而“物上关系”之要义也在于“物”之上人与人之间所附的利益关系，而非仅是人对“物”之绝对的占有或者控制的关系。Hohfeld 对法律关系本质的解读为数据的权利安排和权属分配等问题提供了重要的分析思路。法律之于数据的保护，以及知识产权制度之于数据之适用，本质的核心并非在于为以 0 或 1 呈现的数据进行权能配置，真正拟保护的是数据之上相关主体对数据享有之利益，以及如何调配不同主体基于数据而产生的相关法律关系。基于前文的论述，本书已分析了数据的可产权性和可知识产权性，但紧接着的关键问题是，谁有权享有此项权利，谁可以控制数据、决定数据的获取、交易以及价值变现。正确和恰当的权利安排能够有效配置相关利益主体之间的数据资源，相反，错误和不适宜的整合只会导致数据资源的极大浪费，且同时还可能产生无休无止的法律纠纷。因此，有必要对数据的知识产权安排进行研究和分析，以实现知识产权制度对数据价值的保护和驱动效用。

数据问题的解决之所以难，也之所以一直争议不下和确定不了，在于数据的性质多样、类型复杂且相关利益主体多元。以当前的智能手机为例，一部手机从产品设计、研发、出厂上市再到消费者手中，其中包含多个环节和多方利益主体，再加上手机中自带或者加装的计算机软件或者硬件，

① See Wesley Newcomb Hohfeld, *Fundamental Legal Conceptions as Applied in Judicial Reasoning*, The Yale Law Journal Vol. 26, No. 8, June 1917, pp.710–770.

使得手机之上产生的数据问题非常复杂。例如，消费者在使用手机及手机上加装的 App 软件过程中产生的数据，应当由消费者、手机制造商还是软件提供者享有难以清晰切割和判定。汽车产业中亦存在类似的问题，汽车制造商、分销商、售后服务方以及消费者等多重主体，以及数据本身的繁杂性，使得汽车（尤其是智能汽车）的生产和销售过程中数据相关的权利划定和分配成为难题。[①] 由此可见，数据的边界相对模糊、权利体系复杂、权利主体多元甚至可能存在冲突。为了应对这一难题并恰当配置权利的归属，对数据权利的安排则需要把握住问题处理核心，以及可供适用的基本考虑因素。

对于数据之上权利安排而言，核心的问题即在于如何处理好利益平衡和激励相容。数据作为重要的生产要素投入到经济结构的升级转型中，为了使得这一生产要素能更好的推动生产力的提高，则应注重公平和效率的数据权利配置研究。2022 年 12 月 2 日，《中共中央　国务院关于构建数据基础制度更好发挥数据要素作用的意见》（简称《数据 20 条》）[②] 分为六个部分共计 20 条实施意见，以推动加快构建数据基础制度。其中，在数据要素的收益分配方面，《数据 20 条》要求建立一套体现效率、促进公平的数据要素收益分配制度。具体而言，在初次分配阶段：健全数据要素由市场评价贡献、按贡献决定报酬的机制；按照“谁投入、谁贡献、谁受益”原则，保护各参与方投入产出受益；推动数据要素收益向数据价值和使用价值的创造者合理倾斜。在二次、三次分配阶段：更好发挥政府在数据要素收益分配中的引导调解作用；更加关注公共利益和相对弱势群体，推动大型数据企业积极承担社会责任；提高社会数字素养、消除数字鸿沟，保障民生福祉、促进共同富裕。

基于公平角度，法律所追求的核心基础价值之一就是公平，即不偏不倚地实现相关利益主体的公正与平等。公平的基准要求即是要实现数据生命周期中所有做出了贡献的相关主体均能获得相应的回报，要让大家均能

① See Jeffrey Ritter & Anna Mayer, *Regulating Data as Property: A New Construct for Moving Forward*, Duke Law & Technology Review, Vol. 16, 2018, p.242.

② 参见《中共中央　国务院关于构建数据基础制度更好发挥数据要素作用的意见》，载中华人民共和国中央人民政府网 2022 年 12 月 19 日，https://www.gov.cn/xinwen/2022-12/19/content_5732695.htm，2024 年 4 月 7 日访问。

共享数据的“红利”。从效率的角度来看，在给定的资源投入和特定条件下，单位时间内能够实现最大程度的利用和产出更多的效益，即可以认为是有效率的。数据的权利安排要实现配置效率，则必须顺应当前的时代发展需求，符合当下经济和技术等各方面的发展方向，在大背景和大趋势的作用下充分挖掘和利用现有的制度资源，然后尽量避免过程中不必要的繁琐和累赘。在现有的制度资源中，应在法律的框架下有效率的实现数据的权利配置。[①] 因此，对数据的知识产权安排也应当充分考虑到数据价值链上不同主体的实际价值贡献与核心利益关切，进而在权利安排和制度适用过程中实现不同主体利益诉求的兼容并包。此外，在数据的知识产权配置过程中，诸如投资效率、产业政策目标、社会福利、成本—收益配比、社会对于制度成本的容忍度、数据要素化以及场景化差异等因素，应当被纳入考量范围，以实现权利可以作出因时制宜和量体裁衣的有效安排。

5.2.2 权利配置的理论依据

数据知识产权的权利安排需要基础理论的支撑，基于现有研究对数据产权安排的理论分析，从权利安排的依据角度，主要存在“关键作用”论、“价高者得”论、“捕获 + 关联”论。本书分别作一分析，以期为数据的知识产权安排提供理论依据和解决思路。

（1）“关键作用”论：即认为权利的安排和分配应当根据相关利益主体最终的产出和贡献度来确定。这是对劳动价值理论的解读和适用，认为边际贡献率高的一方应当成为权利的主导，以获得数据的控制权和话语权。“关键作用”论者认为，企业的总收入在扣除诸如成本、工资等固定的支出后所得的纯利润为“剩余控制”，根据“剩余控制”的边际贡献分配原则，在数据的要素化过程中发挥核心关键作用的一方（如“平台”），更应当取得相应的权利。平台和企业的关键核心作用主要体现在：一方面，数据要素化并非一项简易的项目，需要专业的人力加持、强大的计算物力支撑、雄厚的财力支持以及细致精力照顾，且人力、物力、财力和精力的投入是耗费巨大的，尤其是在前期启动的阶段。另一方面，数据要素价值的充分

① 参见戚聿东、刘欢欢：《数字经济下数据的生产要素属性及其市场化配置机制研究》，载《经济纵横》2020 年第 11 期，第 71 页。

释放需要建立在足够多的数据体量之上，由此也使得促进数据要素化进程的运作模式需要善于发挥数据的网络效应和规模效应，而这必然需要依托具有专业化积累和能够长久持续性投入的主体来支撑。由此，在“关键作用”论者看来，企业经营者的平台是数据要素化过程中的核心关键主体，而非个人或其他主体，因为后者在数据要素化过程中发挥的作用是非常有限的，且数据要素化是低效的，甚至是不可能实现的。因此，对于个人隐私等人格利益的保护，并不能成为数据权利配置安排的依据。相反，如果将权利完整配置给个人，不仅会消减作为关键角色的企业的投入动力，也会导致数据要素化进程的极大放缓，反而影响数据要素市场的培育和数据要素价值的发挥。[①] 简言之，“关键作用”论的核心主张在于权利的分配决定应当以贡献程度为基准，贡献度高且对数据价值的挖掘起到关键作用的一方，应当被赋予相应的权利。

（2）“价高者得”论：根据科斯经典的第一定理，在交易过程中，当成本为零时，其实无需进行制度或者规则的干预，因为在这种情况下，无论初始产权如何安排，在市场机制的自动运作下，当事人之间通过谈判就可以实现资源的最优化配置，即自动取得“帕雷托最优”。[②] 根据科斯定理，如果特定产品具有竞争性特征，那么在市场的运作分配机制中，如果该产品最终能够流向可以将其价值最大化的一方，那么社会的整体福利价值也将能够实现最大化。同时，为了保障产品能够落入对其“评价最高”的一方，相应地就应当为此类竞争性物品赋予专有产权的保护，由此才能实现资源的优化配置。由此可见，根据科斯定理，对于具有竞争性属性的产品而言，最优的权利配置应当是将权利分配给能够对该产品实现价值最大化的一方。因而，“价高者得”论中主张的“价”并非日常生活中理解的价格，而是价值的赋能，即对数据能够给出最高评价的一方应当获得权利的分配。基于科斯第一定理推导出的“价高者得”论，其重要前提在于所分配资源的非竞争性和交易成本为零。但是，一个现实的问题是，在现实

① 参见李刚：《现代产权理论：一个产权投资与数据确权的思路》，载腾讯研究院微信公众号 2020 年 6 月 15 日，https://mp.weixin.qq.com/s/_dITNDXWKF8hhjEKpK6z0A，2024 年 4 月 6 日访问。

② See Ronald Coase, *The Problem of Social Cost*, Journal of Law and Economics, Vol.3, No.10, 1960, pp.1–44.

社会中交易成本几乎不可能为零，且数据要素的一个重要特征是“非互斥性”，也即“非竞争性”。Brret Frischmann 曾指出，如果特定产品具有非竞争性，那么在对该产品的排他性赋权过程中，将此类权利安排给能够将其价值最大化的一方，未必一定会使社会的总福利最大化。[①] 也有学者指出，要素化数据也具有非竞争性，因此，如果要实现要素化数据的各个维度价值的充分释放，核心的关键在于促进数据的再次重复利用和开放共享，而非是采取排他性独占的方式。也正因如此，科斯定理便不再适宜在此运用，因为该定理的适用对象主要针对的是具有排他性和竞争性的物品。数据的非竞争性也即意味着，数据如同知识产权一样，并不会由于再次或者多次使用而导致其价值减损或者产生额外的成本，这也是数据的无形性决定的非损耗性和非互斥性。数据的这些特性亦表明，数据的多次叠加使用，不仅不会降低数据本身的价值，反而会使得数据能够创造更大的价值。由此可见，数据在实现保护的同时，应当鼓励数据的传播，使得单个数据融入更大的数据池中，进而得以充分利用，促进数据社会价值的最大化。[②] 因此，与唯一的认定“价”高者可获权相较，根据不同主体的价值贡献来分配不同的权能设置，更能实现不同利益主体的激励相容。

（3）“捕获＋关联”论：鉴于数据利益主体的多元化和复杂性，许可教授提出了“捕获规则”＋“关联规则”的权利配置方案。这一配置方案中的“捕获规则”和“关联规则”参考借鉴了捕猎和水资源分配中的相关规则，其中“捕获规则”源于著名的 Pierson v. Post 一案[③]，在本案中，当事人围绕野生动物的所有权归属问题产生了争议。对此，原告主张应该由已经对猎物实施了实际“占有”行为的一方享有猎物的所有权，而被告则认为猎物的所有权应归属于第一个捕获或杀死它的人。最终，法院认为，对猎物的实际控制是权利人可以对猎物主张所有权归属的关键，由此也相应确立了野生动物所有权归属判断的实际捕获标准（actual capture test）。许教授认为，数据同样可以参考借鉴这一标准，因为与大自然界的野生动物一样，

① See Brret Frischmann, *Infrastructure: The Social Value of Shared Resources*, Oxford: Oxford University Press, 2012, p.31.

② 参见唐要家：《数据产权的经济分析》，载《社会科学辑刊》2021 年第 1 期，第 99 页。

③ See *Pierson v. Post*, 3 Cai. R. 175, 1805.

数据也是一种动态运动着的资源，是数据业者通过捕获信息所得的“胜利品”，而数据是数据业者劳动的结果，捕获规则的适用可以给予其正向且有效的激励。“关联规则”则源于对“水权”问题处理的启发，即对于流动着的水资源而言，有的主张认为第一次获取的一方应当就取得的水享有权利，但另有主张认为，应当采用“河岸规则”，即根据水资源流经的区域而形成的水域来划分水资源的所有权和使用权。[①] 基于野生动物案的“捕获规则”和水资源分配的“河岸规则”的启发，许教授指出，数据权利的配置正好可以适用“捕获规则”+“关联规则”，即基于“捕获规则”来处理数据在采集、储存、加工以及流转环节中的利益分配，同时也结合“关联规则”来解决数据中所涉及的隐私等人格权益的归属和配置等问题，以填补“捕获规则”中人格权益关切的缺失。“捕获规则”和“关联规则”的搭配适用，可以有效缓解数据相关的人身保护和财产保护之间的潜在紧张关系。

5.2.3 基本权能的设置选择

（1）“绝对排他权”说：绝对排他权，又称为“对世权”或者“绝对权”，是指权利的法律效力可以触及除了权利人自身之外的所有不特定第三人的权利，其特点在于，除权利人之外的其他任何人均是权利的义务人，且无需依赖义务人的行为即可实现。绝对的排他性可以排除任何人的侵扰和干涉。物权即是最为典型的绝对权，而物权制度中的“一物一权”原则也是绝对排他权效能的典型。在数据法律问题讨论之中，曾有观点认为，数据亦可构成民法之上所感知之物。[②] 由此推导则可以适用物权制度，那么数据之上亦可以赋予如物权等同的绝对排他效力。然而，基于前文的分析，物权制度并不适宜运用到数据问题之上。此外，如果对数据赋予较强的绝对排他权，不仅会产生很大隐私隐患，也会阻碍数据要素的开发利用，导致资源的低效配置。因此，为了避免绝对排他权所产生的“反公共地悲剧”以及对数据经济创新发展的阻碍，绝对排他权是不可取的，而为了实现数

---

① 参见许可：《数据权属：经济学与法学的双重视角》，载《电子知识产权》2018 年第 11 期，第 23–30 页。

② 参见方印、魏维：《数据信息权利的物权法保护研究》，载《西部法学评论》2018 年第 3 期，第 30 页。

据主体与公共利益的平衡，对数据权利赋予有限的相对排他权更为适当。

（2）“有限排他权”说：崔国斌教授认为，数据的知识产权制度应对仅存在有限的空白地带，即是那些处于公开状态且无法满足独创性要求的数据集合。为了避免这一领域的制度保护缺失，同时也兼顾到数据流通的必要性和社会的数据需求，崔教授建议，对于大数据集合的保护应当设置有限的排他权保护，而非绝对完全的专有权保护，也即是说，对于数据采集者付出实质性投入所收集的一定数量级别的数据享有排他权，在没有取得数据采集者同意的前提下，他人向社会大众公开和传播这些数据的行为，数据采集者有权予以阻止。崔教授进一步指出，此处的有限排他权，大体涵盖著作权法中的发行权、广播权、信息网络传播权等权利（可总称为“公开传播权”)。在崔教授看来，有限排他权的权利设置方案，是具备足够的制度灵活性和弹性的，一方面可以满足社会大众对于数据的再利用需求，另一方面也符合当前数据行业发展的现实需求。此外，随着技术的日新月异，大数据集合的采集、加工、利用和流转等方式也日益精进和细化，在大数据集合之上赋予的权能也可能会相应拓展，届时有限排他权的设置也会是合理的选择。[①] 相较绝对排他权而言，有限排他权没有赋予数据主体完全绝对圆满的排他性权能，而是基于对于数据价值培育中付出的实质性投入赋予有限的权利束，以实现数据主体和社会公共利益的均衡。

（3）“情景依存的有限产权”说：基于实践中数据的开发和应用情况可见，数据的价值创造和利益分配并不是“一刀切”的单向维度问题，数据的价值分析更多需要结合行业、关联群体、时效等具体的情景因素，同时数据主体的利益诉求在不同场景中也是有所差异的。鉴于此，唐要家教授在“有限排他权”的基础上，进而提出了“情景依存的有限产权”理论。[②] 在这一理论中，所构建的基础思路本质上与知识产权制度的整体设计理念有异曲同工之妙。在知识产权的制度框架设计中，针对不同类型智力活动中的创造性成果以及经营活动中的标记性成果，知识产权制度作出了差异化的规则安排。例如，针对作品、发明、实用新型、外观设计等分别配置著作权和专

① 参见崔国斌:《大数据有限排他权的基础理论》，载《法学研究》2019 年第 5 期，第 3-24 页。

② 参见唐要家:《数据产权的经济分析》，载《社会科学辑刊》2021 年第 1 期，第 103 页。

利权的不同保护规定，而商业秘密的选项设置，也让知识产权权利人拥有了“保密”抑或“公开”的自由选择，此外还有商标和地理标志等标识类的定制化保护方案。[①] 在“情景依存的有限产权”理论中，唐教授认为，对于数据的具体权利配置，应当基于主体的不同而进行差异化的安排，即对于个人而言，应更加凸显人格利益的保护，强调隐私的重要和维护，而对于企业而言，企业在个人原始数据基础之上的采集、开发和加工等投入生成的衍生数据，应当更加突出其财产属性，并赋予和强化对其财产权的保护。

基于前述分析，本书认为，“绝对的排他权”可不予考虑，“有限的排他权”设置是更为可取的选项，且在有限排他权配置时兼顾考虑不同情景和场景亦是正确的处理。但对于唐教授“情景依存的有限产权”理论中的具体权能配置安排，本书的观点略有不同。唐教授认为，消费者个人所持有的初始数据本身是尚未被开发、价值有待被进一步挖掘的资源，而作为新型生产要素的数据则主要是消费者参与到社会生产活动中所附带产生的产品。企业基于经济利益最大化的激励和诱导，实际或者潜在存在过度收集甚至滥用消费者个人信息的情况，从消费者的角度而言，更为关心的则是隐私保护的问题。因此，唐教授认为，对于个人而言，法律强调的是“隐私权保护”而非“财产权保护”。但本书认为，个人数据是生产要素的一部分，虽然涉及隐私等个人信息，但其财产价值不容忽视。个人数据的主体亦并非仅仅只关注隐私的保护，对其数据之上的价值意识也在与日俱增。因此，基于前文关于个人数据产权化论证的分析，本书认为，“情景依存的有限产权”理论同时应当考虑到个人数据的财产价值发挥和利益激励。综上而言，在情景依存的有限排他权配置中，知识产权制度是一项恰当的制度安排。知识产权制度“向新而生”“向新而去”“顺势而为”的制度发展趋势难免使得知识产权制度的体系化建设在一定程度上受到影响，进而遭受诟病。但是，本书认为，知识产权制度体系化上的不尽完美未必是一无是处的缺陷，相反或许正好这样的不完美成就了知识产权制度的独特之处，使其能够适应快速变化的环境，并相应形成具有较高灵活性和适应性的应对架构。

---

① See Michael Carroll, *One Size Does Not Fit All: A Framework for Tailoring Intellectual Property Rights*, Ohio State Law Journal, Vol.70, No.6, 2009, pp.1361–1434.

5.2.4 权利归属的分配架构

（1）一元结构：权属分配的一元结构是指，将相关的权能统一配置给一方数据主体。在一元结构中，进一步可以分为两种类型：即单一产权结构和共同产权结构。前者是指对相关的数据主体分别适用单一的赋权模式。此种模式建立在权利完全可分割的基础之上，类似于权利主体对单一作品享有的独立著作权。但是，现实的问题是，实践中的数据的权利边界往往并没有那么清晰，很难进行精准的切割。为了应对单一产权结构的缺陷，共同产权结构成为了可考虑的另一个选择，即由相关利益主体共同享有和支配。共同产权结构类似于著作权制度的不可分割的合作作品。有学者甚至提议构建“双重数据所有权”，即企业和个人均享有这一权利，但个人享有的是“名义上”的数据所有权，而“实际上”的数据所有权则由企业拥有。[①] 共同产权结构弥合了单一产权结构“分割”难的缺陷，但也存在现实执行的障碍，因为数据所涉及的利益主体往往是多元的，且不说共同权利人难以确定，就算可以确定，特定数据集之上的权利主体数量也是不少的数目，因而权利行使会产生诸多障碍，交易成本更会大幅提升，反而不利于数据的流通。

（2）二元结构：为了缓解一元结构中单一赋权模式的困境，学者们在一元结构之上发展了二元结构的分配模式。例如，申卫星教授提出的“所有权＋用益权”二元结构，申教授认为，数据保护和数据利用之间存在紧张关系，为了恰当地缓解和平衡两者间的冲突，更加稳健的办法是，采用法定或者意定的方法来切分所有权的权能，而关于权能的归属分配，则以主体标准划分，对数据的原发者和数据处理者分别予以分配，前者可享有数据所有权，而后者拥有数据用益权，从而创建“数据所有权＋数据用益权”的二元权利结构，以此来均衡数据利用过程中财产权益的分配。[②] 此外，申教授还指出，知识产权制度中，“著作权－邻接权”的权利分割思想，也有助于数据这类新型生产要素被纳入其中予以保护，以实现数据财产权益

① 参见冯果、薛亦飒：《从“权利规范模式”走向“行为控制模式”的数据信托——数据主体权利保护机制构建的另一种思路》，载《法学评论》2020 年第 3 期，第 70–82 页。

② 参见申卫星：《论数据用益权》，载《中国社会科学》2020 年第 11 期，第 118–131 页。

的均衡分配。

（3）三元结构：基于前述分析可见，一元结构存在权利配置的现实困难，二元结构有效缓解了这一问题，将权能进行了分割配置。但有观点认为，“数据所有权＋数据用益权”这种二元框架“与广大信息来源主体实际上可以享有的权利内容存在明显偏离，信息来源主体的‘所有权’很可能有名无实，增加法律概念的理解负担。”[①] 对此，《中共中央国务院关于构建数据基础制度更好发挥数据要素作用的意见》（简称“数据 20 条”）[②] 探索了数据产权结构性分置制度，将数据产权三权分置为数据资源持有权、数据加工使用权与数据产品经营权。其中，“数据资源持有权”是对数据事实状态的承认和控制，是基于合法的事实控制和管理来实现数据利益保护的一种模式；“数据加工使用权”是指在授权范围内以各种方式、技术手段使用、分析、加工数据的权利，是数据处理者实现数据价值增值的重要手段；而“数据产品经营权”则指数据处理者作为数据市场主体，对合法处理数据形成的数据产品和服务，依法获得的自主经营权，并拥有取得收益的权利。

《中共中央　国务院关于构建数据基础制度更好发挥数据要素作用的意见》（简称“数据 20 条”）的三权分置结构，一定程度上体现了“情景依存的有限产权”理论在权属架构配置上的实际运用，即大体根据数据流通所涉的主要环节来分置权利。然而在数据的整个生命周期内，“三权”仅是数据所涉权利数中的部分体现，仍需从整体视角来界定其权属配置。对此，刘银良教授曾在《著作权法中的公众使用权》一文中创造性地提出了“公众使用权”的构建，认为公众是作品传播过程中不可缺少的组成部分，应当享有作品的使用权。[③]“公众使用权”理论的提出，使得著作权制度由传统的“作者－著作权”和“传播者－邻接权”的两大基础，升级为包含“公众－使用权”在内的三大基础。本书认为，在数据的权属分配架构上，

① 熊丙万、何娟：《论数据要素市场的基础制度体系》，载《学术月刊》2024 年第 1 期，第 103 页。

② 参见《中共中央　国务院关于构建数据基础制度更好发挥数据要素作用的意见》，载中华人民共和国中央人民政府网 2022 年 12 月 19 日，https://www.gov.cn/xinwen/2022-12/19/content_5732695.htm，2024 年 4 月 7 日访问。

③ 参见刘银良：《著作权法中的公众使用权》，载《中国社会科学》2020 年第 10 期，第 183-203 页。

这一框架设计具有一定参考价值，有利于促发制度设计过程中对于社会公众的利益关切。当然，数据具有作为一类生产要素，承载着一定的社会使命，其中必然离不开对社会公众利益的关切。

综上，对于数据而言，“著作权－邻接权”的二元结构加上知识产权制度的内部和外部限制规则，基本已可以应对社会对数据自由获取和流通的利益关切。因此，本书更倾向“二元结构＋限制规则”的架构安排，以著作权制度为例，在这个二元结构中，对于满足著作权独创性要求的数据库或数据集，即可享有著作权的保护，数据主体相应获得作者的身份资格；对于那些独创性较弱，或者不满足独创性门槛的，则可赋予邻接权的保护，如前文所述，可考虑在邻接权下增设“数据传播者权”，使数据主体可以作为数据的传播者得到相应的法律保护。

5.3 知识产权路径下数据的利用与限制

知识产权制度诞生于市场经济的技术发展，伴随着技术的迭代变革而茁壮成长，其“向新而生、应新而去与顺势而为”的基本机理映射在每一项具体的保护规则之中。知识产权制度激励创新并鼓励创新成果传播，在知识产权权利产生、利用、保护与限制等环节，均体现着知识产权制度对待技术和创新的处理态度。数据是第一生产要素的数字经济时代，知识产权制度应当再一次肩负起时代的使命，积极“应新而去”，并“顺势而为”探索数据要素的最佳保护路径。

5.3.1 数据知识产权的取得规则

基于前文所述，本书所采取的数据定义为，数据是在人为作用下针对信息采取直接或间接劳动注入的方式形成的客观描述、归纳和记录。数据知识产权的保护对象则为依法依规获取，经过一定规则处理，并具有实用价值的数据集合。数据知识产权，是指权利主体对于依法依规获取，经过一定规则处理形成的，具有实用价值、智力成果属性及非公开性的数据集合，享有的自主管控、加工使用、经营许可和获得收益等的权益。对于数据知识产权的取得方式，本书建议采取“登记赋权”的模式，即由有关主管部门依法对符合保护条件的数据提供登记服务，并为数据知识产权权利人颁发数据知识产权登记证书，并配套相关的制度文件，以规范数据知识产权的登记流程，在充分考虑数据安全、公共利益和个人隐私的基础上，充分把握数据的特有属性和产权制度的客观规律，充分尊重数据处理者的劳动和相关投入，充分发挥数据对产业数字化转型和经济高质量发展的支撑作用。

2021年9月，中共中央、国务院印发《知识产权强国建设纲要（2021—2035年）》指出，要加快大数据、人工智能、基因技术等新领域新业态知识产权立法，并研究构建数据知识产权保护规则。[①]2021年10月，《国务院关于印发"十四五"国家知识产权保护和运用规划的通知》也强调健全大数据、人工智能、基因技术等新领域新业态知识产权保护制度，并研究构建数据知识产权保护规则，同时规定由国家知识产权局负责加强知识产权数据标准制定，提高数据质量，维护数据安全，完善知识产权基础数据资源管理和服务规范。加强知识产权信息传播利用，加大知识产权基础数据开放力度，促进数据资源共享。[②]在这些政策背景下，国家知识产权局结合自身的职能定位，积极开展了数据知识产权的研究和试点工作。

国家知识产权局于2022年11月30日发布了《国家知识产权局办公室关于确定数据知识产权工作试点地方的通知》[③]，确定北京市、上海市、江苏省、浙江省、福建省、山东省、广东省、深圳市等8个地方作为"先遣队"开展数据知识产权工作的试点。试点工作期限为2022年11月至2023年12月。2023年12月21日，《国家知识产权局办公室关于确定2024年数据知识产权试点地方的通知》[④]发布，决定在北京市、上海市、江苏省、浙江省、福建省、山东省、广东省、深圳市等8个已有试点地方的基础上，新增天津市、河北省、山西省、安徽省、河南省、湖北省、湖南省、贵州省、陕

① 参见中共中央国务院印发《知识产权强国建设纲要（2021—2035年）》，载中华人民共和国中央人民政府网2021年9月22日，https://www.gov.cn/zhengce/2021-09/22/content_5638714.htm，2024年4月7日访问。

②《国务院关于印发"十四五"国家知识产权保护和运用规划的通知》，国发〔2021〕20号。

③《国家知识产权局办公室关于确定数据知识产权工作试点地方的通知》，国知办函规字〔2022〕990号。

④《国家知识产权局办公室关于确定2024年数据知识产权试点地方的通知》，国知办函规字〔2023〕1064号。

西省等 9 个地方共同作为 2024 年数据知识产权试点地方。2024 年数据知识产权地方试点工作期限为 2023 年 12 月至 2024 年 11 月。

试点工作开启后，第一批的 8 个“先遣队”和第二批的 9 个试点省份相继出台了相应的规范，并在实践中探索颁发“数据知识产权登记证书”。据国家知识产权局统计，截止至 2024 年 03 月 29 日，试点地方接收数据知识产权登记申请超 1.3 万份，颁发证书超过 7000 张。[①] 除必要的统一动作和政策指导外，国家知识产权局也为各试点省份留出了的摸索自由空间，鼓励其可以结合各省实际情况探索出符合数据要素市场化配置需求的规则供给，而这也导致各试点省份的规则设计和实践探索存在一定差异。本书从中选取一些具有代表性的试点省份作一比较分析（参见表 5-1 和表 5-2），以便于进一步研究数据“登记赋权”的取得模式可能存在的问题，也便于进一步推动数据知识产权保护规则的构建。

① 参见《国家知识产权局：目前试点地方接收数据知识产权登记申请超 1.3 万份》，载中国新闻网 2024 年 3 月 29 日，https://www.chinanews.com.cn/gn/2024/03-29/10189569.shtml，2024 年 4 月 7 日访问。

表 5-1：第一批部分试点省份数据知识产权登记概况

试点省份	浙江	北京	广东	深圳	山东	江苏
规范文件	《浙江省数据知识产权登记办法（试行）》	《北京市数据知识产权登记管理办法（试行）》	《广东省数据知识产权登记服务指引（试行）》	《深圳市数据知识产权登记管理办法（试行）（征求意见稿）》	《山东省数据知识产权登记管理规则（试行）》	《江苏省数据知识产权登记管理办法（试行）》
印发时间	2023 年 5 月 26 日	2023 年 5 月 30 日	2023 年 9 月 14 日	2023 年 10 月 11 日	2023 年 11 月 6 日	2024 年 1 月 10 日
发布部门	浙江省市场监督管理局等 11 部门	北京市知识产权局等 4 部门	广东省知识产权保护中心	深圳市市场监督管理局	山东省市场监督管理局	江苏省知识产权局等 4 部门
登记主体	依法依规处理数据的单位或个人	依据法律法规规定或者合同约定持有或者处理数据的主体	数据处理者	数据处理者	自然人、法人或非法人组织	
登记客体	依法收集、经过一定算法加工、具有实用价值和智力成果属性的数据	依据法律法规规定或者合同约定收集，经过一定规则或算法处理的、具有商业价值及智力成果属性的处于未公开状态的数据集合。	依法依规获取的、经过一定规则处理形成的、具有商业价值的数据集合。	依法依规获取的、经过一定规则处理形成的，具有实用价值的数据。	经过一定规则处理形成的，具有实用价值、智力成果属性及非公开性的数据集合	依法获取的，经过一定规则或算法加工处理，具有实用价值和智力成果属性的数据

表 5–1：第一批部分试点省份数据知识产权登记概况

续表

试点省份	浙江	北京	广东	深圳	山东	江苏
登记内容	1. 数据知识产权名称。2. 所属行业。3. 应用场景。4. 数据来源。5. 结构规模。6. 更新频次。7. 算法规则简要说明。8. 存证公证情况。9. 其他需要说明的情况。	1. 登记对象名称。2. 所属行业。3. 应用场景。4. 数据来源及数据集合形成时间。5. 结构规模。6. 更新频次。7. 算法规则。8. 存证公证情况；9. 样例数据；10. 登记对象状态等其他需要说明的情况。	1. 数据名称。2. 数据简介。3. 关键词。4. 数据所属行业分类。5. 申请人名称。6. 数据来源。7. 数据处理规则简要说明。8. 数据当前使用状态。9. 应用场景描述。10. 哈希值。11. 数据格式。12. 数据结构说明。13. 数据量。14. 数据更新频率。	1. 数据名称。2. 所属行业。3. 应用场景。4. 原始数据来源。5. 采集情况。6. 处理规则。7. 结构规模。8. 更新频次。9. 存证公证情况。10. 样例数据。11. 其他需要说明的情况。	1. 数据知识产权名称。2. 应用场景。3. 数据结构、规模。4. 数据来源。5. 数据处理规则。6. 存证公证情况。7. 样例数据。8. 其他应当予以登记的事项。	1. 数据名称。2. 申请人名称或姓名。3. 数据来源。4. 所属行业。5. 应用场景。6. 数据结构。7. 更新频次。8. 算法规则。9. 存证情况。10. 存储载体。11. 其他应予登记的事项。
登记程序	申请→审查→公示→异议→发证与公告→撤回撤销	网上申请→形式审查→登记前公示→异议处理→发证与公告→变更与注销	申请→形式审查→公示→异议→核准登记→变动、撤销及注销	数据存证→登记申请→登记审查→登记公示→异议处理→登记公告→登记续展→登记变更→登记撤回、注销、撤销	申请→初审→复审→公示→异议→核准发证→登记公告	申请→审查→公示→异议→发证与公告→变更、注销
登记平台	浙江省数据知识产权登记平台	北京市数据知识产权登记平台	广东省数据知识产权存证登记平台	深圳数据知识产权登记系统	山东省数据知识产权登记平台	江苏省数据知识产权登记系统

表 5–1：第一批部分试点省份数据知识产权登记概况

续表

试点省份	浙江	北京	广东	深圳	山东	江苏
登记效力	可以作为持有相应数据的初步证明，用于数据流通交易、收益分配和权益保护。	是登记主体依法持有数据并对数据行使权利的凭证，享有依法依规加工使用、获取收益等权益。	/	可以作为登记主体持有相应数据的证明，用于数据流通交易、收益分配和权益保护。	是登记主体持有数据知识产权并对数据知识产权行使权利的凭证，用以明确数据产权归属、权益边界、权属状态，及服务数据权益司法保护和行政保护实践。	/
证书有效期限	三年	三年	/	五年	二年	三年
	续展：期满前六个月内	续展：期满前一个月内	/	续展：期满前六个月内	续展：期满前二个月内	续展：期满前三个月内

表 5–2：第二批部分试点省份数据知识产权登记概况

试点省份	贵州省	安徽省	天津市
规范文件	《贵州省数据要素登记服务管理办法（试行）》	《安徽省数据资源登记管理办法（试行）（征求意见稿）》	《天津市数据知识产权登记办法（试行）》
印发时间	2023 年 11 月 15 日	2023 年 12 月	2024 年 01 月 08 日

表 5–2：第二批部分试点省份数据知识产权登记概况

续表

试点省份	贵州省	安徽省	天津市
发布部门	贵州省大数据发展管理局	安徽省数据资源管理局	天津市知识产权局
登记主体	自然人、法人和其他组织	自然人、法人或者非法人组织	自然人、法人或者非法人组织
登记客体	数据资源、算法模型、算力资源以及综合形成的产品等。	在依法履职、生产经营活动或者其他合法合规活动中制作或者获取的，以电子化形式记录和保存的具备原始性、可机器读取、可供社会化再利用的数据集，以及依法合规对原始数据集投入实质性劳动形成的新数据集或数据产品	数据持有者或者数据处理者依据法律法规规定或者合同约定收集，经过一定规则或算法处理的、具有商业价值及智力成果属性的处于未公开状态的数据集合。
登记内容	（一）数据要素名称；（二）数据要素类型；（三）数据要素适用场景；（四）数据要素实现方式；（五）其他应当予以登记的事项。	/	（一）登记对象名称。（二）所属行业。（三）应用场景。（四）数据来源及数据集合形成时间。（五）结构规模。（六）更新频次。（七）算法规则。（八）存证公证情况；对已存证的数据说明存证途径、存证编号、哈希算法、哈希值等，对进行相关公证的数据说明公证机构、公证书编号等。（九）样例数据；（十）登记对象状态等其他需要说明的情况。

表 5-2：第二批部分试点省份数据知识产权登记概况

续表

试点省份	贵州省	安徽省	天津市
登记程序	申请、受理、审核、在线公示、异议处理和发证	登记申请、登记受理、登记审查、登记公示、证书发放	申请、形式审查、登记前公示、异议处理、发证及公告
登记平台	数据要素登记 OID 服务平台	安徽省数据资源登记平台	天津市数据知识产权登记平台
登记效力	可以作为登记主体开展数据流通交易、数据资产质押贷款、数据资产入表、数据信托、争议仲裁、数据要素型企业认定、数据生产要素核算的依据。	可作为开展或参与数据资源流通交易、数据资产入表、质押融资、数据信托、争议仲裁、数据要素型企业培育认定等活动的可信凭证。	是登记主体依法持有数据并对数据行使权益的初步凭证，用于数据加工使用、流通交易、收益分配和权益保护。
证书有效期限	两年	/	两年
	续证：期满前一个月	/	续展：期满前六个月内

5.3.2 数据知识产权的有效利用

在知识产权制度的规则设计中，创新与竞争共存，保护与传播并重知识产权排他性权能，赋予的最终目标是推动社会知识产品的供给和累积性创新的实现，而知识产权的行使和利用则是促进传播和流动必不可少的一环。知识产权的利用大抵可以分为积极利用和消极利用两个层面，前者为“矛”，是权利主体主动行使权利的体现，而后者为“盾”，是权利主体被动防御的维度。“矛”和“盾”共同搭建了知识产权保护与传播的规则桥梁，使得知识产权得以从“静态”的书面规定成为“动态”的鲜活的权利。数据亦是如此，数据的保护并非终极目的，而是实现保护目的的必要工具，实现充分释放数据价值、让数据造福于人类发展才是理应追求的核心目标。因此，数据的有效利用和通畅流动，亦是实现数据核心目标的重要环节。

（1）数据的积极利用层面

数据的积极利用，主要体现为数据主体对于数据的主动应用，例如数据的许可、转让等。当前关于数据的顶层设计中，无论是《网络安全法》《生物安全法》《数据安全法》，还是《个人信息保护法》，主要还是侧重于数据及相关权益的保护和监管，但对于数据交易等促进数据流通的直接法律规范仍还有待研究。在我国，尽管尚未有类似数据贸易法等法律规范，但在国家政策的大力支持和倡导下，目前数据的积极利用，主要呈现“实践先行探索”和“地方立法先行”的趋势。自 2014 年 12 月贵阳大数据交易所作为我国首个大数据交易所建立以来，各地的数据交易平台如雨后春笋般相继出现，例如北京国际大数据交易所（2021）、北部湾大数据交易中心（2020）、上海数据交易中心（2016）、哈尔滨数据交易中心（2016）、华东大数据交易中心（2015）、陕西西咸新区大数据交易所（2014）等等，除了已成立的这些交易平台，还有许多其他地方也在紧锣密鼓的计划和筹建之中，未来中国的数据交易平台将会在全国各地“开花”。相应地，各地的交易平台也制定和出台了配套的工作规范、交易准则等文件，为我国数据交易的规则创建进行了有益探索和经验积累。

然而，应当留意的是，尽管数据交易平台“遍地开花”，但却未必“结出了甜美的果实”。囿于产权界定不清、权属分配不明等先天不足，数据交易市场仍然存在诸多问题。本书在调研过程中发现，多数交易平台停于形式，参与主体不知、不敢、也不懂如何交易，一方面是对于潜在侵权风险的担忧望而却步，另一方面是因配套规则的缺失而不知如何交易，最终导致交易平台“空有其壳”。对此，本书认为，明确数据的知识产权权利属性，并利用现有的知识产权交易规则和配套执行力量，是应对这一问题的直接高效的突破口。

首先，明确数据交易的对象，交易的本质是数据关联权利的对价交换，而非是字符形式或是二进制的数值。因此，明确数据的知识产权权利定性，可为数据交易扫清一大障碍。**其次**，关于权利的公示，则可结合当前国家知识产权局在第一批和第二批各省份进行的数据知识产权登记的试点经验，形成一套有效的公示制度，同时也考虑参照著作权登记制度，由独立的主管部门负责，而数字环境下的权利公示，则可借鉴类似“版权云”等知识产权的云端交易模式，利用区块链等技术辅助打造可信、可追溯的权利认证机制。**再次**，关于数据交易的**定价**，则可参考其他知识产权模式，采取成本投入法、收益获得法、市场流通法等多元的方法进行价值评估。**再其次**，数据交易的主体，除了数据交易的买卖双方，还可以参照现有的知识产权运营机制，发展出类似美国的数据经纪商（Data Broker）等中介服务主体，以及第三方独立的数据评估和鉴定机构，而这些均可以在现有知识产权运营机制下进行培育。**最后**，制定数据交易配套机制，则可以充分借鉴现有知识产权制度中相对成熟的评价报告制度、风险评估制度等等，为数据的运营打造全面、通畅的交易环境。

此外，全球数字贸易规模的不断扩大，增加了数据流动规则的供给需求。各国基于自身的利益考量，制定了各自的政策和监管规则，“然而，各个国家之间数据跨境流动理念和规则的差异及 WTO 多边规则难以取得突破性进展，导致数据跨境流动面临诸多现实阻力，各国需要共同努力以致力于保证数据安全和自由地流动。”① 在全球数据跨境流动日渐频繁的背景下，数据跨境流动规则却呈现出“碎片化”和“阵营化”的趋势，导致数据跨境流动在无形中产生了诸多壁垒，尤其是因规则差异产生的较高的合规成本。在当前的国际竞争局势下，区域性协定日益发挥着重要的作用，成为

---

① 徐美玲、董静娴:《DEPA 数据跨境流动规则导向与因应》，载《科学管理研究》2023年第5期，第105页。

国家之间平衡数据安全与贸易发展的重要途径。近年来，我国一直在努力推动诸项区域性协定的加入，包括已经加入的《区域全面经济伙伴关系协定》(Regional Comprehensive Economic Partnership，RCEP)，以及正在积极推动加入的《全面与进步跨太平洋伙伴关系协定》(Comprehensive and Progressive Agreement for Trans–Pacific Partnership, CPTPP)和《数字经济伙伴关系协定》(Digital Economy Partnership Agreement，DEPA)。中国加入这三项重要的区域协定，积极对标高水平的数据跨境流动规则，有利于进一步优化我国的数据治理框架，并以此打造出国际化、一流化和市场化的数据市场适商环境。

(2)数据的消极利用层面

数据的消极利用，主要体现为当知识产权遭受侵害时，权利主体利用知识产权的预先规则设计来捍卫自身权益或反制恶意侵害行为的过程。一方面，数据在获取、分析、应用等各个环节，应避免侵犯现有的知识产权及其他在先权益，例如隐私权、著作权、商标专用权等。另一方面，知识产权具有排他性，权利主体之外的其他人，未经知识产权持有人的同意，不得随意侵害。数据主体可以就其投入实质性付出而获得的数据寻求商业秘密的保护，亦可以选择将之公开，以换取诸如著作权的保护，无论何种形式，其他人均应尊重数据主体的在先投入，并征得数据主体的同意方可进行二次使用。关于数据知识产权侵权认定的归责原则，宜根据不同的情形做差异化安排，一般的侵权行为适用过错责任原则，适用谁主张谁举证的举证原则，而在诸如恶意侵害等特殊情形中，则可采取过错推定或者无过错责任原则，配置举证责任倒置的分配规则。关于侵权行为的责任承担方式，则可以在当前以行政、刑事为主导的公法路径中加入民事责任的承担，以防止因数据产权缺位而导致公权力执法的扩张。对于侵害数据知识产权的行为，则可能相应承担停止侵权、消除影响、赔偿损失等民事责任，而对于恶意侵害或因侵害行为导致数据主体损失严重或产生社会较大影响的，亦可考虑适用惩罚性赔偿，以警示和教育数据市场的规范运作。此外，鉴于数据主体的“多宿主性”和数字化复杂性，亦可考虑组建类似著作权集体管理组织的机构，采用信托的方式来聚合多源的数据，同时也为数据主体的权利行使和保护提供便利的平台。

5.3.3 数据知识产权的合理限制

知识产品的数字化和信息化使得其更加非物质性，而附着在其上的知识产权的外部性也更加凸显。为了应对数字时代知识产权制度的外部性问题，一个直接的措施便是将让外部性内部化 (internalize the externalities)，即通过制度安排将经济主体在经济活动中所产生的社会收益或社会成本，转为私人收益或私人成本，是技术上的外部性转为金钱上的外部性，在某种程度上强制实现原来并不存在的货币转让。这里的外部性内部化处理，具体到知识产权具体制度中的一个重要体现则是对知识产权权利行使的限制，由此可见，在知识产权制度中，赋权与限权同在。

"知识产权制度通过一系列的制度安排，使得社会公众获得接触 (access) 、使用知识财产创造成果的途径，这不仅是分享科技进步所带来之公共福利的表现，更重要的也是激发市场主体投入累积性创新活动。"[①] 在知识产权制度的设置中，除了前文已述的知识产权自身在权利配置时设下的门槛性限制和时间限制之外，诸多规则在知识产权的行使环节也作出了限制性规定。在著作权领域，如合理使用、法定许可、强制许可等；在专利领域，如权利用尽、在先实施、临时过境、Bolar 例外等不视为侵犯专利权的行为，还有强制许可等。这些规则的设计，均是为了避免较强排他权的赋予给知识产品的传播造成的阻碍，制度设计者希望通过这些规则尽可能地调和在先创新者和潜在在后创新者以及私人利益和公共利益之间的冲突。

当前，全球人工智能技术的飞速发展，尤其是生成式人工智能的出现，牵引着智能时代的加速到来。与以往的决策式人工智能相较，生成式人工智能可以在深度学习已有数据的基础上进行模仿式、缝合式创造并进一步生成全新的内容。从 2023 年文字生成模型 ChatGPT 进入公众视野，文生图模型 Midjourney 引发产业关注，到 2024 年初文生视频模型 Sora 发布，各类人工智能技术及应用正在深刻地改变各行各业的发展布局，重塑着社会生活中的生产方式和消费方式。人工智能技术和产业的又一次跃进，对经济社会发展和人类文明进步产生深远影响，给世界带来巨大机遇。然而，

① 杨明：《知识产权制度与知识财产创造者的行为选择》，载《中外法学》2012 年第 4 期，第 746 页。

与此同时，也伴随着难以预知的各种风险和复杂挑战，其中就包括对现有知识产权制度及其规则适用的冲突。例如，在人工智能的“输入端”以及“输出端”均引发了大量著作权维度的理论争议和司法纠纷，其中就关涉如何恰当平衡好作品的合理限制以及数据的自由流通之间的关系。

整体而言，人工智能的工作流程大体可以分为三个阶段：数据输入、机器学习以及结果输出。[①]由此可见，数据的采集和使用是人工智能技术和产品研发的必要环节，在这一环节，又大体可以分为数据采集、数据预处理以及模型训练等步骤，每个步骤均离不开高质量数据的“喂养”。人工智能所使用的数据来源具备多样性，包括原始取得和继受取得[②]，但无论是哪种方式，其中均可能涉及由享有著作权保护的若干作品所汇集的数据之采集和使用。由于人工智能在挖掘数据的过程中无法辨认被挖掘数据集的对象的权利和状态，权利人也无从知晓作品是否已经被挖掘使用，因此人工智能输入数据时可能存在大量受版权保护的客体，而未经授权或许可使用这些作品则会涉嫌构成著作权的侵权，包括作品的复制权、改编权、翻译权以及信息网络传播权等。然而，在人工智能技术和产品的研发过程中，需要抓取海量数据以优化模型，这本身就会产生较高的侵权风险，而且如若要求数据所涉的每个单一作品均需获得著作权人的授权方可使用，那么极高的谈判和许可成本将可能抑制或阻碍人工智能技术的发展。目前，在世界范围内，因对含作品数据的使用导致的著作权侵权纠纷正在陆续出现。例如，美国的 Paul Tremblay 等人诉 OpenAI, Inc. 案[③]、Sarah Andersen 等艺术家诉 Stability AI Ltd 案[④]、Getty Images (US), Inc. 诉 Stability AI, Inc. 案[⑤] The

① 参见赵宏伟、霍加茹克娅:《生成式 AI 背景下著作权侵权样态及其风险治理》，载《网络安全与数据治理》2023 年第 9 期，第 60 页。

② 参见张军强:《人工智能大模型数据爬取行为的正当性认定》，载《中国知识产权》2024 年第 203 期。

③ Complaint, *Tremblay v. OpenAI, Inc.*, Case No. 4:2023cv03223 (N.D. Ca. June 28, 2023).

④ Complaint, *Andersen v. Stability AI, Ltd.*, Case No. 3:23–cv–00201 (N.D.Ca. January 13, 2023).

⑤ Complaint, *Getty Images (U.S.), Inc. v. Stability AI, Inc.*, Case No. 1:23–cv–00135–UNA (D.De. February 3, 2023).

New York Times 诉 Microsoft Corporation 案[①] 以及中国的"奥特曼"著作权侵权案[②] 等等。

在全球法律体系中，对于人工智能输入数据训练的法律响应主要围绕文本与数据挖掘（TDM）的合理使用展开。美国通过《版权法》第 107 条的"四要素判定"来规范合理使用。欧盟在《单一数字版权指令》中设立了文本和数据挖掘（TDM）例外制度，以促进科学研究和创新。日本则设置了"计算机分析例外"制度，在其于 2018 年修订的《著作权法》中新增第 47 条第 5 款[③] 规定了用于技术开发的实验、文本与数据挖掘（TDM）以及不通过人类感官进行的利用等情形下允许非为享受的版权作品的利用，除非这些利用会不合理地损害版权人的利益。与欧盟的 TDM 条款不同，日本规定的 TDM 例外所囊括范围非常普遍，从实践来看，这样的规定几乎涵盖了任何方式的利用：它不允许权利人进行保留，也不要求合法地接触利用的对象。在我国，《著作权法》中对该问题付之阙如，但依据传统"接触 + 实质性相似"的侵权判定思路，人工智能未经著作权人授权复制和改编作品，存在侵犯著作权人复制权和改编权的风险。《生成式人工智能服务管理暂行办法》第 7 条规定，生成式人工智能服务提供者应当依法开展预训练、优化训练等训练数据处理活动，应当使用具有合法来源的数据和基础模型，涉及知识产权的，不得侵害他人依法享有的知识产权。同时，我国签署了多份倡导人工智能国际合作的国际公约，例如《经合组织人工智能原则》（OECD AI Principles）、《布莱奇利宣言》（Bletchley Declaration）等，均不同程度地强调了在人工智能安全性和可用性方面进行合作的国际态度，这将为国内人工智能在保护知识产权方面的立法跟进提供重要基础。

人工智能对高质量数据的必要需求与作品的著作权保护之间的实际或者潜在冲突，不仅仅是私主体之间的侵权纠纷，也涉及智能科技所带来的

---

① Complaint, *The New York Times Company v. Microsoft Corporation et al*, Case No. 1:23–cv–11195(S.D. NY. Dec. 27, 2023).

② 上海某文化发展有限公司与 AI 公司（化名）著作权侵权案，广州互联网法院一审民事判决书（2024）粤 0192 民初 113 号。

③ 参见日本《著作权法》（著作権法）[昭和四十五年法律第四十八号]，载 e–GOV 法令检索网站，https://elaws.e–gov.go.jp/document?lawid=345AC0000000048，2024 年 4 月 7 日访问。

时代红利的社会分享，更关涉全球人工智能技术和产业的发展格局。当前，世界各国均在人工智能的赛道上重点发力，面对日趋激烈的国际竞争态势，各国也在积极探索人工智能的治理方案。目前，我国人工智能产业正处于蓬勃发展期，文心一言、妙鸭相机、通义千问等各类对话类、文生图类人工智能产品渐次进入公众视野。人工智能技术对经济社会发展具有变革性作用，是科技创新交叉融合的新质生产力。近几年，我国确立了人工智能产业的宏观治理方向，例如《新一代人工智能治理原则》，并就特定领域问题进行了专门立法规制，例如《生成式人工智能服务管理暂行办法》《互联网信息服务深度合成管理规定》等。2024 年《政府工作报告》指出，我国将继续深化大数据、人工智能等研发应用，开展“人工智能 +”行动，打造具有国际竞争力的数字产业集群。由此，本书认为，在当前这一发展阶段，我国应当采取较为宽松和开放的治理理念，给人工智能的发展营造良好的制度环境，具体到人工智能的数据输入环节，应当对作品的著作权进行一定程度的“限权”，以保障作品的自由流通和有效使用，也确保人工智能数据使用的合法性和正当性基础。至于“限权”的具体方式，可在充分挖掘著作权制度内部“限权”工具，如合理使用、法定许可以及强制许可等的适用潜力外，也考虑参考借鉴其他的知识产权“限权”工具，如专利的开放许可制度，以及知识产权制度外的其他规则设计，例如数据挖掘例外等制度。

5.4 知识产权制度与其他法律制度的耦合

在法律规则初生之际，是一个诸法合体的状态。随着现代工业发展的进步和社会分工的细化，法学体系内部的层级架构也愈加多元。针对不同领域不同的调整对象，也逐渐演化出不同的法律体系和法律部门，这些法律部门也相应形成了不同的法学学科。然而，随着生产力和社会关系的进一步发展，社会经济结构发生了实质性的变革，使得以往界限相对清晰的不同领域日渐交叉和相容。各法律部门已不再似以往的“各安其位、各守其界、各行其道”，相对独立的法律部门之间的界分亦不再那么明晰，例如近年来的公法私法化、私法公法化以及民刑交叉等现象。于是，跨领域和交叉法学研究愈加获得重视，以问题为导向的“领域法学”也应运而生。

在数据经济时代，数据成为新型的生产要素，这也即意味着，数据相关问题不可能是单一法律部门就能完整圆满处理的，数据所涉领域的广泛性、利益主体的多元化等特征，从根本上即决定了数据之上法律利益的调和需要各个法律部门的通力合作。本书聚焦于知识产权制度视域下的数据保护研究，但为免形成“制度孤岛”，导致制度之间的规则发生冲突，同时也应关注知识产权制度与其他法律制度的衔接、协调与耦合。

5.4.1 《民法典》和《个人信息保护法》

作为“社会生活的百科全书”的《民法典》，是新中国第一部以法典命名的法律。《民法典》的起草工作虽于 1954 年就已开始启动，但法典的主体内容形成和诞生于一个新的时代，在很大程度上也回应时代发展的需求。例如，对隐私、个人信息和数据的规定。其中对于隐私权的规定相对明晰，分别在总则、第四编人格权以及第六章隐私权中均作出相对详细的规定。而对于个人信息，则在第五章民事权利、第四编人格权以及第六章隐私权和个人信息保护中作出了原则性的规定。唯有数据留下了规则空白，而这也为本书的研究提供了现实基础。如前文所述，在《民法典》的起草过程中，对于数据和知识产权之间的关系处理，先后经历了“共同并列”“被包含其中”“各自单独规定”的过程。但本书认为，《民法典》最终作出了阶段性智慧的选择和安排，即“法律对数据……的保护有规定的，依照其规定。”[①] 这也说明，立法者采取了暂时搁置争议以化解立法阻碍的方式，第 127 条的规定实际上也是为数据保护的后续立法留下了探讨的空间。因此，本书研究的切入点，不仅不违反《民法典》对数据的法律定位，也恰好补充了《民法典》的这一立法空白。此外，《个人信息保护法》，规范了个人信息的处理活动。但现有的内容来看，这部法律主要还是侧重于自然人人格利益的保护，更偏向于个人信息的处理的行为管制。基于本书的前述研究，个人信息与个人数据各由侧重，前者强调人格利益，而后者更加突出财产性价值。因而，本书研究的切入点也并不会与这部法律产生根本性冲突，但这部法律生效之后，具体规则的设计方面则需要再进行细致的调和。

①《中华人民共和国民法典》第 127 条：“法律对数据、网络虚拟财产的保护有规定的，依照其规定。”

5.4.2 合同制度与竞争法

自我国《民法典》颁布之后，合同不再以单行法的形式呈现，合同相关的法律规则已被整合至《民法典》第三编中。在数据的整个生命周期中，合同机制发挥了重要的作用，尤其是在数据的产权界定不清之时。然而，基于前文分析可知，单独依靠合同机制并不能很好的处理实践当中出现的实际纠纷，因为合同路径仅能解决诸如数据的使用许可维度的相对性问题，却无法根本性地处理数据的控制和支配等维度的普遍性问题。因而，仍需知识产权制度的介入。但不可否认的是，知识产权制度提供了数据赋权和限权等规则，但是在数据交易等环节，仍然离不开合同机制的作用发挥，因而二者应该形成动态的良性互动。对于竞争法而言，竞争法注重鼓励和维护公平、自由的竞争环境，以促进社会主义市场经济健康发展。在知识产权法领域，《反不正当竞争法》一直扮演着“作为知识产权部门法（《著作权法》《商标法》《专利法》）之适当补充”的角色。竞争法灵活的行为规制模式正是当下数据相关纠纷中司法裁判主要使用的工具。在我国，竞争法主要包括《反不正当竞争法》和《反垄断法》。在《反不正当竞争法》中主要条款的适用，又包括一般条款和类型化条款，前者自由裁量度较高的抽象条款，即《反不正当竞争法》第 2 条，后者则是具体类型化行为的规则，例如商业秘密条款。本书重点论述了数据商业秘密保护的可能性，然而，研究当前关注数据的主要司法裁判可见，司法裁判中，几乎还是在适用宽泛性和抽象度较高的一般条款。因此，也希望本书的研究能够为《反不正当竞争法》下类型化条款的适用空间作一参考。综上所述，作为“脱身”于物权制度的知识产权制度，根据时代的需求构建了相对完善的无形财产权保护框架，同时在制度和规则设计中也精巧的衔接了合同制度与竞争法机制的适用，使得知识产权制度的内部保护和外部规制形成有机的统一体。

5.4.3 各类“安全法”与《刑法》

继《国家安全法》之后，我国出台了《网络安全法》《生物安全法》，与即将于 2021 年 9 月 1 日正式实施的《数据安全法》共同为数据安全的保护奠定了法律基础。已生效的《网络安全法》，其立法定位着重于维护网络环境下相关主体的合法权益以及国家网络空间主权和国家安全，从而构建一个健康、文明、可持续发展和安全的网络治理体系。[①]《网络安全法》是我国较早对个人信息处理行为作出规定的法律，但对属于数据的规定仅涉及“维护网络数据的完整性、保密性和可用性”的要求。而《数据安全法》的重点则在于数据维度相关安全制度的建设，包括数据的安全、开放与发展，以及相关数据主体的合法权益保障。[②]数据作为一项国家战略资源，已然成为全球竞争的关键要素，“数据主权”问题应然出现，没有数据安全就没有国家安全。除了国际和国家层面，在企业运营、社会治理等维度，数据安全均是应当放在第一位的关切对象。作为数据领域的基础性法律，《数据安全法》强调数据的发展与安全并重，落实了数据活动开展过程中相关个人和组织的安全责任。因此，在适用知识产权制度保护数据的过程中，对相关规则的涉及亦应当配合《数据安全法》以及《生物安全法》的相关规定。

《刑法》则规定了行为的犯罪构成和相应刑罚，以保卫国家安全、保护公民的人身、财产、民主等权利为宗旨。相较民事法律制度，刑法的保护路径更具有威慑性，因为如果某一行为满足相应的犯罪构成要件，则有可能触发生命的终结或是一定期限自由生活的限制。刑法与知识产权法的联系亦非常密切，例如《刑法》中规定的“侵犯著作权罪”“假冒专利罪”“假冒注册商标罪”“侵犯商业秘密”等。此外，也有数据相关的专门条款，例如“破坏计算机信息系统罪”“非法获取计算机信息系统数据罪”等。因此，数据的知识产权制度适用过程中，应当留心《刑法》的相关规定，特别是与著作权和商业秘密相关的犯罪构成，以及数据相关“专条”与知识产权相关刑罚条款之间的竞合与调和。此外，近年来，在知识产权案件中，出现了“先刑后民”的审判趋势。对此，本书认为，在数据的相关纠纷上，刑法还是应当保持谦抑性，避免过早或者过度介入，以免产生“寒蝉效应”不利于当下阶段数据市场的培育和发展。

---

① 参见《中华人民共和国网络安全法》第 1 条：“为了保障网络安全，维护网络空间主权和国家安全、社会公共利益，保护公民、法人和其他组织的合法权益，促进经济社会信息化健康发展，制定本法。”

② 参见《数据安全法》第 1 条：“为了规范数据处理活动，保障数据安全，促进数据开发利用，保护个人、组织的合法权益，维护国家主权、安全和发展利益，制定本法。”

5.4.4 技术措施

回顾人类发展的历史进程，社会的每一次变革均伴随着技术的实质性革新。技术影响着法律的制度设计，法律反过来促进技术的不断创新和升级换代。在各法律部门中，知识产权法对新兴技术的敏锐度最高，回应性也最快，甚至可以说，是技术革新催生了知识产权制度，而知识产权制度其实就是法律与技术的结合。由于知识产权对象的非物质性，权利的实现和保护，均需借助或者依赖一定的技术条件。例如，在著作权制度中，相关权利人被允许采取合理的技术措施来保护其享有的著作权及邻接权，未经允许故意避开或者破坏技术措施，则可能构成对权利人的著作权侵权。此外，在商业秘密制度中，更为强调了技术措施的重要性，技术措施是否合理，更是成为是否满足“保密性”构成要件的判断依据。在智能科技时代，技术的智能化转型离不开数据的“喂养”，而数据的生成、加工、处理、利用和保护也呈现“技术依赖”的特征。因此，在针对数据适用知识产权制度的过程中，亦应注意法律与技术的互动，重视数据在采集、处理、存储、分析过程中的技术应用，以及相关领域技术人员认可的技术规约，从而更好地制定相关规则，而非使得相关制度或规则成为形式化的“摆设”，在技术层面起不到应有的规范、引导和警示作用。当然，制度的设计也同样需要考虑技术的可实现能力，规则设定门槛太高，导致技术无法实现，则规则的执行亦是不现实的。

5.5 本章小结

本书在上一章节论证了数据适用知识产权制度保护的理论基础、制度的可行性和可操作性。本章则进一步讨论如若将数据纳入知识产权制度的保护框架内，数据之上的知识产权权能如何设置、权属如何分配，以及在数据这一议题的导引下，知识产权制度又该如何“向新”发展。围绕这一系列问题，本章**首先**基于信息产权理论，对数据导引下的知识产权制度发展进行了构想。本章分析了知识产权和信息产权之间的联系和差别点，归纳总结了信息产权扩张论主张的理论基础和现实理由，并对现有研究中基于信息产权提出的知识产权制度重构方案进行了辨析，包括“老干出新枝”“老干换新干”和“老干换新颜”。经研究，本书最终认为，基于数据维度的考虑，更适宜的方案应当为，在不动摇知识产权制度根基，维护知识产权制度相对稳定的基础之上，考虑基于信息产权来调整和发展知识产权。例如将信息产权作为知识产权正当性论证以及是否可知识产权的重要判断依据，或者基于信息产权，在原有的知识产权架构上进行适当扩充和延伸。不仅不会破坏知识产权制度的现有基本架构，同时也能促进知识产权与时俱进地顺应新时代的发展。

其次，在信息产权的理论基础上，本章分析了数据之上权利安排的核心关注，即真正拟保护的并非数据，而是数据之上相关主体对数据享有之利益及其多元利益相关的调配。此外，也分析数据之上权利安排的难点，以及应对这些难点可供考虑的权利配置因素，例如投资效率、产业政策目标、社会福利、成本－收益配比、社会对于制度成本的容忍度、数据要素化以及场景化差异等。

再者，本章对数据知识产权权利安排的理论依据进行了梳理和分析，包括“关键作用”论、“价高者得”论、“捕获”+“关联”论。同时，从权利的“对世”程度层面，对知识产权的权能设置进行了剖析，包括“绝对排他权”说、“有限排他权”说、“情景依存的有限产权”说。此外，也对数据知识产权的权属分配架构进行了勾勒，详细分析了“一元结构”“二元结构”和“三元结构”的内部层级，并在此基础之上总结“二元结构＋限制规则”的架构安排，以著作权制度为例，在这个二元结构中，对于满足著作权独创性要求的数据库或数据集，即可享有著作权的保护，数据主体相应获得作者的身份资格；而对于那些独创性较弱，或者不满足独创性门槛的，则可赋予邻接权的保护，如前文所述，可考虑在邻接权下增设“数据传播者权”，使数据主体可以作为数据的传播者得到相应的法律保护。

此外，本章还分析了数据知识产权的积极利用和消极利用，并结合数据的实际情况和现有知识产权制度经验，分别提出了数据主动和被动应用的配套机制设计。同时，为了实现多元主体的利益相容，也为了平衡权利主体和社会公众之间的利益需求，避免因知识产权外部化而出现“数据垄断”或者“数据蟑螂”（Data Trolls），本章建议可以充分调用诸如合理使用等著作权的内部限制规则以及竞争法等外部规制手段，以满足社会公众对于数据使用的合理需求。

最后，本章再次强调，数据的生产要素地位表明，以上相关问题的解决绝非单一路径可以完整应对，这势必是一项需要举各界力量合力完成的工程，而知识产权制度也仅是诸多路径当中的一条。因而，在数据的知识产权制度适用过程中，必然需要跟其他的法律制度进行配合、接洽和协调，以共同实现“充分释放数据要素价值”的目标。在其他法律制度中，密切相关的有《民法典》《个人信息保护法》、合同制度、竞争法、《国家安全法》《网络安全法》《生物安全法》和《数据安全法》。此外，技术界的沟通与交流工作亦非常重要，例如知识产权制度中关于技术措施的规定。

第六章　结论与展望

时间的指针已悄然将人类的历史进程从原始社会－农业社会－工业社会－信息社会－数字社会进一步拨动到基于数据“喂养”的智能科技时代。在新的时代背景下，生产力得以大幅提升，生产关系日益多元化和复杂化，社会经济结构也发生了翻天覆地的变化，由此引发的新的利益关切和社会矛盾，亦给法律制度的适用带来了前所未有的挑战，数据便是其中之一。我国在新的发展阶段，勇于与时俱进，开拓创新，积极抓住时代机遇，率先在国家战略层面确立了数据的新型生产要素地位，并规划了这一新型生产要素参与收入分配机制，投入国家经济发展的蓝图，而在这一宏伟工程中必然离不开相关制度，尤其是法律制度的保驾护航。然而，面对新时代背景下作为国际基础战略资源的数据，法律制度显得有些“力不从心”，尽管社会实践层面需求迫切，但法律制度的适用和学术研究均仍存在争议和分歧。鉴于此，本书以知识产权制度为切入点，从数据的相关基础问题展开，以探究在数据这一重要议题当中，知识产权制度的应有姿态和使命担当。

在数据要素化这一大背景下，基于“培育数据市场，激发数据要素潜能”这一核心目标，并围绕数据要素化过程中的潜在阻碍和挑战，本书首先对数据的内涵和外延进行了界定，并综合现有研究中使用的术语，对数据的边界进行了限定，提出本书所采用之数据的概念是指，在人为作用下针对信息采取直接或间接劳动注入的方式形成的客观描述、归纳和记录。本书主要以主体为划分基准，重点分析作为生产要素的个人数据和企业数据，同时强调个人信息并不等同于个人数据，两者相较，个人数据的财产属性突出，应归属于财产权的范畴，而个人信息则强调人格利益的保护，应属于人格权的范围。在法律的视野内，数据的法律属性应作“权利－法益”二元结构的差分处理，且适用相应权益层级的位阶排序。在数据的权利属性范畴内，进而探讨数据应归属于哪种类型的权利。本书认为数据具有财产属性，也具备可产权的理论基础和现实理由，因而应归属于财产权。针对数据财产的制度构建，本书指出，现有制度应当优先于新创制度，且现有制度的优先选项即为知识产权制度，因为无论从知识产权的调整对象、核心属性、还是法律定位和制度功能而言，二者均具有极高的适配性。本书回应了数据的知识产权制度适用过程中实际或可能存在的质疑，同时选取了知识产权制度中与数据联系最为紧密的两类客体类型，即著作权和商业秘密，作为具体制度适用进行重点分析。剖析了知识产权制度适用过程中的优势及其潜在挑战。在论证了数据的可知识产权的可能性、可行性之后，本书进一步讨论了数据之上知识产权的权利安排和权属分配等问题，同时重新审视了信息产权理论，分析了信息产权理论对于知识产权制度的正向驱动作用。最终，本书认为，面对数据这一议题，知识产权制度应当迎难而上，与时俱进。本书建议，基于信息产权来调整和发展知识产权。例如将信息产权作为知识产权正当性论证以及是否可知识产权的重要判断依据，或者基于信息产权，在原有的知识产权架构上进行适当扩充和延伸。对于知识产权的权利安排，本书认为“关键作用”论、“价高者得”论、“捕获”＋“关联”论均可提供理论支撑。对于权能设置，应采用场景化、类型化的有限权能设置。而权利架构设计上，本书研析了“一元结构”“二元结构”和“三元结构”的内部层级，并在此基础之上总结“二元结构＋限制规则”的架构安排，即以著作权制度为例，在这个二元结构中，对于满足著作权独创性要求的数据库或数据集，即可享有著作权的保护，数据主体相应获得作者的身份资格；对于那些独创性较弱，或者不满足独创性门槛的，则可赋予邻接权的保护，可考虑在邻接权下增设“数据传播者权”，使数据主体可以作为数据的传播者得到相应的法律保护。此外，为了实现多元主体的利益相容，也为了平衡权利主体和社会公众之间的利益需求，避免因知识产权外部化而出现“数据垄断”或者“数据蟑螂”（Data Trolls），则可以充分调用诸如合理使用等著作权的内部限制规则以及竞争法等外部规制手段，以满足社会公众对于数据使用的合理需求。

基于主客观等因素的影响，任何一项学术研究均无法做到尽善尽美，或是能够一蹴而就，尤其是涉及争议性较大、复杂性较高的议题。因此，本书强调，数据的保护以及数据要素价值充分释放，绝非单一力量或努力可以圆满解决，知识产权制度仅是法律制度当中与之联系最为紧密的优选项。在未来的研究当中，在继续深耕知识产权制度内部的数据保护规则之外，还应当注重知识产权制度与其他法律的接洽、协调与耦合。随着社会分工的细化，各法律部门的边界已不似以往清晰明了，以问题为导向的“领域法学”呼之欲出。数据亦是多专业、多领域、多层级均关切的对象，因而未来以数据为导向的“领域法学”，以及名为“数据法学”的相关学科建设或课程安排，可能会成为主流趋势。但这并不影响从各个单独的法律制度视角来研究数据问题，相反核心的关键在于“数据法学”如何精巧地整合现有制度资源，从而勾勒数据法律保护的体系化架构。

参考文献

1. 著作

1.1 中文著作

[1] 范煜:《数据革命：大数据价值实现方法、技术与案例》，清华大学出版社 2017 年版。

[2] 高富平:《信息社会——数字内容产业的法律基础》，法律出版社 2009 年版。

[3] 郭瑜:《个人数据保护法研究》，北京大学出版社 2012 年版。

[4] 胡军:《知识论》，北京大学出版社 2006 年版。

[5] 何渊主编:《数据法学》，北京大学出版社 2020 年版。

[6] 李琛:《著作权基本理论批判》，知识产权出版社 2013 年版。

[7] 李琛:《论知识产权法的体系化》，北京大学出版社 2005 年版。

[8] 刘剑文等:《领域法学》，北京大学出版社 2019 年版。

[9] 刘孔中:《解构知识产权法及其与竞争法的冲突与调和》，中国法制出版社 2015 年版。

[10] 陆小华:《信息产权 - 民法视角中的新财富保护模式》，法律出版社 2009 年版。

[11] 李晓辉:《信息权利研究》，知识产权出版社 2006 年版。

[12] 卢现祥、朱巧玲主编:《新制度经济学》（第 2 版），北京大学出版社 2012 年版。

[13] 李扬:《知识产权法基本原理（Ⅰ）——基础理论》，中国社会科学出版社 2013 年 12 月版。

[14] 连玉明主编:《数权法 1.0——树权的理论基础》，社会科学文献出版社 2018 年版。

[15] 齐爱民:《信息法原论——信息法的产生与体系化》，武汉大学出版

社 2010 年版。

[16] 王泽鉴:《人格权法：法解释学、比较法、案例研究》，北京大学出版社 2013 年版。

[17] 姚剑波、杨朝琼:《大数据安全与隐私》，电子科技大学出版社 2017 年版。

[18] 王保民主编:《立法法理学——立法学前沿理论》，法律出版社 2019 年版。

[19] 王德夫:《知识产权视野下的大数据》，社会科学文献出版社 2018 年版。

[20] 汪东升:《个人信息的刑法保护》，法律出版社 2019 年版。

[21] 吴汉东主编:《知识产权法（第四版）》，法律出版社 2011 年版。

[22] 熊文聪:《事实与价值二分：知识产权法的逻辑与修辞》，华中科技大学出版社 2016 年版。

[23] 王珊、萨师煊:《数据库系统概论》（第 5 版），高等教育出版社 2014 年版。

[24] 王秀秀:《大数据背景下个人数据保护立法理论》，浙江大学出版社 2018 年版。

[25] 王忠:《大数据时代个人数据隐私规则》，社会科学文献出版社 2014 年版。

[26] 谢晖:《法律的意义追问——诠释学视野中的法哲学》，商务印书馆 2003 年版。

[27] 徐艺心:《信息隐私保护制度研究：困境与重建》，中国传媒大学出版社 2019 年版。

[28] 郑成思:《知识产权法》，法律出版社 2003 年版。

[29] 赵刚:《数据要素：全球经济社会发展的新动力》，人民邮电出版社 2021 年版。

[30] 周俊强:《无形财产权的类型化与体系化研究——基于信息哲学的分析》，北京大学出版社 2018 年版。

[31] 张莉主编:《数据治理与数据安全》，人民邮电出版社 2019 年版。

[32] 张平:《知识产权法》，北京大学出版社 2015 年版。

[33] 曾详华等:《立法过程中的利益平衡》，知识产权出版社 2011 年版。

[34] 张玉敏主编:《知识产权法学》，法律出版社 2011 年版。

1.2 译著

[1] [澳] 马克 · 戴维森:《数据库的法律保护》，朱理译，北京大学出版社 2007 年版。

[2] [澳] 彼得 · 德霍斯:《知识财产法哲学》，周林译，商务印书馆 2017 年版。

[3] [澳] 彭道敦、李雪菁:《普通法视角下的知识产权》，谢琳译，法律出版社 2010 年版。

[4] [丹] 努德 · 哈孔森:《立法者的科学》，赵立岩等译，浙江大学出版社 2010 年 12 月版。

[5] [英] 戴恩 · 罗兰德、伊丽莎白 · 麦克唐纳:《信息技术法》，宋连斌等译，武汉大学出版社 2004 年 2 月版。

[6] [英] 尼儿 · 麦考密克:《法律制度——对法律理论的一种解说》，陈锐、王琳译，法律出版社 2019 年版。

[7] [英] 史帝文 · D · 安德曼:《知识产权与竞争策略》，梁思思、何侃译，电子工业出版社 2012 年版。

[8] [英] 维克托 · 迈尔 - 舍恩伯格、肯尼思 · 库克耶:《大数据时代生活、工作与思维的大变革》，盛杨燕、周涛等译，浙江人民出版社 2013 年版。

[9] [美] 阿尔文 · 托夫勒:《第三次浪潮》，黄明坚译，中信出版社 2006 年版。

[10] [美] 道格拉斯 · C. 诺思:《制度、制度变迁与经济绩效》，杭行等译，上海人民出版社 2014 年 4 月版。

[11] [美] 罗伯特 · 考特、托马斯 · 尤伦:《法和经济学》，上海三联书店、上海人民出版社 1994 年版。

[12] [美] 罗纳德 · H. 科斯等:《财产权利与制度变迁——产权学派与新制度学派译文集》，刘守英等译，上海人民出版社 2014 年 4 月版。

[13] [美] 马克 · 波斯特:《信息方式——后结构主义与社会语境》，范静晔译，商务印书馆 2014 年 8 月版。

[14] [美] 莫里斯 · E. 斯图克、艾伦 · P. 格鲁内斯:《大数据与竞争政策》，兰磊译，法律出版社 2019 年版。

[15] [美] 诺伯特 · 维纳 :《人有人的用处：控制论和社会》，陈步译，商务印书馆 2017 年版。

[16] [美] 斯蒂芬 · 李特约翰 :《人类传播理论》，史安斌译，清华大学出版社 2004 年版。

[17] [美] 维纳 :《控制论，或关于在动物和机器中控制和通信的科学》，洪帆译，北京大学出版社 2020 年版。

[18] [美] 约翰 · 罗尔斯 :《正义论》，何怀宏等译，中国社会科学出版社 2014 年版。

[19] [日] 北川善太郎 :《网上信息、著作权与契约》，渠涛译，《外国法译评》1998 年第 3 期。

1.3 英文著作

[1] Alan Westin, *Privacy and Freedom*, Ig Publishing, 2015.

[2] Brret Frischmann, *Infrastructure: The Social Value of Shared Resources*, Oxford: Oxford University Press, 2012.

[3] Margaret Davies, Ngaire Naffine. *Are Persons Property?—Legal Debates about Property and Personality*, Aldershot, England: Ashgate& Dartmouth, 2001.

[4] Peter Drahos, *A Philosophy of Intellectual Property*, AIdershot: Ashgate Publishing Company, 1996.

[5] Richard Murphy, *Property Rights in Personal Information: An Economic Defense of Privacy*, George Mason University School of Law, 1996.

[6] Robert P. Merges, *Justifying Intellectual Property*, Harvard University Press, 2011.

2. 期刊

2.1 中文期刊

[1] 鲍永庆 :《休眠数据的数据创新与知识产权保护》，载《图书馆研究与工作》2018 年第 9 期。

[2] 崔国斌 :《大数据有限排他权的基础理论》，载《法学研究》2019 年

第 5 期。

[3] 曹建峰:《民法总则数据保护路径：概括式保护及与知识产权协调》，载《大数据》2017 年第 1 期。

[4] 陈景辉:《回应“权利泛化”的挑战》，载《法商研究》2019 年第 3 期。

[5] 陈俊华:《大数据时代数据开放共享中的数据权利化问题研究》，载《图书与情报》2018 年第 4 期。

[6] 陈林林:《反思中国法治进程中的权利泛化》，载《法学研究》2014 年第 1 期。

[7] 操奇、孟子硕:《数据作为生产要素参与分配机制的几个问题》，载《福建论坛 (人文社会科学版)》2020 年第 11 期。

[8] 程素素:《信息产权的法律保护》，载《中国集体经济》2019 年第 32 期。

[9] 程文婷:《试验数据知识产权保护的国际规则演进》，载《知识产权》2018 年第 8 期。

[10] 程啸:《区块链技术视野下的数据权属问题》，载《现代法学》2020 年第 2 期。

[11] 程啸:《论大数据时代的个人数据权利》，载《中国社会科学》2018 年第 3 期。

[12] 陈星:《数字时代数据产权的理论证成与权利构造》，载《法商研究》2023 年第 6 期。

[13] 曹相见:《民法上客体与对象的区分及意义》，载《法治研究》2019 年第 3 期。

[14] 陈岳莎、刘秀红:《企业数据适用知识产权保护的局限及其突破》，载《法制博览》2019 年第 23 期。

[15] 曹艺潇:《非原创性数据库保护的立法现状分析》，载《湖南人文科技学院学报》2007 年第 2 期。

[16] 戴双兴:《数据要素 : 主要特征、推动效应及发展路径》，载《马克思主义与现实》2020 年第 6 期。

[17] 刁胜先:《论个人信息的民法保护基础——兼论个人信息、民法保护的精神利益与物质利益》，载《内蒙古社会科学 (汉文版)》2011 年第 5 期。

[18] 冯果、薛亦飒:《从“权利规范模式”走向“行为控制模式”的数据信托——数据主体权利保护机制构建的另一种思路》,载《法学评论》2020 年第 3 期。

[19] 费开智:《基于信息视角的知识产权管理战略研究》,载《知识经济》2019 年第 21 期。

[20] 冯晓青:《知识产权视野下商业数据保护研究》,载《社会科学文摘》2023 年第 2 期。

[21] 冯晓青:《〈民法总则〉“知识产权条款”的评析与展望》,载《法学评论》2017 年第 4 期。

[22] 冯晓青:《信息产权理论与知识产权制度之正当性》,载《法律科学(西北政法学院学报)》2005 年第 4 期。

[23] 冯希艳:《论信息产权的知识产权法保护——以知识产权法的重新界定为视角》,载《山东青年政治学院学报》2012 年第 4 期。

[24] 方印、魏维:《数据信息权利的物权法保护研究》,载《西部法学评论》2018 年第 3 期。

[25] 冯志伟:《术语学中的概念系统与知识本体》,载《术语标准化与信息技术》2006 年第 1 期。

[26] 郭如愿:《论人工智能生成内容的信息权保护》,载《知识产权》2020 年第 2 期。

[27] 龚子秋:《公民“数据权”:一项新兴的基本人权》,载《江海学刊》2018 年第 6 期。

[28] 高阳:《衍生数据作为新型知识产权客体的学理证成》,载《社会科学》2022 年第 2 期。

[29] 黄国彬、郑霞:《数据导引的著作权保护问题研究》,载《图书馆杂志》2020 年第 6 期。

[30] 华劼:《欧盟数据生产者权利质疑——以知识产权制度安排为视角》,载《知识产权》2020 年第 1 期。

[31] 何隽:《大数据知识产权保护与立法:挑战与应对》,载《中国发明与专利》2018 年第 3 期。

[32] 胡凌:《商业模式视角下的“信息/数据”产权》,载《上海大学学报(社会科学版)》2017 年第 6 期。

[33] 黄丽凤:《大数据背景下的商业秘密保护》,载《合作经济与科技》2020 年第 11 期。

[34] 郝思洋:《知识产权视角下数据财产的制度选项》,载《知识产权》2019 年第 9 期。

[35] 郝思洋:《知识产权视域下“数据信息”的时代发展》,载《科学经济社会》2018 年第 1 期。

[36] 何伟:《激发数据要素价值的机制、问题和对策》,载《信息通信技术与政策》2020 年第 6 期。

[37] 韩旭至:《数据确权的困境及破解之道》,载《东方法学》2020 年第 1 期。

[38] 韩旭至:《个人信息概念的法教义学分析——以《网络安全法》第 76 条第 5 款为中心》,载《重庆大学学报(社会科学版)》2018 年第 2 期。

[39] 姬蕾蕾:《数据产业者财产赋权保护研究》,载《图书馆建设》2018 年第 1 期。

[40] 荆宁宁、程俊瑜:《数据、信息、知识与智慧》,载《情报科学》2005 年第 12 期。

[41] 蒋瑞雪:《信息产权与知识产权的比较》,载《安庆师范学院学报(社会科学版)》2008 年第 11 期。

[42] 孔祥俊:《商业数据权:数字时代的新型工业产权——工业产权的归入与权属界定三原则》,载《比较法研究》2022 年第 1 期。

[43] 李爱君:《数据权利属性与法律特征》,载《东方法学》2018 年第 3 期。

[44] 凌斌:《界权成本问题:科斯定理及其推论的澄清与反思》,载《中外法学》2010 年第 1 期。

[45] 李琛:《论人工智能的法学分析方法——以著作权为例》,载《知识产权》2019 年第 7 期。

[46] 李琛:《知识产权法基本功能之重解》,载《知识产权》2014 年第 7 期。

[47] 卢纯昕:《反不正当竞争法商业秘密条款的修订研究》,载《法治论坛》2017 年第 3 期。

[48] 刘德良:《民法学上权利客体与权利对象的区分及其意义》,载《暨

南学报(哲学社会科学版)》2014 年第 9 期。

[49] 刘德良:《个人信息的财产权保护》，载《法学研究》2007 年第 3 期。

[50] 刘鑫:《大数据时代数据知识产权立法的理据与进路》，载《知识产权》2023 年第 11 期。

[51] 刘鑫:《企业数据知识产权保护的理论证立与规范构造》，载《中国法律评论》2023 年第 2 期。

[52] 林华:《大数据的法律保护》，载《电子知识产权》2014 年第 8 期。

[53] 罗娇:《开放数据的著作权解决方案——ODC 协议研究》，载《图书情报工作》2017 年第 9 期。

[54] 廖劲为、于娟:《大数据产业研究综述》，载《现代商贸工业》2018 年第 6 期。

[55] 李谦:《法律如何处理数据财产——从数据库到大数据》，载《法律和社会科学》2016 年第 1 期。

[56] 黎淑兰、范静波、陈蕴智:《大数据产业发展背景下数据信息的知识产权司法保护》，载《人民司法》2020 年第 13 期。

[57] 李伟民:《"个人信息权"性质之辨与立法模式研究——以互联网新型权利为视角》，载《上海师范大学学报(哲学社会科学版)》2018 年第 3 期。

[58] 龙卫球:《再论企业数据保护的财产权化路径》，载《东方法学》2018 年第 3 期。

[59] 龙卫球:《数据新型财产权构建及其体系研究》，载《政法论坛》2017 年第 4 期。

[60] 吕渭源:《类化理论与知识、智力、创造》，载《中国教育学刊》1991 年第 4 期。

[61] 李想:《数据库的知识产权保护范式研究》，载《政法学刊》2020 年第 4 期。

[62] 李晓辉:《信息产权：知识产权的延伸和补充》，载《电子知识产权》2013 年第 11 期。

[63] 卢现祥:《论产权制度、要素市场与高质量发展》，载《经济纵横》2020 年第 1 期。

[64] 李晓宇《权利与利益区分视点下数据权益的类型化保护》载《知识产权》2019 年第 3 期。

[65] 吕廷君:《数据权体系及其法治意义》，载《中共中央党校学报》2017 年第 5 期。

[66] 刘银良:《著作权法中的公众使用权》，载《中国社会科学》2020 年第 10 期。

[67] 李永明、戴敏敏:《大数据产品的权利属性及法律保护研究》，载《浙江大学学报（人文社会科学版）》2020 年第 2 期。

[68] 毛高杰:《论数据权分配规则的生成逻辑》，载《河北法学》2020 年第 12 期。

[69] 马平川:《大数据时代的经济法理念变革与规制创新》，载《法学杂志》2018 年第 7 期。

[70] 梅夏英:《数据的法律属性及其民法定位》，载《中国社会科学》2016 年第 9 期。

[71] 马忠法、胡玲:《论数据使用保护的国际知识产权制度》，载《电子知识产权》2021 年第 1 期。

[72] 彭诚信、向秦:《“信息”与“数据”的私法界定》，载《河南社会科学》2019 年第 11 期。

[73] 彭敏:《“大数据”时代的知识产权法保护》，载《传播与版权》2016 年第 6 期。

[74] 齐爱民、盘佳:《数据权、数据主权的确立与大数据保护的基本原则》，载《苏州大学学报（哲学社会科学版）》2015 年第 1 期。

[75] 戚聿东、刘欢欢:《数字经济下数据的生产要素属性及其市场化配置机制研究》，载《经济纵横》2020 年第 11 期。

[76] 芮文彪、李国泉、杨馥宇:《数据信息的知识产权保护模式探析》，载《电子知识产权》2015 年第 4 期。

[77] 沙丽:《数据资源权属判断及司法保护路径》，载《人民司法》2020 年第 10 期。

[78] 司马航:《用户数据的知识产权属性之辩》，载《科技与法律》2019 年第 6 期。

[79] 宋青霞:《大数据时代人类“零隐私”?——知识产权法域内的私权

博弈》，载《广西社会科学》2017 年第 3 期。

[80] 孙松:《知识产权客体扩张的检视与反思——兼论知识产权的立法体例》，载《电子知识产权》2017 年第 9 期。

[81] 孙山:《数字技术时代作品“过度保护”现象的治理逻辑》，载《科技与出版》2024 年第 2 期。

[82] 申卫星:《论数据用益权》，载《中国社会科学》2020 年第 11 期。

[83] 孙文桢:《论私法与公法的区分标准》，载《中南大学学报(社会科学版)》2013 年第 4 期。

[84] 唐珺:《信息产权及相关问题的探讨》，载《南方经济》2005 年第 7 期。

[85] 唐要家:《数据产权的经济分析》，载《社会科学辑刊》2021 年第 1 期。

[86] 田小楚、高山行:《论大数据在著作权法保护中的冲突与协调》，载《重庆大学学报(社会科学版)》网络首发版，2020 年 4 月。

[87] 熊丙万:《实用主义能走多远——美国财产法学引领的私法新思维》，载《清华法学》2018 年第 1 期。

[88] 熊丙万、何娟:《论数据要素市场的基础制度体系》，载《学术月刊》2024 年第 1 期。

[89] 吴桂德:《商业数据作为知识产权客体的考察与保护》，载《知识产权》2022 年第 7 期。

[90] 王广震:《大数据的法律性质探析——以知识产权法为研究进路》，载《重庆邮电大学学报(社会科学版)》2017 年第 4 期。

[91] 吴汉东:《财产的非物质化革命与革命的非物质财产法》，载《中国社会科学》2003 年第 4 期。

[92] 文杰:《数据新闻作品使用数据的著作权法规制——兼谈〈著作权法(修订草案送审稿)〉的相关规定》，载《中国出版》2019 年第 15 期。

[93] 王坤:《知识产权对象、客体的区分及其在民法学上的意义》，载《法治研究》2020 年第 1 期。

[94] 王坤:《知识产权本体论——以知识、信息和符号三者关系为视角》，载《中国石油大学学报(社会科学版)》2008 年第 2 期。

[95] 王镭:《“拷问”数据财产权——以信息与数据的层面划分为视角》，

载《华中科技大学学报（社会科学版）》2019年第4期。

[96] 王利明:《民法上的利益位阶及其考量》，载《法学家》2014年第1期。

[97] 王利明:《论个人信息权的法律保护——以个人信息权与隐私权的界分为中心》，载《现代法学》2013年第4期。

[98] 邬天启:《邬焜信息哲学的诞生和发展》，载《情报杂志》2019第5期。

[99] 邬焜:《信息哲学对哲学的根本变革》，载《中国人民大学学报》2016年第6期。

[100] 王迁:《论汇编作品的著作权保护》，载《法学》2015年第2期。

[101] 吴苌弘:《法律术语译名探究——基于术语等值与概念迁移的思考》，载《上海翻译》2016年第6期。

[102] 王庆廷:《新兴权利渐进入法的路径探析》，载《法商研究》2018年第1期。

[103] 温世扬:《略论人格权的类型体系》，载《现代法学》2012年第4期。

[104] 王叶刚:《人格权确权与人格权法独立成编——以个人信息权为例》，载《东方法学》2017年第6期。

[105] 王涌:《财产权谱系、财产权法定主义与民法典〈财产法总则〉》，载《政法论坛》2016年第1期。

[106] 向波:《知识、信息与知识产权的对象》，载《知识产权》2011年第1期。

[107] 肖冬梅、文禹衡:《数据权谱系论纲》，载《湘潭大学学报（哲学社会科学版）》2015年第6期。

[108] 肖冬梅:《“数据”可否纳入知识产权客体范畴？》，载《政法论丛》2024年第1期。

[109] 项定宜:《论个人信息财产权的独立性》，载《重庆大学学报（社会科学版）》2018年第6期。

[110] 谢晖:《论新型权利生成的习惯基础》，载《法商研究》2015年第1期。

[111] 许娟:《互联网信息产权交易的规范形态》，载《学海》2018年第

5期。
[112] 许可:《数据权属：经济学与法学的双重视角》，载《电子知识产权》2018年第11期。
[113] 许可:《数据保护的三重进路——评新浪微博诉脉脉不正当竞争案》，载《上海大学学报(社会科学版)》2017年第6期。
[114] 谢琳、李旭婷:《个人信息财产权之证成》，载《电子知识产权》2018年第6期。
[115] 徐美玲:《人工智能时代的技术理性反思与知识产权制度回应》，载《网络法律评论》2020年第22卷。
[116] 徐美玲、董静娴:《DEPA数据跨境流动规则导向与因应》，载《科学管理研究》2023年第5期。
[117] 徐实:《企业数据保护的知识产权路径及其突破》，载《东方法学》2018年第5期。
[118] 徐挺军、陈维明:《化学专业数据库知识产权保护的探索》，载《科研信息化技术与应用》2018年第2期。
[119] 徐瑄:《知识产权的正当性——论知识产权法中的对价与衡平》，载《中国社会科学》2003年第4期。
[120] 徐小奔:《论人工智能生成内容的著作权法平等保护》，载《中国法学》2024年第1期。
[121] 许燕、麻思蓓、郑彦宁、李稌:《科学数据的法律属性与知识产权管理》，载《科技管理研究》2020年第22期。
[122] 于柏华:《权利认定的利益判准》，载《法学家》2017年第6期。
[123] 俞风雷、张阁:《大数据知识产权法保护路径研究——以商业秘密为视角》，载《广西社会科学》2020年第1期。
[124] 于飞:《侵权法中权利与利益的区分方法》，载《法学研究》2011年第4期。
[125] 阳庚德:《侵权法对权利和利益区别保护论》，载《政法论坛》2013年第1期。
[126] 易继明:《知识产权法定主义及其缓和——兼对《民法总则》第123条条文的分析》，载《知识产权》2017年第5期。
[127] 叶继元、陈铭、谢欢、华薇娜:《数据与信息之间逻辑关系的探

讨——兼及 DIKW 概念链模式》，载《中国图书馆学报》2017 年第 3 期。

[128] 杨亮:《大数据”产权的法律分析》，载《理论与当代》2019 年第 4 期。

[129] 闫立东:《以“权利束”视角探究数据权利》，载《东方法学》2019 年第 2 期。

[130] 杨利华、王诗童:《商业数据知识产权保护的正当性研究》，载《武陵学刊》2024 年第 1 期。

[131] 于立、王建林:《生产要素理论新论——兼论数据要素的共性和特性》，载《经济与管理研究》2020 年第 4 期。

[132] 杨宏玲、黄瑞华:《信息权利的性质及其对信息立法的影响》，载《科学学研究》2005 年第 1 期。

[133] 叶金强:《〈民法总则〉“民事权利章”的得与失》，载《中外法学》2017 年 3 期。

[134] 杨明:《知识产权制度与知识财产创造者的行为选择》，载《中外法学》2012 年第 4 期。

[135] 余筱兰:《信息权在我国民法典编纂中的立法遵从》，载《法学杂志》2017 年第 4 期。

[136] 杨雄文、黄苑辉:《论大数据的商业秘密保护——以新浪微博诉脉脉不正当竞争案为视角》，载《重庆工商大学学报(社会科学版)》2019 年第 4 期。

[137] 郑成思、朱谢群:《信息与知识产权》，载《西南科技大学学报》(哲学社会科学版) 2006 年第 1 期。

[138] 郑成思《知识产权若干问题再析》，载《中国法学》，1996 年第 6 期。

[139] 郑成思:《知识产权与信息产权》，载《工业产权》1988 年第 3 期。

[140] 张广良:《谈谈数据库的版权保护》，载《科技与出版》1995 年第 6 期。

[141] 赵海军:《基于产权的信息资源分类与信息确权理论建设》，载《图书与情报》2012 年第 4 期。

[142] 翟红蕾、陈心怡、黄子吟:《数据新闻作品版权辨析》，载《新闻前哨》2017 年第 2 期。

[143] 周昊文:《试探非独创性数据库的知识产权保护》，载《河南科技》2019 年第 6 期。

[144] 曾建华:《挖掘休眠数据提高数据库管理系统的性能》，载《计算机时代》2005 年第 8 期。

[145] 张军强:《人工智能大模型数据爬取行为的正当性认定》，载《中国知识产权》2024 年第 203 期。

[146] 张建文:《新兴权利保护的合法利益说研究》，载《苏州大学学报(哲学社会科学版)》2018 年第 5 期。

[147] 张黎:《大数据视角下数据权的体系建构研究》，载《图书馆》2020 年第 4 期。

[148] 张力:《权利、法益区分保护及其在民法总则中的体现——评《民法总则(草案)》第五章》，载《河南社会科学》2016 年第 11 期。

[149] 张平、徐美玲:《新闻类作品著作权法律保护研究》，载《西北大学学报(哲学社会科学版)》2018 年第 1 期。

[150] 张勤:《简析知识、信息与知识产权对象》，载《知识产权》2011 年第 4 期。

[151] 张淑芳:《私法渗入公法的必然与边界》，载《中国法学》2019 年第 4 期。

[152] 周斯佳:《个人数据权与个人信息权关系的厘清》，载《华东政法大学学报》2020 年第 2 期。

[153] 郑胜利、袁泳:《从知识产权到信息产权——经济时代财产性信息的保护》，载《知识产权》1999 年第 4 期。

[154] 张新宝:《〈民法总则〉个人信息保护条文研究》，载《中外法学》2019 年第 1 期。

[155] 张新宝:《从隐私到个人信息：利益再衡量的理论与制度安排》，载《中国法学》2015 年第 3 期。

[156] 张新华、张飞:《“知识”概念及其涵义研究》，载《图书情报工作》2013 年第 6 期。

[157] 张曦:《“权利泛化”与权利辩护》，载《华东政法大学学报》2016 年第 3 期。

[158] 张玉洁、胡振吉:《我国大数据法律定位的学说论争、司法立场与

立法规范》，载《政治与法律》2018 年第 10 期。

[159] 张玉敏:《信息社会背景下的民法典编纂愿景——以知识产权入典为中心》，载《西南知识产权评论》2020 年第 1 期。

[160] 张玉敏、易建雄:《主观与客观之间——知识产权“信息说”的重新审视》，载《现代法学》2009 年第 1 期。

[161] 张兆虹:《信息的价值——兼谈知识产权保护》，载《经贸实践》2017 年第 12 期。

[162] 祝建军:《数据的知识产权司法保护》，载《人民司法》2022 年第 13 期。

[163] 祝振媛、李广建:《“数据—信息—知识”整体视角下的知识融合初探——数据融合、信息融合、知识融合的关联与比较》，载《情报理论与实践》2017 年第 2 期。

[164] 朱真真:《大数据时代数据公开与知识产权保护的冲突与协调》，载《中国科技论坛》2019 年第 3 期。

2.2 外文期刊

[1] Adam B. Thimmesch, *Transacting in Data: Tax, Privacy, and the New Economy*, Denver Law Review, February 29, 2016.

[2] Andrea De Mauro , Marco Greco , Michele Grimaldi, *A Formal Definition of Big Data based on its Essential Features*, Library Review, Vol. 65 No. 3, 2016.

[3] Anja Lambrecht and Catherine E. Tucker, *Can Big Data Protect a Firm from Competition?* Antitrust Chronicle 1, No. 12, January 2017.

[4] Argyro P. Karanasiou, Emile Douilhet, *Never Mind the Data: The Legal Quest over Control of Information & the Networked Self*, 2016 IEEE International Conference on Cloud Engineering Workshop (IC2EW), Berlin, 2016.

[5] Bjorn Lundqvist, *Big Data, Open Data, Privacy Regulations, Intellectual Property and Competition Law in an Internet of Things World*, Faculty of Law, University of Stockholm Research Paper No. 1, December 29, 2016.

[6] Christopher Buccafusco & Christopher Sprigman, *Valuing Intellectual Property: An Experiment*, Cornell Law Review, Vol. 96 Issue 1, November 2010.

[7] Claude E. Shannon, *A Mathematical Theory of Communication*, The Bell

System Technical Journal 27(4), 1948.

[8] Christian Rusche, *Data Economy and Antitrust Regulation*, Intereconomics, Volume 54, 2019.

[9] Charles Jones, Christopher Tonetti, *Nonrivalry and the Economics of Data*, American Economic Review, Vol. 110, No.9, 2020.

[10] Daniel Castro, Alan McQuinn, *Cross-Border Data Flows Enable Growth in All Industries*, Information Technology & Innovation Foundation, February 24, 2015.

[11] Daniel J. Gervais, *Exploring the Interfaces Between Big Data and Intellectual Property Law*, 10 Journal of Intellectual Property, Information Technology and Electronic Commerce Law. 3, 2019.

[12] Dorothy J. Glancy, *Personal Information as Intellectual Property*, Published in 2010. Available at https://www.law.berkeley.edu/files/bclt_IPSC2010_Glancy2.pdf.

[13] Diana Liebenau, *What Intellectual Property can Learn from Informational Privacy, and Vice Versa*, Harvard Journal of Law & Technology, Volume 30, Number 1 Fall 2016.

[14] Francesco Banterle, *Data Ownership in the Data Economy: A European Dilemma*, From the Book: *EU Internet Law in the digital era*, Springer, 2018.

[15] Francesco Banterle, *The Interface between Data Protection and IP law: The Case of Trade Secrets and Database Sui Generis Right in Marketing Operations, and the Ownership of Raw Data in Big Data Analysis*, From the Book: *Personal Data in Competition, Consumer Protection and Intellectual Property Law Towards a Holistic Approach?*, Bakhoum, M., Conde Gallego, B., Mackenrodt, M.-O., Surblytė-Namavičienė, G. (Eds.), 2016, December 2, 2016.

[16] Frédéric G. Sourgens, *The Virtue of Path Dependence in the Law*, Santa Clara Law Review, Vol. 56, 2016.

[17] Harold Demsetz, *Toward a Theory of Property Rights*, The American Economic Review, Vol. 57, No. 2, 1967.

[18] Herbert Zech, *Building a European Data Economy*, IIC—International Review of Intellectual Property and Competition Law, Vol. 48, 28 June, 2017.

[19] Herbert Zech, *Information as Property*, JIPITEC 6 (3) 2015.

[20] Jane Bambauer, *Is Data Speech?*, Stanford Law Review, Vol. 66, Issue 1, January 2014.

[21] John Bell, *Path Dependence and Legal Development*, Tulane Law Review, Vol. 87, 2013.

[22] Jacopo Ciani, *Governing Data Trade in Intelligent Environments: A Taxonomy of Possible Regulatory Regimes between Property and Access Rights*, I. Chatzigiannakis, Y. Tobe, P. Novais, O. Amft (Eds.), Intelligent Environments 2018, Workshop Proceedings of the 14th International Conference on Intelligent Environments, Ambient Intelligence and Smart Environments Series, Vol. 23, IOS Press, June 28, 2018.

[23] Josef Drexl, *Designing Competitive Markets for Industrial Data—Between Propertisation and Access*, JIPITEC, 8, 2017.

[24] Julie E. Cohen, *Examined Lives: Informational Privacy and the Subject as Object*, Stanford Law Review, 2000, 52.

[25] Jerome H. Reichman, Pamela Samuelson, *Intellectual Property Rights in Data?* Vanderbilt Law Review, 1997, 51.

[26] Jo Joyce, *Big Data and Intangible Property Rights—Can IPRs and Rights in Personal Data Exist in Harmony?*, Taylor Wessing, March 2017.

[27] Jessica Litman, *Information Privacy/Information Property*, Stanford Law Review, Vol. 52, No. 5, May 2000.

[28] Jonathan L. Zittrain, *What the Publisher Can Teach the Patient: Intellectual Property and Privacy in an Era of Trusted Privication*, Stanford Law Review, Vol. 52, February 24, 2000.

[29] Jacob M . Victor, *The EU General Data Protection Regulation: Toward a Property Regime for Protecting Data Privacy*, Yale Law Journal, Vol. 2, 2013.

[30] Jeffrey Ritter & Anna Mayer, *Regulating Data as Property: A New Construct for Moving Forward*, Duke Law & Technology Review, Vol. 16, 2018.

[31] Jc Sonnekus, *The Fundamental Differences in the Principles Governing Property Law and Succession from a South African Law Perspective*. European Property Law Journal, Vol.2, 2014.

[32] Karki M M S, *Personal Data Privacy and Intellectual*, Journal of Intellectual Property Rights, 2005(1).

[33] Leon Trakman and Robert Walters and Bruno Zeller, *Is Privacy and Personal Data Set to Become the New Intellectual Property?* International Review of Intellectual Property and Competition Law, UNSW Law Research Paper No. 19-70, September 3, 2019.

[34] Mark A. Lemley, *IP in a World Without Scarcity*, New York University Law Review, Vol. 90, 2015.

[35] Mark A. Lemley, *Faith-Based Intellectual Property*, UCLA Law Review, 2015.

[36] Mark A. Lemley, *Property, Intellectual Property, and Free Riding*, SSRN Electronic Journal, Vol. 4, 2004.

[37] Mark A. Lemley, *Private Property*, Stanford Law Review, Vol. 5, 2000.

[38] Mark Bartholomew. *Intellectual Property's Lessons for Information Privacy*. Nebraska Law Review, Vol.4, 2014.

[39] Michael Carroll, *One Size Does Not Fit All: A Framework for Tailoring Intellectual Property Rights*, Ohio State Law Journal, Vol.70, No.6, 2009.

[40] Michael W. Carroll, *Sharing Research Data and Intellectual Property Law: A Primer*, PLoS Biol 13(8): e1002235, August 27, 2015.

[41] Meiling Xu & Wei Han, *"Data Portability" in China The Controversy, the Status Quo, and Future Prospects*, Competition Policy International, January 29, 2021.

[42] Nestor Duch-Brown & Bertin Martens & Frank Mueller-Langer, *The Economics of Ownership, Access and Trade in Digital Data*, JRC Working Papers on Digital Economy, Joint Research Centre, January, 2017.

[43] Neil M. Richards, *Intellectual Privacy*, Texas Law Review, Vol. 87, p.387, 2008, Washington U. School of Law Working Paper No. 08-08-03.

[44] P. Bernt Hugenholtz, *Data Property: Unwelcome Guest in the House of IP*, From the Book: *Better Regulation for Copyright : Academics meet Policy Makers*, 2017.

[45] Peter K. Yu, *Data Producer's Right and the Protection of Machine-*

Generated Data, Tulane Law Review, Vol. 93, 2018.

[46] Paul M. Schwartz, *Property, Privacy, and Personal Data*, Harvard Law Review, Vol. 117, No. 7, May, 2004.

[47] Pamela Samuelson, *Privacy as Intellectual Property?* Stanford Law Review, 2000, 52.

[48] Pamela Samuelson, Randall Davis, Mitchell D. Kapor and J. H. Reichman, *A Manifesto concerning the Legal Protection of Computer Programs*, Columbia Law Review, Vol. 94, No. 8, Dec., 1994.

[49] Richard Posner, *The Economics of Privacy*, American Economic Review，Vol.71, No.2，1981.

[50] Richard A. Posner, *The Right of Privacy*, Georgia Law Review, Vol. 12, No. 3, Spring 1978.

[51] Raf Buyle et al., *Streamlining Governmental Processes by Putting Citizens in Control of Their Personal Data*, Published in Proceedings of the International Conference on Electronic Governance and Open Society: Challenges in Eurasia, 2019.

[52] Ronald Coase, *The Problem of Social Cost*, Journal of Law and Economics, Vol.3, No.10, 1960.

[53] Robert D. Atkinson, *IP Protection in the Data Economy: Getting the Balance Right on 13 Critical Issues*, Information Technology & Innovation Foundation, January 2019.

[54] Rantou, M. I, *The Growing Tension between Copyright and Personal Data Protection on an Online Environment: The Position of Internet Service Providers according to the European Court of Justice*, European Journal for Law and Technology, Vol. 3, No. 2, 2012.

[55] Raymond T. Nimmer, Patricia Ann Krauthaus, *Information as a Commodity: New Imperatives of Commercial Law,* Law and Contemporary Problems, Vol.55, No.3, 1992.

[56] Samuel D. Warren; Louis D. Brandeis, *The Right to Privacy*, Harvard Law Review, Vol. 4, No. 5. Dec. 15, 1890.

[57] Scholz L H, *Privacy as Quasi-Property*, Iowa Law Review, Vol.3, 2016.

[58] Sjef Van Erp, *Ownership of Data: the Numerus Clausus of Legal Objects*, Brigham-Kanner Property Rights Conference Journal, Vol 6, 2017.

[59] Thorsten Kaseberg, *Intellectual Property, Antitrust and Cumulative Innovation in the EU and the US*, Hart, 2012.

[60] Václav Janeček, *Ownership of Personal Data in the Internet of Things*, Computer Law & Security Review, Vol. 5, 2018.

[61] Wolfgang Kerber, *A New (Intellectual) Property Right For Non-Personal Data? An Economic Analysis*, MAGKS Papers on Economics, Vol.11, 2016.

[62] Wolfgang Kerber, *Digital Markets, Data, and Privacy: Competition Law, Consumer Law and Data Protection*, Journal of Intellectual Property Law & Practice, Volume 11, Issue 11, November 2016.

[63] Wesley Newcomb Hohfeld, *Fundamental Legal Conceptions as Applied in Judicial Reasoning*, The Yale Law Journal Vol. 26, No. 8, June 1917.

[64] Yoan Hermstrüwer，*Contracting Around Privacy: The (Behavioral) Law and Economics of Consent and Big Data,* Journal of Intellectual Property, Information Technology and Electronic Commerce Law (JIPITEC), October 26, 2017.

3. 案例

3.1 域内

[1] 上海汉涛信息咨询有限公司与爱帮聚信（北京）科技有限公司不正当竞争纠纷案，北京市第一中级人民法院民事判决书 (2011) 一中民终字第 7512 号。

[2] 上海钢联电子商务股份有限公司诉上海纵横今日钢铁电子商务有限公司等不正当竞争纠纷案，上海市第二中级人民法院民事判决书 (2012) 沪二中民五 (知) 初字第 130 号。

[3] 刘国清等与北京集奥聚合科技有限公司不正当竞争纠纷案，北京知识产权法院二审民事判决书（2015）京知民终字第 00318 号。

[4] 北京淘友天下技术有限公司等与北京微梦创科网络技术有限公司

不正当竞争纠纷案，北京市海淀区人民法院一审民事判决书（2015)海民(知)初字第12602号；北京知识产权法院二审民事判决书(2016)京73民终588号。

[5] 北京百度网讯科技有限公司与上海汉涛信息咨询有限公司不正当竞争纠纷案，上海市浦东新区人民法院一审民事判决书(2015)浦民三(知)初字第528号；上海知识产权法院二审民事判决书（2016）沪73民终242号。

[6] 北京五八信息技术有限公司与青岛韩某快讯网络传媒有限公司侵犯著作权及不正当竞争纠纷案，北京市海淀区人民法院一审民事判决书(2017)京0108民初4758号；北京知识产权法院二审民事判决书(2017)京73民终2102号。

[7] 深圳市谷米科技有限公司与武汉元光科技有限公司不正当竞争纠纷案，广东省深圳市中级人民法院一审民事判决书(2017)粤03民初822号。

[8] 淘宝(中国)软件有限公司与安徽美景信息科技有限公司不正当竞争纠纷案，杭州铁路运输法院一审民事判决书（2017）浙8601民初4034号；浙江省杭州市中级人民法院二审民事判决书（2018）浙01民终7312号。

[9] 上海复娱文化传播股份有限公司与北京微梦创科网络技术有限公司不正当竞争纠纷案，北京市海淀区人民法院一审民事判决书（2017）京0108民初24510号；北京知识产权法院二审民事判决书（2019）京73民终2799号。

[10] 北京微梦创科网络技术有限公司与云智联网络科技（北京）有限公司不正当竞争纠纷案，北京市海淀区人民法院一审民事判决书(2017)京0108民初24512号。

[11] 深圳市腾讯计算机系统有限公司、腾讯科技（深圳）有限公司与深圳微时空信息技术有限公司等的不正当竞争纠纷案，广东省深圳市中级人民法院一审民事判决书(2019)粤03民初594号。

[12] 北京微播视界科技有限公司与杭州永峻网络信息服务有限公司、杨永久不正当竞争纠纷案，浙江省杭州市西湖区人民法院一审民事调解书（2020）浙0106民初4335号。

[13] 杭州阿里巴巴广告有限公司、阿里巴巴（中国）网络技术有限公司等与南京码注网络科技有限公司等不正当竞争纠纷案，浙江省杭州市滨江

区人民法院一审民事判决书（2019）浙 0108 民初 5049 号。

[14] 腾讯计算机系统有限公司、腾讯科技（深圳）有限公司与斯氏（杭州）新媒体不正当竞争纠纷案，杭州互联网法院一审民事判决书（2021）浙 8601 民初 309 号。

[15] 腾讯计算机系统有限公司、腾讯科技（深圳）有限公司 v. 哈尔滨祈福科技有限公司、邓科研、上海以史为镜网络科技有限公司不正当竞争纠纷案，上海市浦东新区人民法院一审民事判决书 (2020) 沪 0115 民初 15598 号。

[16] 北京创锐文化传媒有限公司与北京微播视界科技有限公司不正当竞争纠纷上诉案，北京知识产权法院二审民事判决书（2021）京 73 民终 1011 号。

[17] 透明生活（武汉）信息科技有限公司与武汉美之修行信息科技有限公司不正当竞争案，湖北省高级人民法院二审民事判决书（2022）鄂知民终 500 号。

[18] 北京百度网讯科技有限公司与深圳市我爱网络技术有限公司不正当竞争纠纷案，北京市海淀区人民法院一审民事判决书（2020）京 0108 民初 43224 号；北京知识产权法院二审民事判决书（2022）京 73 民终 1148 号。

[19] 北京微梦创科网络技术有限公司与广州简亦迅信息科技有限公司及简亦迅公司深圳分公司不正当竞争纠纷案，北京知识产权法院一审民事判决书（2020）粤 03 民初 4626 号；北京市高级人民法院二审民事判决书（2022）粤民终 4541 号。

[20] 杭州某科技有限公司与汪某侵害商业秘密纠纷案，杭州铁路运输法院一审民事判决书（2021）浙 8601 民初 609 号；浙江省杭州市中级人民法院二审民事判决书（2021）浙 01 民终 11274 号。

[21] 翟某等与某有限公司等侵害技术秘密纠纷案，北京知识产权法院一审民事判决书（2019）京 73 民初 709 号；最高人民法院二审民事判决书（2022）最高法知民终 901 号。

[22] 重庆某宇摩托车制造有限公司与广州某雅摩托车有限公司侵害商业秘密纠纷案，重庆自由贸易试验区人民法院民事判决书（2022）渝 0192 民初 8589 号。

[23] 上海某文化发展有限公司与 AI 公司（化名）著作权侵权案，广州

互联网法院一审民事判决书（2024）粤 0192 民初 113 号。

3.2 域外

[1] *Tremblay v. OpenAI, Inc.*, Case No. 4:2023cv03223 (N.D. Ca. June 28, 2023).

[2] *Andersen v. Stability AI, Ltd.*, Case No. 3:23-cv-00201 (N.D.Ca. January 13, 2023).

[3] *Getty Images (U.S.), Inc. v. Stability AI, Inc.*, Case No. 1:23-cv-00135-UNA (D.De. February 3, 2023).

[4] *The New York Times Company v. Microsoft Corporation et al*, Case No. 1:23-cv-11195(S.D. NY. Dec. 27, 2023).

[5] *hiQ Labs, Inc. v. LinkedIn Corporation, No. 17-16783 (9th Cir. 2022).*

[6] Google Search Antitrust/Cartel Case, *Case AT.39740 — Google Search*, Commission decision on 27 June 2017.

[7] *Your Response Ltd v Datateam Business Media Ltd*, judgment of the Court of Appeal, EWCA 281, 14 March 2014.

[8] Facebook/ WhatsApp Merge Procedure, *Case M.7217- Facebook/ WhatsApp*, Commission decision on 03/10/2014.

[9] *Coogan v. News Group Newspapers Ltd* [2012] EWCA Civ 48, [2012] 2 WLR 84, [2012] EMLR 14, [2012] 2 All ER 74.

[10] *British Horseracing Board v. William Hill Organization*, case C-203/02, ECJ 9 November 2004.

[11] *Feist Publications, Inc. v. Rural Telephone Service Co.*, 499 U. S. 340, 1991.

[12] *Price v. Hal Roach Studios, Inc.*, 400 F. Supp. 836 (S.D.N.Y. 1975).

[13] *International News Service v. Associated Press*, 248 U.S. 215, 1918.

[14] *Pierson v. Post*, 3 Cai. R. 175, 1805.

[15] *Mayo Collaborative Servs. v. Prometheus Labs., Inc.*, 132 S. Ct. 1289, 2012.

[16] *Alice Corp. v. CLS Bank Int'l.* 134 S. Ct. 2347, 2014.